KB197675

늦은 나이는 없다

늦은 나이는 없다

최익성 지음

사말오초, 바람이 불어도 가야 한다

pazit

일러두기

사말오초는 40대 말, 50대 초반에 있는 사람들을 의미한다.

통상 만 48~52세 사이이며, 때로는 47세에서 53세로 보는 경우도 있다.

다만, 통계 자료를 인용할 때는 40대, 50대로 표기하기도 했다.

이 책은

치열하게 삶을 보내고 살아내고 있는

친구들을 위해서 쓴다.

당신이 옳다.

당신이 바라는 많은 것들은

당신의 그 행동으로 인하여 이루어질 것이다.

멈춰서 숨만 쉬고 있기에는

아직 긴 삶이 남아 있다.

당장 일어나라!

뭐든 해라!

결정을 믿고 꾸준히 해라.

꾸준함의 일관성이

위대함이라는 것을 알게 될 것이다.

추천사

사례의 인물

이 책은 마흔여덟의 나를 소환했다. 당시(2002) 경제 위기를 만나 많은 회사가 문을 닫고 많은 사람들이 방황해야 했다. 나도 그들 중 하나였다. 앞이 보이지 않는 막막함 앞에서 나는 금융 회사를 창업했다. 무모했을지도 모르지만 그때 나에게 중요한 것은 가장으로서 가족을 지키는 것과 나의 인생을 다시 제대로 세우는 일이었다. 경험과 역량이 있다고는 해도 많은 것이 부족했다. 나에 대한 믿음과 실패에 대한 두려움을 이겨 낼 용기가 필요했다. 용기 있는 시작이 지금의 나를 만들었다.

사말오초는 두려움이 가득한 시기일 것이다. 그러나 또한 마지막 기회의 시기이기도 하다. 늦었다고 생각하지 말고 시도하고 도전하라는 저자의 말에 나는 200% 공감한다. 이 책의 데이터를 기반으로 하는 메시지는 독자를 불안하게 만들 수도 있다. 하지만 용기를 내게 만드는 사례들이 가득하다.

나는 오래전 사말오초를 지났지만 사례 속 인물들의 이야기를 읽으며 나라면 어땠을까 하는 생각을 하게 되는 재미가 있는 책이었다. 40대, 50대 직장인들이 반드시 읽어야 할 실용적인 책이다. 적극 추천한다.

손종주 | 웰컴금융그룹 회장

나는 50년을 살아오면서 대학생, 사회 생활 초년생, 경험이 어느 정도 쌓인 중간 관리자, 새로운 경험과 성장을 갈망하는 30~40대, 창업 초기의 창업자, 성장기 회사의 대표이사 등 다양한 인생의 단계를 거쳐왔다. 그리고 이러한 매 단계에서 늘 고민을 해왔던 것 같다. 지금 손에 쥐고 있는 이것을 놓치지 말고 꼭 붙잡아야 하지 않는가? 이것을 놓친다면 과연 그 후에는 어떻게 될 것인가? 하지만, 지나고 나서 돌아보면 부질없는 걱정이었던 것 같다. 내 집착과 관계없이 변화는 늘 있어 왔고, 도전은 늘 이미 문 앞에 도착해 있었기 때문이다. 늦은 때는 없다, 늦은 마음만 있을 뿐. 늦지 않았다는 마음을 가지고 도전하려는 모든 분에게 일독을 권한다.

이병환 | ㈜스카이랩스 대표이사 | 〈늦은 나이는 없다〉 사례의 주인공

사말오초 세대

'사말오초'. 내가 지금 처해 있는 상황이다. 나는 지금 인생의 전성기를 살고 있다고 생각하는데 남들은 나를 저무는 해라고 생각한다. 8년째 꾸준히 달리고 있다. 내가 느끼는 나의 체력은 10년 전보다 나아졌다고 느끼는데 건강 검진에서는 고혈압과 같은 노화의 지표들이 올라간다. 나는 아직 배우고 싶은 것도 많고 해보고 싶은 일도 많은데 다들 나에게 기회가 별로 남지 않았다고 말한다. 지금 붙들고 있는 이 자리를 벗어나면 공포의 불안정만 남을 테니 그 자리를 뺏기지 않게 꼭 버티고 있으라 한다.

정말 그럴 수밖에 없을까. 이 항해의 끝에 우리를 기다리고 있는 것은 거대한 폭포의 낭떠러지인 것일까. 더 이상 희망과 꿈을 얘기하기엔 너무 늦은 것일까. 불안은 불안을 먹고 증식한다. 사람들은 모여서 절망과 무력함을 얘기한다. 하지만 나는 여전히 희망을 발견하고 꿈을 꾸고 싶다. 쏘아진 화살. 언젠가 땅 위에 떨어지는 날이 오겠지만, 나는 아직 해를 향해 날아가고 싶다. 나는 나의 일상에서 매일 나를 단련한다. 추락하지 않기 위해서가 아니라, 날기 위해.

얼마 전 리처드 바크가 쓴 〈갈매기의 꿈〉을 다시 읽었다. 이 책에는 거기 나오는 조나단처럼 하늘을 향해 반복하여 도약한 갈매기들의 이야기가 담겨 있다. 남들처럼 어선 주변에 모여들어 떨어진 물고기를 다투거나 물빠진 모래톱에 모여 수다를 떨면서 날개나 말릴 수도 있다. 하지만 남들이 이미 늦었다

고 말할 때 포기하지 않고 하늘로 날아오르는 꿈을 가진 사람들이 있었다. 그들은 나에게 희망의 징표가 된다. 이 책에 담긴 '조나단'들의 이야기를 읽으면서 나도 '플레처'가 되고 싶다.

유광곤 | 웰컴페이먼츠(주) 부대표이사

"날개야 다시 돋아라. 날자. 날자. 날자. 한 번만 더 날자꾸나. 한 번만 더 날아보자꾸나." (이상, 〈날개〉 중)

하루를 마무리할 때마다 마음속에 자리잡은 두려움을 바라봅니다. '100세 시대' '사말오초'. 덜컥 겁이 납니다. 새로운 도전을 하기에는 미래가 너무 불확실합니다. 이미 내게 주어진 일에 익숙해진 지금, 새장 안에 갇힌 새처럼 안주하는 편이 낫다고 생각합니다. 현실의 소소한 행복을 찾으며 내 삶과 타협하는 중입니다. 그렇지만 불확실한 미래는 그마저 위협하는 것을 알기에 '두려움'의 엄습은 매일 반복됩니다. '사말오초'에 접어든 지금, 이루어 놓은 것은 하나도 없고, 나만 뒤처졌으며, 내 인생만 꼬였습니다. 수많은 실패를 겪었습니다. 공든탑은 계속 무너지며 '나'를 주저앉혔지만 포기하지 않았습니다. 그 무너진 탑의 돌덩이들은 내 발밑에 쌓여 항상 나를 지탱해 주었고 언젠가는 나의 도약판이 되어 줄 것입니다.

최익성 박사는 〈커리지〉를 통하여 "두려움은 반응이고 용기는 결정이다"라고 말합니다. 이 책은 '커리지'의 연장선상에 있으며 곧 마주할 '초고령화사회'의 냉혹한 현실에 대한 전문가들의 진단과 함께 다양한 연령대의 사례를 제시하고 있습니다. 이를 통하여 지나온 삶에 대한 '반성', 다시 한번 날갯짓을 하는 '용기'에 대한 독자의 '결정'을 이끌어 줄 것입니다. '이 세상의 마지막 순간까지, 늦은 것은 아무것도 없다'고 나 자신을 격려해 봅니다.

이제 우리는 그 '두려움'을 직시하고 '용기'를 결정할 때입니다.

임상운 | 서울대학교 생활과학대학 웰에이징·시니어산업최고위과정 사무국장

10대를 함께했던 친구들과 〈데미안〉을 다시 꺼내 읽었다. "새는 알을 깨고 나온다. 알은 세계이다. 태어나려는 자는 하나의 세계를 깨뜨려야 한다." 사춘기만큼이나 진한 두 번째 방황 중이라 그런지 이 한 줄이 주는 감동의 깊이가 사뭇 달랐다. 하지만 문제가 있다. 사말오초가 되고 보니 다음 스텝에 대한 셈이 된다는 것이다. 서른일곱에 업을 바꿔봤을 땐 분명 Exciting했는데, 지금은 Excuses로 가득하다.

얼마 전 퇴직을 하고 주저주저 하고 있는 나에게 이 책은 말해 주고 있다. "당신 나이? 어쩌면 시작하기에 꽤 괜찮을 나이일지 모릅니다." 전편보다 괜찮은 속편은 없다지만 그 이상의 흥행을 해낸 작품들을 제법 만나게 된다. 책을 덮으면서 〈토이스토리〉 포스터를 시리즈 순서대로 벽에 붙였다. 당신도 어느 구간에 서 있든 다시 시작할 용기를 얻기 바란다. 이 책이 당신의 '줄탁동시' 파트너가 되어 줄 것이다.

전수정 | 회사 이름 떼고 다시 시작 연구소

올해 딱 50이 되었다. 진부한 이야기로 말하자면 지천명이 되었다. 〈논어〉에서는 하늘의 뜻을 아는 나이라 했지만, 50살이나 살았는데, 아직 인생을 모르겠고, 앞으로도 정말 더 모르겠다. 정신은 20대 그대로인 듯하고 다만 몸만 50대가 되었을 뿐이다. 어느 글에서 읽었는데, 20대쯤 몸의 성장이 멈추는 것처럼, 정신도 그쯤 성장이 멈추는 것이 아닌가 한다.

이 책을 읽고, 50살이 된 나에게 다시 진지한 질문을 던지게 된다. 인생의 반을 지나가는데, 이대로 익숙함으로 살 것인가? 인생의 새로운 플랜 B를 찾아야 하는가? 기존에 잘하는 것에 집중할 것인가? 지금과 전혀 다른 무언가에 뛰어들어야 하는가? 언제나 그렇듯이 인생의 정답은 없지만, 이 책에서 제시한 50대 언저리에 같은 고민을 하고 치열하게 살아온 사람들의 성공 이야기를 읽어보고 어제와 똑같이 살고, 안주하고 싶고, 편하고 싶었던 마음을 다시 바라보게 된다. 늦은 나이는 없을 것이고, 50살 오늘이 내 인생의 가장 젊은 날이다. 이 책을 통해 독자들은 본인 인생의 가장 젊은 나이의 나를 만나기를 기대해 본다.

최원설 | 엑스퍼트컨설팅 공공사업본부장, 교육학 박사

연구자, 교수

사말오초. 참 애매한 나이다. 어느 하루는 청년처럼 살고, 다른 하루는 장년처럼 느낀다. 평균 수명이 길어지면서 이전에는 없었던 인생 주기의 새로운 단계가 나타난 것이다. 스스로도 혼란스럽고 답이 없는 이 시기를 살아가는 동년배에게 용기를 주는 책이 발간되었다. 최익성 대표의 새 책은 40대, 50대, 60대에 새 길을 찾고, 성공하고, 다른 사람의 모범이 되는 국내외 인물들을 친절하게 소개한다. 가수, 배우, 모델, 시민 기자, 기업가 등 분야도 다양하다. 우리가 잘 아는 인물도 있지만, 낯선 인물도 있다. 이들의 공통점은 무엇이었을까? 나이를 묻지 않는 사람들. 그들이 이 책의 주인공이다.

이 책은 위인전이 아니다. 이들의 훌륭한 점을 배우라고 등 떠미는 책이 아니라는 뜻이다. 스스로 혹은 사회가 부여하는 나이라는 제약을 매일 느끼는 우리에게 새로운 관점을 제시하는 책이다. 일상에서 늘 나의 나이를, 다른 사람의 나이를 묻고 의식하고 사는 우리에게 결코 늦은 나이는 없다는 점을 설득력 있게 보여준다. 제2의 인생, 제3의 인생을 준비하는 친구에게 선물하고 싶은 책이다.

진미정 | 서울대학교 아동가족학과 교수 | 서울대학교 웰에이징·시니어산업최고위과정 주임교수

성차별주의나 인종차별주의처럼 특정 집단에 대한 고정관념들 중에서도, 나이에 대한 고정관념, 특히 고령자에 대한 고정관념, 연령차별주의는 굉장히 독특하고 중요한 특징을 지닌다. 인생의 어느 순간에는 누구라도 예외 없이 그 차별과 고정관념의 대상이 된다는 점이다. 내가 '그 나이'에 이르게 되면,

타인을 향한 생각과 태도가 오롯이 나 자신에 대한 생각과 태도로 스며든다. 그런 측면에서 중·노년기 연구자로서 이 책이 참으로 반갑다. 늦은 나이에 대한 생각을 깨고 과감한 시도와 성실한 노력을 보여준 '타인'의 이야기를 흥미진진하게 따라가다 보면, 언젠가 그 나이에 이르게 될 '나 자신'의 모습을 떠올려 보게 한다. 나를 포함한 사말오초, 인생의 절반에 와 있는 모든 이들에게 응원과 용기를 보내는 이 책을 추천한다.

김경민 | 서울대학교 아동가족학과 교수

50대의 한복판에 서 있는 사람들에게 "30대, 40대 50대 셋 중 가장 좋았던 시기는 언제 입니까?"라는 질문을 오래도록 해왔습니다. 때문에 응답빈도 1위가 '50'대라는 것을 압니다. 그런데 60대에 들어선 사람들에게 "30대, 40대, 50대 셋 중 가장 후회스러운 시기를 물으면 언제를 꼽을까요?"라고 질문하면 '50대 10년'이라고 말하는 사람이 가장 많습니다. 오십 대는 들어서 살아보면 가장 좋은 시기이지만 지나보면 가장 후회스러운 아이러니한 시기입니다. 했어야 하지만 하지 않은 일이 가장 많은 시기라는 뜻입니다. 늦은 나이는 없습니다. 평생 그렇습니다. 따라서 이 책은 누구나 읽어봐야 하는 책이지만 가장 주목해야 하는 나이는 50대를 시작하는 사람들입니다.

김선일 | 50+라이프디자인 연구소장, 전 중앙일보에듀라인(주) 대표이사

경영자

초반 통계 데이터나 아티클, 논문을 인용하면서 설명한 내용은 평이했다. 그러나 읽어갈수록 책에 몰입하게 되었으며, 많은 깨달음을 얻었다.
특히 나이가 들어 새로운 일에 성공하는 사람들의 특징을 다음과 같이 정리한 부분이 인상적이었다. '가치 있는 일을 확고한 기준과 신념을 가지고 추진한다' '뚜렷한 목표와 긍정적인 마인드로 꾸준히 노력한다' '나이와 관계없이

자신의 일을 사랑한다'는 점이다.

책에서는 이러한 성공의 조건을 다양한 실제 사례와 함께 제시하고 있다. 주변의 선후배들 중에서도 은퇴 이후 성공적인 삶을 살아가는 이들이 이 책에서 언급한 조건 중 한두 가지 이상을 충족하고 있다는 사실을 깨달을 수 있었다.

이 책은 매우 의미 있는 통찰을 제공하는 훌륭한 저작이다. 특히 사말오초와 같은 현실 속에서 고민하는 직장인이나 은퇴를 앞둔 이들에게 실질적인 도움이 되는 내용으로 가득 차 있다. 이 책을 강력히 추천한다.

박정국 | 전 현대기아자동차그룹 연구개발본부장(사장) | 전 현대모비스 대표이사

〈늦은 나이는 없다〉는 세대 교체와 고령화 사회를 다룬 책이다. 나이에 대한 고정관념을 깨고 새로운 가능성을 모색하려는 이들에게 용기와 지침을 제공한다. 저자는 고령 세대가 삶의 후반기를 능동적으로 개척할 수 있는 방법을 제안한다.

이 책은 고령 세대가 경험과 노하우를 통해 자신과 사회에 기여할 수 있음을 보여준다. 나이와 세대의 한계를 뛰어넘는 구체적인 사례와 조언을 담고 있다. 특히 건강한 고령화를 이루고 세대 교체 과정에서 중요한 역할을 수행할 수 있는 방안을 탐구한다. 개인의 성장과 세대 간 협력을 통해 삶의 질을 높이는 방법도 제시한다.

이 책은 다양한 사례와 통찰을 통해 실행 가능한 계획을 제안한다. 독자들에게 각자의 가능성을 발견하고 도전할 용기를 제공한다. 나이에 구애받지 않고 새로운 역할을 모색하고자 하는 이들에게 실질적인 도움과 영감을 준다. 〈늦은 나이는 없다〉는 단순한 위로를 넘어 행동을 이끄는 책이다. 세대 교체와 개인의 성장을 고민하는 모든 이들에게 이 책을 강력히 추천한다. 자신의 경험을 바탕으로 도약을 꿈꾸는 이들에게도 훌륭한 길잡이가 될 것이다.

조원희 | 지란지교시큐리티 대표이사

함께한 동료

나는 지난 30년을 앞만 보고 달려왔다. 내가 하는 일을, 내 역량을 그다지 의심하지 않고 한눈팔지 않고 지금까지 왔다. 누군가가 도중에 다른 길을 가고 싶다고 하면 마음속으로는 "그냥 하던 일 하지"라는 생각을 자주 했다. 그래서 '늦은 나이는 없다'는 책 제목이 마치 "사말오초들, 지금 빨리 새로 시작해라. 더 늦기 전에"라고 귓속말을 하는 것 같아 추천사를 부탁받았을 때 사실 좀 난감했었다.

내가 기억하는 30대 시절의 저자(참고로 나는 저자의 마지막 팀장임)는 뭔가를 항상 열심히 준비하던 후배였다. 머무르거나 지루해지는 것을 매우 경계했던 것 같다. 그런 그가 50대를 목전에 두고 이 책을 낸 것은 아마도 본인의 경험에 기반하여 뭔가의 이야기를 하고 싶었던 게 아닐까 싶었다.

추천사를 쓰기 위해 지난 주말 이 책을 읽으면서 앞서 얘기했던 나의 생각은 '완전 오해' 였음을 깨달았다. 오히려 이 책에서 전하고자 하는 주요 메시지는 '미리 미리 삶을 준비하자, 뭔가 해보려고 한다면 나이 때문에 고민하지 말자, 인생은 길고 할 일은 많다' 라고 생각됐기 때문이다.

누구나 다 직장을 떠나거나 하던 일을 마무리해야 하는 시기가 온다. 그것이 사십 대일 수도 있고, 오십 대, 육십 대, 혹은 칠십 대일 수도 있다. 자의에 의해서일 수도, 혹은 타의에 의해서일 수도 있다. 그 순간 대부분의 우리들은 막막하거나 걱정하거나 소심해질 것이다. 그럴 때 이 책이 전하는 메시지는 큰 용기가 될 것 같다.

박선경 | 엑스퍼트컨설팅 사장

어쩌다 보니 50년을 살았고, 그중 1/5인 10년을 저자와 함께했다. "어디로 갈지 모르는 배는 순풍도 도움이 되지 않는다. 생각도, 계획도, 전략도, 행동이 없으면 쓰레기와 같으며, 긴급한 일은 중요한 일이 아니다"라고 강조했던 저자는 지금까지도 말과 행동을 일치시키는 진정한 정성을 보여주었다.

매 순간 일과 사람에 대한 실패와 두려움도 있었고, 멈추고 싶은 좌절로 인해 다시 해 보고자 하는 용기가 필요했던 절박함도 있었다. 이 책에는 자신이 뱉은 말과 약속을 일치시키려고 노력하고 인내하며 극복한 다양한 스토리가 담겨 있다.

늦은 때를 생각하기보다, 늦은 후회가 삶의 변명거리가 되지 않도록 이 책을 통해 인생의 절반을 살아온 여러 이들이 희망과 용기를 갖게 될 것으로 믿는다.

임주성 | 플랜비디자인 본부장

내일이면 오십이다. 이제는 확실히 나이 들었다는 생각이 든다. 주변 사람들도 그렇게 생각하는 것 같다. 나이가 들면 두려움이 없을 줄 알았는데 나이를 먹어가면 먹어갈수록, 경험이 쌓이면 쌓일수록 두려움도 커지고, 두려워야 할 이유들도 많아진다.

인생은 두려움의 연속이다. 두려움은 지나가는 과정을 통해서 성장하기도 하고 망하기도 한다. 인생의 주기를 볼 때 두려움이 가장 큰 시기 중 하나가 40대 말, 50대 초이다. 이 책에서는 사말오초라고 칭하는 나이대이다.

새로운 것을 배우고 도전하기에 애매한 나이대다. 채용 시장에서도 부담되는 나이를 넘어서 채용 대상으로도 보지 않는 나이대이다. 눈이 조금씩 불편하고, 술자리에서도 12시 전부터 이미 피곤하다. 40대 초만 하더라도 쌩쌩했던 것 같은데, 후배들은 치고 올라오고, 선배들은 힘이 없어 보인다.

이도 저도 하기 힘든 시기를 보내고 있는데 가정에서는 책임이 크다. 아이들은 중학생에서 대학생 사이에 있다. 부모님도 이제 80대 정도이다. 앞으로 챙겨야 할 집안 대소사도 많다. 부모를 돌보는 마지막 세대이자, 자식으로부터 돌봄을 받지 못하게 될 첫 세대이기도 하다. 슬픈 현실이다. 그런데 어쩌나. 살아내야 한다. 지금까지 살아왔으니, 살아냈으니 살아야 한다. 두려움이 크지만 늘 그랬듯 우리는 오늘도 일터로 나간다. 버텨야 하기에, 살아내야 하기에, 살아야 하기에 두려움을 이겨내고 있다.

이 책은 현실에 대한 이야기이다. 낙관보다는 비관의 이야기가 더 많을 수 있다. 위기를 조장하는 이야기가 더 많을 수 있다.

그러나 이 책은 미래에 대한 이야기이다. 그리고 그 세대를 보낸 선배들의 이야기이다. 희망이 있기도 하다. 낙관이 있기도 하다. '나도 해볼 만한데'라는 생각이 들기도 할 것이다. 이건 성공한 사람의 이야기인데 하면서 오히려 자신감이 떨어질 수도 있는 사례들도 있을 것이다.

늦은 나이는 있다. 그러나 늦은 나이는 없을 수도 있다. '늦었다고 생각한 때가 가장 빠른 때'라는 독일 속담이 있다지만 늦은 건 그냥 늦은 것이다. 그러나 다시 생각해 보자. 늦었다고 생각하면 늦은 것이고, 아직도 할 것이 있다고 생각하면 이른 것이다.

이 책의 제목 '늦은 나이는 없다' 뒤에 붙이고 싶은 말이 있었다. 그것은 '당신이 그렇게 생각한다면…'이다. 맞다. 늦은 나이는 없다. 자신이 그렇게 생각한다면….

이 책은 늦은 나이가 없다는 것을 증명한 사람들의 이야기로 가득하다. 지금 자신의 처지가 위태롭고 불안하게 느껴진다면 더욱 이 책을 읽길 바란다. 누구나 원하는 모습으로 살 수 있고 그것을 가능하게 하는 힘은 각자의 의지와 마음에서 나온다는 것을 확인할 수 있을 것이다.

2025년 1월

최익성

차례

PART
1

사말오초, 늦은 나이 or 늙은 나이

PART 2

지표를 뚫고 나오는 사람들

PART 3

아무것도 하지 않으면
아무 일도 일어나지 않는다

PART
1

사말오초,

늦은 나이 와

늙은 나이

산다, 산다, 더 산다,

오래 산다

기대수명 추이

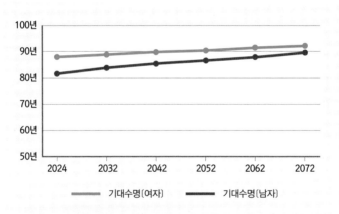

기대여명: 특정 연령에서 주어진 연령별 사망률이 지속된다고 할 때 앞으로
　　　　　생존할 평균 기간(연)수
기대수명: 출생아의 기대여명

출처: 통계청

앞의 그래프는 2024년 한국의 기대수명이고 아래의 표는 실제 평균 사망 연령이다. 기대수명이란 현재 0세인 출생아의 기대여명을 여러 데이터를 종합하여 계산한 것이다.

성별	평균 사망 연령 (2023)	최빈 사망 연령
남성	81.6세	85.6세
여성	87.6세	90세

출처: 통계청

위의 표는 대한민국 남성과 여성의 '평균' 사망 연령과 '최빈' 사망 연령을 나타낸다. 평균 사망 연령은 전체 인구의 평균 수명을 의미하며, 최빈 사망 연령은 특정 연령대에서 가장 많은 사망자가 발생하는 연령을 의미한다.

그런데 흥미롭게도 남성의 경우, 표에 제시된 실제 평균 사망 연령(81.6세)이 기대수명(81.4년)을 넘어서고 있다. 게다가 실제 대한민국의 '최빈' 사망 연령은 남성의 경우 85.6세, 여성의 경우 90세 가까이 된다.

과거 몇 년간의 통계청 데이터를 분석해 보면, 최빈 사망 연령은 매년 약 0.2세씩 증가하고 있다. 이를 통해 현재 50세인 사람이 앞으로 몇 년 정도 더 살게 될지 예측해 보면 남성이 약 35.6년, 여성은 약 40년 더 살 수 있다. 현재 한국의 50세 이상

인구는 전체 인구 약 5,175만 명(2024년 기준) 중 약 2,285만 명으로 약 44.16%이며 매년 60만 명 이상씩 증가하고 있다. 이와 더불어 현재 전 세계의 기대수명은 1950년 45.5세에서 2022년 73.0세로 연장되었으며, 100세 시대를 넘어 120세 시대를 준비해야 한다는 전망까지 하고 있다.

현재 우리나라는 이미 고령사회이다. 고령사회란 전체 인구에서 고령인구(만 65세 이상)의 비율이 14%가 넘는 사회를 뜻한다. 유엔은 고령인구 비율이 7%를 넘으면 고령화사회, 14%를 넘으면 고령사회, 20% 이상이면 초고령사회로 분류한다. 한국은 2000년 고령화사회에 진입 후, 17년 만인 2017년에 고령사회로 들어섰다.

우리나라는 2025년이면 세계에서 가장 빠른 속도로 초고령사회에 진입한 나라가 되며, 2040년이면 전체 인구의 3명 중 1명은 65세 이상이 될 것으로 각계 연구 단체에서 전망하고 있다. 특히 행정안전부(2024년 7월 기준)는 65세 이상 주민등록인구가 1천만 명을 넘어선 것으로 발표하기도 했다.

기술과 의료의 발전으로 인류는 점점 더 오래 살게 되었다. 인간 평균수명의 획기적 연장은 개인과 사회 그리고 산업 전반에 근본적인 패러다임의 변화를 가져올 것이며 향후 직면하게 될 개인과 사회의 큰 폭의 변화들을 시사하고 있다.

이른바 장수혁명 시대가 온 것이다. 하지만 이로 인해 발생하는 여러 문제들로 인해 오히려 오래 사는 것이 축복만이 아닌 재앙으로도 변할 수 있다. 즉 리스크와 기회가 동시에 왔음을 우리는 알아차리고 이에 미리 대비해야 한다.

노년기를 준비 없이 맞닥뜨리게 되었을 때 오래 사는 것은 더 이상 축복이 아닌 재앙이 될 수 있다. 우리의 장수에는 경제적 부담, 건강 문제, 사회적 고립, 생산성 감소, 사회복지 시스템의 한계 등 여러 문제가 복합적으로 얽혀 있기 때문이다.

기대수명이 늘어나면서 발생하는 문제점들을 먼저 짚어 보자.

가장 큰 문제는 <u>첫째, 생활비 부담이다.</u> 은퇴 후 30년에서 40년 이상의 생활비를 충당해야 하는데, 이를 위해 필요한 자금은 엄청나다. 일반 직장인이 만 60세에 은퇴하여 100세까지 40년을 산다고 가정해 보면 부부의 경우 약 20.8억 원, 개인의 경우 약 10.4억 원의 적지 않은 비용이 산출된다.

노후 생활에 필요한 실제 1인 최소 생활비(2021년 기준)를 다시 월별로 계산하여 월 평균 연금 실수령액과 비교해 보았을 때 경제적 문제는 더 확연히 드러난다. 현재 월 평균 연금 실수령액은 65만 원인 데 반해 예상되는 1인 최소 생활비는 124만 3천 원으로, 이대로 간다면 은퇴 후 우리의 삶의 질은 현저히 추락할 것이다.

실제로 현재 대한민국의 65세 이상 노인의 빈곤율은 40%에 달한다. 대다수의 사람들은 10억 원이 넘는 거대한 금액을 미리 저축하지 못한 채 은퇴를 맞이하게 되며, 이는 곧 빈곤으로 이어질 수 있다.

우리는 늘어난 수명과 함께 늘어난 지출로 '더 일하기'를 선택하고 있다. 경제적 문제에 직면한 고령층을 바라보며 현재의 사말오초 세대들이 은퇴 이후의 삶에 대해 깊이 고민하는 이유다.

은퇴는 했으나 일을 더 해야만 하는 나이
vs. 일하고 싶은 나이

—

제1차 베이비붐 세대이기도 한 지금의 고령층(55~79세)을 분석해 보면 이들은 은퇴 후에도 여전히 노후 생활을 위한 경제 활동과 사회적 참여를 희망한다. 다음의 통계들은 모두 곧 우리가 경험할 은퇴 이후의 모습을 보여 준다.

2024년 7월 기준, 경제 활동 인구로 처음 분류되는 연령인 15세 이상 인구 4,554만 3천 명 중 55~79세 고령층은 1,598만 3천 명으로 35.1%를 차지한다. 그동안의 지표에서는 15~64세를 경제 활동 인구(생산 가능 인구)로 분류해 왔지만, 이제 고령층의

2024년 5월 경제 활동 인구 조사 고령층 부가 조사 결과

출처: 통계청

고령층 인구, 취업자 및 고용률 추이

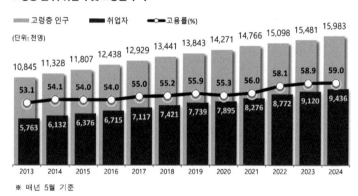

출처: 통계청

경제 활동 참가율은 60.6%, 고용률 59%로 높은 수준이며 새로운 경제 활동 인구로 편입되고 있다. 뿐만 아니라 '50~79세 경제 활동 참가율'은 2015년 76.2%에서 2024년 78.5%로 계속 증가 추세를 보인다.

〈고령층 인구, 취업자 및 고용률 추이〉 조사 결과에 따르면 고령층의 69.4%가 장래 근로를 희망한다. 그 이유는 고령층의 절반인 51.2%만이 연금을 수령하고 있기 때문인데, 그나마도 월평균 82만 원에 그치고 있다. 따라서 고령층은 자연히 계속 근로 의향을 가질 수밖에 없다. 고령층 중 장래 근로 희망자는 69.4%(1,109만 3천 명)로 지난해보다 0.9% 늘었고, 희망 근로 연령도 73.3세로 0.3세 높아졌다.

정리하면, 50~79세 경제 활동 참가율 증가는 수명 연장으로 인한 노후 자금의 증가, 연금 지급 개시 연령의 연장(60세→65세), 정년 연장, 자녀 양육비 부담 증가 등이 주요 원인으로 추정된다.

그러나 실제 이들 세대가 바라는 노후의 모습은 현실과 사뭇 다르다. 통계청 '2023년 사회 조사 결과'에서 '노후를 보내고 싶은 방법'을 물었더니, 취미 활동이 42.9%으로 가장 많고, 다음으로는 여행/관광 활동(29.7%), 소득 창출 활동(12.7%), 학습 및 자기 개발 활동(5.1%) 순으로 나타나고 있다. 이를 보면 시니어 세대들은 은퇴 후 경제 활동과 사회적 참여를 선택하면서도 이후 책임과 의무적 활동에서 벗어나 여유를 찾고 주체적이며 자기 실현을 위한 '일'을 바람을 알 수 있다.

둘째, 기대수명이 늘어날수록 건강 유지에 대한 부담도 늘어난다. 나이가 들수록 건강 상태는 악화되기 마련이다. 만성 질환, 치매, 신체적 쇠약 등은 노년기에 흔히 발생하는 문제들이다.

특히 코로나19 이후 전반적으로 고령층에서 만성 질환의 증가가 이어지고 있으며, 이러한 건강 문제들은 개인의 삶의 질을 크게 떨어뜨리고 의료비 부담을 가중시키며, 이는 다시 가계의 재정 압박으로 작용한다.

실제로 2021년 1인당 연간 평균 의료비는 약 100만 원으로 10가구 중 4가구는 "의료비 지출이 가구에 부담된다"고 응답했다. 연령별 1인당 진료비는 2022년 기준 '65~69세'는 374만 9,983원, '70~74세'는 465만 5,399원, '75~79세'는 564만 618원, '80~84세'는 611만 6,358원, '85세 이상'은 705만 8,557원으로 초고령층은 전체 평균 200만 3,055원과 비교해 500만 원 넘게 많다. 게다가 연간 의료비는 점점 증가하고 있으며, 이는 개인뿐만 아니라 국가적인 차원에서도 큰 부담이 된다. 2022년도 건강 보험 주요 통계를 보면 전체 인구 중 65세 이상 진료비는 전년보다 8.6% 증가한 44조 1,187억 원으로, 전체의 43.1%로 집계됐다.

65세를 넘기며 자녀를 독립시키고 이제야 '액티브 시니어' 시기를 누릴 수 있는 때가 왔다. 그러나 건강할 때 지키지 않았던 질병들은 은퇴 이후의 노년기 삶에서 경제적·사회적·정서적 문제에 크게 영향을 미치게 된다.

고령층이 되어서야 질병이 병세로 드러난 이후에 대처하려는 태도는 이제 버려야 한다. 사후 치료보다는 예방 의료로 가는 방법을 사회적으로나 개인적으로 상세히 모색할 때이다.

최근 정부에서도 초고령사회 진입에 대비하여 지역 사회 주민 단위로 건강·의료·돌봄의 통합 관리에 대한 사회적 수요에 대비하고 있다. 이후의 챕터에서 시니어 시기를 대비한 건강 관리의 중요성과 건강 유지의 가능성을 검토해 보고자 한다.

셋째, 고령화사회에서는 사회적 고립도 개선해야 할 문제다. 나이가 들수록 친구나 동료들이 하나둘씩 세상을 떠나고, 가족과의 관계도 소원해지기 쉽다. 세계적인 고령화에다 산업화에 따른 핵가족화도 시니어 시기의 고립을 더하고 있다.

가까운 일본의 경우 50대 이후가 되면 우리나라 임금피크제와 비슷한 '역직 정년'이 되는데, 이때 남편의 급여가 줄어들면서 황혼이혼이 급증한다고 한다. 현재 우리나라 또한 황혼이혼이 늘고 있다. 통계청이 지난 8월(2024년 기준)에 발표한 자료에 따르면 동거 기간 20년 이상 된 부부의 이혼 건수는 전년 동기 대비 3.1% 증가한 8,686건이나 된다. 이와 함께 2024년 독거노인 가구는 210만 가구에서 2052년 490만 가구로 가파르게 증가하고 있다.

통계청 자료에 따르면 배우자의 유무, 가족 구성은 고독 즉, '외로움'의 주된 요인으로 보인다. 미혼자의 41%가 외로움을 빈번하게(항상 11% + 자주 30%) 느낀다고 답했지만 사별/이혼자의 경우 35%(항상 14% + 자주 21%), 배우자가 있는 경우에는 18%(항상 4% + 자주 14%)에 불과하다. 특히 1인 가구에서 외로움을 빈번하게 느끼는 비율이 45%(항상 19% + 자주 27%)나 되지만 2인 가구 이상에서는 21~24% 수준이다. 월 가구 소득에 따라 외로움 체감도에도 차이가 확인되는데, 월 200만 원 미만층에서 빈번하게 외로움을 느끼는 비율이 39%(항상 16% + 자주 23%)로 가장 높았고, 나머지 소득층에서는 대체로 18~24% 수준으로 비슷했다.

사회적 고립은 개인의 정신 건강에도 악영향을 미치며, 이는 다시 신체적 건강에도 부정적인 영향을 준다. 이는 다시 노년기의 외로움과 우울증으로 이어질 수 있다. 결과적으로 노인 인구의 상대적 빈곤율과 노인 우울증 비율, 노인 자살 시도율 등의 통계적 지표들이 함께 증가세에 있어 상호 영향권에 있음을 시사한다.

2015년에는 한동안 노인 고독사 사망률이 해마다 증가세에 있어서 사회적 문제로 대두되었었다. 하지만 최근 들어 정부에서는 '고독사 예방 기본 계획'을 수립하고 적극적으로 정책을 펴고 있고 이에 힘입어 고독사 사망률이 다소 주춤하고 있다. 영국의 경우는 2018년 메이 총리가 고독사 문제를 인식하여 '외로움부 장관'을 임명하기도 했다.

은퇴 이후의 삶이 적지 않은 규모로 늘어나면서 우리는 이제 '외로움'과 '관계'를 새롭게 바라보며 인식을 재정의해 봐야 하는 시점에 놓였다.

넷째, 기대수명이 늘어 고령 인구가 증가하면 국가 입장에서 부양해야 할 인구가 그만큼 늘어난다. 우리나라는 더 이상 젊은 나라가 아니다. 당연히 노동 시장의 생산성은 감소하게 된다.

한국은행에 따르면 "저출생과 고령화에 따른 생산 가능 인구의 절대 감소, 1·2차 베이비부머 은퇴에 따른 평균 경제 활동 참가율 하락"으로 노동 생산성은 0.7%로 코로나19 사태 이전 증가율의 절반 수준이라고 발표하였다.

이와 같은 상황은 경제 성장을 저해하고, 젊은 세대에게 더 큰 경제적 부담을 주게 된다. 젊은 세대는 더 많은 세금을 부담하게 되며, 이는 그들의 경제적 안정성에도 부정적인 영향을 준다. 결과적으로, 고령 인구의 증가는 세대 간 갈등을 야기할 수도 있다.

마지막으로 고령사회에서는 사회복지 시스템의 지속 가능성도 살펴보아야 한다. 연금, 의료보험, 노인 돌봄 서비스 등은 고령 인구가 증가할수록 재정적 압박을 받게 된다. 이는 결국 사회복지 시스템의 붕괴를 초래할 수 있으며, 이는 사회 전반에 걸쳐 큰 혼란을 야기할 수 있다.

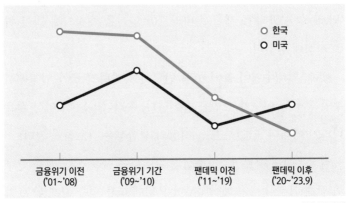

한미 연평균 노동 생산성 증가율 (취업자 수 기준, 단위: %)

○ 한국
○ 미국

금융위기 이전
('01~'08)

금융위기 기간
('09~'10)

팬데믹 이전
('11~'19)

팬데믹 이후
('20~'23.9)

출처: 한국은행

이러한 문제들을 해결하기 위해서는 각자 도생하기 위한 철저한 준비가 필요하다. 개인 차원에서는 철저한 재정 계획과 건강 관리가 필수적이다. 은퇴 전부터 체계적인 저축과 투자를 통해 노후 자금을 마련하고, 건강을 유지하기 위한 생활 습관을 갖추어야 한다. 또한, 예기치 않은 상황에 대비하기 위해 다양한 보험 상품에 가입하는 것도 중요하다.

사회 차원에서는 고령 인구에 대한 효율적인 지원 시스템을 마련하는 것이 필요하다. 연금 제도의 강화, 의료 지원의 확대, 사회적 교류를 촉진하는 프로그램의 도입 등을 통해 고령자들이 경제적·사회적·건강적으로 안정된 삶을 누릴 수 있도록 해야 한다. 또한, 세대 간 갈등을 해소하기 위해서는 젊은 세대와 고령 세대가 상호 존중하고 협력하는 사회 분위기를 조성하는 것이 중요하다.

수명이 늘어난 장수시대에 사말오초는 기회와 도약의 시기

—

사말오초는 한국에서 가장 큰 인구 비중을 차지하고 있다. 이들은 제2차 베이비붐 세대(1964~1974년 사이에 출생)로서 전체 인구의 18.6%(2024년 기준)이며 현재 954만 명을 넘어섰다. 이들은 IMF시기에 취업의 좁은 문을 겪었고, 2000년 이후에도 여러 글로벌 위기로 인한 구조 조정 속에 살아왔다. 현재의 사말오초는 제1차 베이비붐 세대(1955~1963년 사이에 출생)보다 교육 수준이 높고 자녀 교육열 또한 높으며 여성의 사회 진출이 본격화한 세대로서 이전 세대의 시니어들과는 다른 가능성을 품고 있다. 이들은 이제 장수혁명으로도 불리우는 세계적 고령화와 급변하는 경제 질서의 재편 속에서 바짝 당겨진 은퇴를 맞이하고 있다.

사말오초의 기대수명이 84세 전후로 늘어난 현재, 이들은 인생에서 서드 에이지Third age를 준비하며 업의 전환을 시작하는

'자아 실현'의 중요한 시기에 놓여 있다.

각자 도생을 위한 준비를 철저히 한 사람들에게는 여전히 희망이 있다. 사말오초에 철저한 준비와 계획을 한다면 노후에도 안정적이고 행복한 삶을 누릴 수 있다. 이는 단순히 경제적인 안정뿐만 아니라 건강하고 의미 있는 삶을 영위하는 데 중요한 요소가 된다.

따라서 이제는 오래 사는 것 자체만 축복이 아니라, 그 시간을 어떻게 준비하고 보내느냐에 따라 진정한 축복이 될 수 있는지 여부가 결정된다. 준비된 사람들에게는 여전히 밝은 미래가 기다리고 있다.

지금까지 논의로 보면 수명의 증가로 국고가 바닥나고 병원에 환자가 넘쳐날 듯하다. 하지만 그 반대의 증거도 많다. 수명의 증가에 따라, (복리 효과가 발생하며) 건강과 부 역시 증가한다는 말이다. 콜롬비아 공중보건대학 학장인 리다 프라이드는 이 현상에 대해 "(사람들은 고령화를 부정적으로 바라보지만) 지구에서 증가하고 있는 거의 유일한 천연 자원은 '더 건강하고 교육 수준이 높은 어른들'이라는 사회적 자본"이라고 설명했다.

우리가 사말오초를 지나는 또는 지나게 되는 시점에 시니어를 바라보는 인식의 변화가 가장 시급하다. 〈나이가 든다는 착각〉의 저자 베카 레비는 사회에서 '연령 제한'을 두면서 이들을 폐기 대상으로 바라보는 것을 지적한다. 이러한 시각은 우리의 착각일 수 있다. 관점을 달리하면 "노인들은 젊은이들보다 자산이 많고, 사회에 기여할 시간과 재능이 풍부한 중산층 소비자"로 볼 수 있는 것이다. 그녀의 말처럼 "노년기는 인생에서 가장 생산적이고 창조적인 시기"일 수 있다.

영화 〈인턴〉처럼, 5060 시기에 즐겁게 활동하는 액티브 시니어가 되기 위하여 이제 우리는 다음 스텝을 고민해 봐야 한다. 이미 은퇴를 경험하였고 남은 40년을 준비하고 있는 5060의 제1차 베이비붐 세대(뉴 시니어, 액티브 시니어)의 성공 경험을 참고하여 사말오초라는 적기에 플랜 B를 준비해 보자.

사말오초,

쓸 돈이 더 필요한 나이

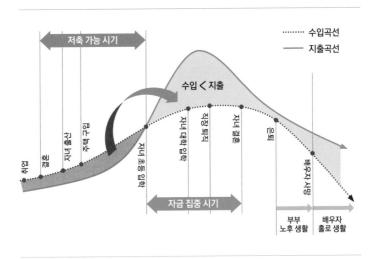

위의 그래프는 인생 주기에 따른 수입과 지출의 변화를 시각적으로 나타낸 것이다. 그래프는 두 가지 주요 곡선으로 구성되어 있으며, 수입 곡선과 지출 곡선을 보여 준다. 각 수입과 지출 곡선이 급변하는 단계에서는 중요한 사건과 재정적 변화를 보여 주고 있다.

사람의 인생 주기 동안 수입과 지출의 패턴은 몇몇의 생애 사건에 따라 크게 변한다. 이러한 변화를 이해하고 대비하는 것은 재정적인 안정과 안락한 노후를 보장하는 데 필수적이다. 인생 주기 동안 수입과 지출의 변화를 시각적으로 나타낸 그래프를 통해 재정 관리의 중요성을 되짚어 보자.

그래프의 가장 첫 부분은 '저축 가능 시기'이다. 이 시기는 주로 청년기에서 시작하여 결혼과 첫째 출산까지 이어진다. 이 시기 동안 수입은 취업과 함께 점차 증가하게 된다. 하지만 결혼과 첫 주택 구입, 그리고 첫 아이의 출산과 같은 중요한 생애 이벤트가 발생하면서 지출도 크게 늘어난다. 취업 초기에는 수입이 증가하기 시작하지만 지출은 비교적 적은 편이다. 이때가 저축을 시작하기에 적합한 시기이다. 결혼은 큰 지출 이벤트 중 하나로, 결혼식 비용과 신혼집 마련 비용 등이 필요하다. 아이가 태어나면 양육비와 의료비 등이 추가로 발생한다.

그래프의 중반 부분은 '자금 집중 시기'이다. 자녀가 초등학교에 입학한 이후부터 자녀의 대학 입학, 결혼 후 독립까지의 기간이다. 이 시기에는 자녀의 교육비와 관련된 지출이 급격히 증가한다. 또한, 직장 내에서의 승진과 경력 발전으로 수입도 증가하지만, 지출 증가 폭이 커서 저축이 쉽지 않은 시기이다. 자녀의 초등학교부터 대학까지의 교육비는 가계 지출의 큰 부분을 차지한다. 직장 내에서 승진하면서 수입은 증가하지만, 자녀 교육비와 생활비 증가로 인해 저축 여력이 크지 않다.

자녀가 대학에 입학한 이후부터 은퇴할 때까지의 시기는 지출이 수입을 초과하는 전환점이 된다. 이때부터는 노후를 대비한 저축과 투자가 매우 중요하다. 자녀가 결혼하고 본인도 은퇴를 맞이하면서 수입이 감소하게 되기 때문이다. 자녀의 대학 등록금과 생활비 지원 등으로 지출이 지속적으로 증가한다. 자녀 결혼 때에도 상당한 비용이 발생한다. 은퇴 후에는 정기적인 수입이 감소하고, 연금과 저축한 자산으로 생활을 유지해야 한다.

은퇴 이후부터 부부 중 한 명이 사망할 때까지의 시기는 주로 연금과 그동안 저축한 자산으로 생활을 유지해야 하는 시기이다. 특히 배우자가 홀로 생활하게 되는 시기에는 의료비와 생활비 부담이 클 수 있다. 은퇴 이후에는 수입이 급격히 줄어들고, 지출은 의료비 등으로 인해 여전히 높을 수 있다. 배우자가 사망한 후 홀로 생활하게 되는 시기에는 더 많은 의료비와 생활비가 필요하다.

30~60세 동안에 60~100세까지 먹고살 연금과 수익 자산 투자 등을 통한 현금 흐름Cash Flow을 마련해 놓아야 쉬고 싶을 때 일을 놓아도 경제적인 불안으로부터 자유로워질 수 있다. 노후 준비가 안 되면 은퇴하고 싶어도 은퇴할 수가 없다. 자식 결혼에 도움을 줄 여력이 없으면 자식들에게 결혼하라는 말도 못 꺼낸다. 집과 전셋값이 너무 올랐다. 신혼(전세)집을 자기 힘으로 장만하려면 30대 후반을 넘겨도 불가능에 가깝다.

노년에 중요한 건 아파트, 부동산 같은 자산 규모가 아니라 창출하는 현금의 규모다. 수익을 하나도 창출하지 못하는 자산만 소유하고 있으면 종부세와 의료 보험 등의 부담만 커져 쪼들리며 살기 쉽다. 요즘은 20대 후반에 일을 시작하면 50대 중반이 퇴직 시점이 된다. 25년 일할 동안 앞으로 50년 이상 살 노후 자금까지 벌어 놓아야 한다. 부모님으로부터 노년에 쓸 유산을 상속받았다면 모를까 빚을 남기고 가기 쉽다. 앞서 이야기했듯, 현재 중위 소득의 반도 안 되는 수입으로 살고 있는 65세 이상 노인의 빈곤율이 40% 가까이나 된다.

다시 말하지만 매월 고정적으로 창출할 수 있는 현금을 만들어야 한다. 즉, 각각의 금액이 적더라도 다양한 루트에서 오랜 시간 동안 지속될 수 있도록 돈 나오는 자판기가 필요하다.

만 60세 은퇴 후 100세까지 필요한 자금 규모 비교

항목	연간 금액 (만 원)	40년 총 금액 (억 원)(부부)	40년 총 금액 (억 원)(개인)
생활비	3,000	12	6
의료비	500	2	1
기타 지출	500	2	1
인플레이션	-	4.8	2.4
총 합계	4,000	20.8	10.4

위의 표는 60세 은퇴 이후 100세까지 40년 동안 필요한 자금 규모를 계산해 본 것이다.

만 60세에 은퇴하여 100세까지 살기 위해 필요한 자금 규모를 부부가 함께 사는 경우와 개인이 사는 경우로 나누어 항목별로 필요한 연간 금액과 40년 동안의 총 금액을 산출했다.

먼저 생활비를 살펴보면, 은퇴 후의 생활비는 결혼과 자녀 양육 그리고 자녀 독립 등의 생애 주요 지출 이벤트가 지나갔으므로 은퇴 전의 70~80% 정도로 잡는다. 단, 은퇴 후에도 기본적인 생활비는 지속적으로 필요하다. 부부의 경우 연간 3천만 원 정도를 생활비로 가정했을 때 40년간 총 12억 원이 필요하다. 이는 주거비, 식비, 공과금, 교통비 등 일상적인 생활비를 포함한 금액이다. 반면, 개인의 경우에는 생활비가 절반으로 줄어들어 연간

1,500만 원 정도를 가정하면, 40년간 총 6억 원이 필요하다.

다음으로 의료비를 고려해야 한다. 나이가 들수록 의료비는 증가하기 마련이다. 부부의 경우 평균적으로 연간 500만 원 정도의 의료비를 예상했을 때, 40년간 총 2억 원이 필요하다. 이는 기본적인 의료 비용을 포함하며, 큰 병이나 장기 요양 비용은 별도로 고려해야 할 수도 있다. 개인의 경우에는 의료비가 절반으로 줄어들어 연간 250만 원 정도를 가정하면, 40년간 총 1억 원이 필요하다. 예를 들어, 노년기에는 만성 질환 관리, 정기적인 건강 검진, 응급 상황에서의 의료비 등이 포함된다.

기타 지출 항목도 중요하다. 기타 지출에는 여행, 취미 활동, 자녀 및 손자·녀 지원 등이 포함될 수 있다. 부부의 경우 연간 평균 500만 원을 기타 지출로 가정했을 때, 40년간 총 2억 원이 필요하다. 개인의 경우에는 기타 지출이 절반으로 줄어들어 연간 250만 원 정도를 가정하면, 40년간 총 1억 원이 필요하다. 은퇴 후에도 삶의 질을 유지하기 위해서는 이러한 여가 활동과 가족 지원이 필요하기 때문에, 이에 대한 예산도 충분히 고려해야 한다.

예기치 않은 지출에 대비하는 것도 중요하다. 예기치 않은 상황, 예를 들어 중대한 질병이나 사고로 인한 추가 지출을 대비하는 것이 중요하다. 이를 위해 보험 가입 등을 통해 재정적 안

전망을 구축할 수 있다. 예를 들어, 건강 보험, 장기 요양 보험, 실손 보험 등을 통해 예기치 않은 의료비 지출을 최소화할 수 있다.

마지막으로 인플레이션을 고려하여 미래에 실제로 필요한 자금의 규모를 계산해 보아야 한다. 그러지 않으면 실제 자금이 턱없이 과소 평가될 수 있다. 한국은행이 발표한 평균 인플레이션율을 2%로 가정하면, 40년간 총 자금의 40% 정도 추가 비용이 발생한다.

이는 생각보다 큰 금액이다. 부부의 경우 20억 원의 40%는 8억 원으로 계산할 수 있다. 따라서 인플레이션으로 인한 추가 비용은 약 4.8억 원으로 예상된다. 개인의 경우에는 인플레이션으로 인한 추가 비용이 2.4억 원으로 계산된다. 인플레이션은 시간이 지남에 따라 돈의 가치가 하락하는 현상을 의미하기 때문에, 이를 반드시 고려해야 한다.

이 모든 항목들을 합산하면, 만 60세에 은퇴하여 100세까지 살기 위해 필요한 총 자금은 부부의 경우 약 20.8억 원, 개인의 경우 약 10.4억 원이 된다.

물론 각 개인의 생활 방식, 건강 상태, 그리고 예기치 않은 지출 등에 따라 다를 수 있지만, 기본적인 가이드라인을 참고하여 사말오초 시기에 먼저 구체적이고도 실질적인 자금 규모를 계산해 놓아야 할 것이다.

이제 이러한 필요 자금을 어떻게 마련할지에 대해 함께 고민해 보자.

사말오초,

지금 관리 골든타임이 끝나가는 나이

인생의 전환점을 맞이하는 40대 후반에서 50대 초반, 흔히 '사말오초'라고 부르는 시기는 재정적·건강적·심리적으로 매우 중요한 시기이다. 하나금융연구소와 통계청의 '2021년 국민 이전계정'에 따르면 국민 1인당 생애 주기에서 42세에 개인 수지 흑자의 정점을 기록한 후 지속 감소하여 61세에 개인 수지 적자로 재전환됨을 전망하고 있다.

또한 2023년 가계 금융 복지 조사에 따르면 이 시기 50대는 가구 소득이 가장 크지만 근로 소득이 줄고 재산 소득 및 이전 소득이 확대되며 소득 구성의 변화가 생기는 변곡점으로 보인다.

60세 이후에 생애 주기 상의 개인 수지 및 소득 구성에 변화

생애 주기 상의 개인 수지 적자 (2021년 기준)

(천원)

- 17세, 3,527만 원
- 적자
- 적자
- 27세
- 흑자
- 61세
- 43세, −1,792만 원

0 5 10 15 20 25 30 35 40 45 50 55 60 65 70 75 80 85세 이상

출처: 통계청

가 발생함에 따라 사말오초 시기의 준비가 은퇴 후 삶의 질을 결정짓는 중요한 요소로 작용한다는 것은 여러 연구에서 일관되게 나타난다.

김미영 외(2011)가 한국 중고령자 45세~64세를 대상으로 한 설문 조사에서는 남성 은퇴자들의 삶의 질이 '일 역할 상실감'을 상쇄해 주는 요인에 크게 좌우되는 것으로 나타난다. 오랜 기간 직장 생활을 했다면 이들에게 은퇴는 더더욱 인생의 커다란 사건이다. 이 연구에서는 이러한 생애 중요한 변곡점을 앞두고 이 시기의 상실감은 건강, 교육 특히 '경제 관리' 여하에 따라 좌우된다고 보고 있다. 특히 가장 큰 경제적 상실은 은퇴 이후에 유교적 대가족 제도가 해체된 한국 사회에서 자식들을 떠나 보낸 노부부가 백수로 살아갈 수도 있음을 의미한다.

사말오초 시기는 은퇴를 맞이하기 전 5~10년 기간으로 중장 년층에게 노후를 준비하기 위한 골든 타임이 되었다. 아무것도 하지 않으면 아무 일도 일어나지 않는다고 했다. 이제 적극적으 로 자산에 대한 이해도를 높여 준비해야 한다.

사말오초 시기는 인생의 주요 이슈가 겹치면서 전환점을 맞이하는 중요한 시기이다. 한국보건사회연구원의 연구에 따르면, 이 시기의 중년층은 자녀 교육비와 부모 부양, 주택 마련 등의 다양한 경제적 부담을 동시에 안고 있는 경우가 많다. 이러한 상황에서 은퇴 준비가 부족하면 노후에 재정적 어려움을 겪을 가능성이 크다. 특히 꾸준한 현금 흐름이 막힌 상태에서라면 유용할 수 있는 현금이 부족해졌을 때 그나마 준비되어 있는 자산마저 갉아먹을 가능성이 높아진다. 은퇴 후 여유롭고 안정된 생활을 위해서는 이미 형성하였거나 진행하고 있는 자산에 대한 점검과 재조정 등 만반의 준비가 필요하다.

첫째, 연금 계획이 필요하다. 대체로 연금은 국민 연금과 개인 연금으로 나눌 수 있는데, 우선 공적 연금은 세계적으로 유사한 정책 방향을 보이고 있다. 〈뉴욕타임즈〉는 지난해 12월, 세계 주요 국가별 정년과 연금 문제에 대한 정책 변화를 발표했다. 21세기 들어 세계적인 고령화시대(우리는 이미 고령시대)를 맞아 베이비붐 세대의 대량 은퇴와 저출산율로 인한 새로운 노동 인력 공급이 감소하고 있다. 노동 인력의 감소는 곧 후세대의 공적 연금 부담 증가로 이어진다. 〈뉴욕타임즈〉에서 조사한 주요 국가들의 기조를 살펴보면 대체로 연금 지급 시기를 늦춰야 한다는 국가 정책이 지구촌 곳곳에서 나타나고 있음을 확인할 수 있다.

대한민국의 국민 연금은 현재 60세까지 납부해야 하며, 1969년생 이후부터는 65세부터 지급받을 수 있다. 다만 공적 연금인 국민 연금의 경우 매년 물가 상승률만큼 상승한다는 이점이 있다. 우리나라도 최근 발표된 연금 개혁안에 따르면 국민 연금 보험료율을 현행 9%에서 13%로 높이면서 인상 속도는 20대부터 50대까지 차등 적용하기로 발표했다. 40대는 8년간 매년 0.5%씩 올리며, 50대는 4년간 1%씩 인상하는 방식이다. 국민 연금의 인상과 지급 시기의 연장은 은퇴를 앞둔 사말오초 세대에게 더 부담으로 다가올 수 있다. 이러한 문제들로 인하여 세계 주요 국가들은 시민들이 공적 연금에만 의존하기보다는 보조적으로 사적 연금을 대비하기를 장려하고 있는 추세이다.

따라서 개인 연금 계획도 필요하다. 이러한 사적 연금의 준비는 은퇴 후의 추가 여유 소득을 안정적으로 확보하기 위한 전략 중 하나이다. 이는 매월 고정적인 수입을 위해 다양한 연금성 상품을 적절히 분산 투자하여 안정적인 수익을 확보하는 것이 필요하다. 개인 연금의 경우 최근 들어 원금 손실의 위험 부담이 있는 공격적 투자부터 안정적이지만 자산을 늘릴 수 있는 다양한 퇴직 연금 상품이 나오고 있다. 다만 개인 연금의 경우 물가 상승률에 취약하므로 채권이나 주식 등으로 대비할 필요가 있다. 각 은행들의 금융·경영연구소에서는 다양한 연금 블록 플랜을 통해 앞다투어 연금 상품의 장단점을 소개하고, 개인의 상황에 맞게 선택할 것을 권장하고 있다.

다양한 연금 상품을 이해하고, 자신의 상황에 맞는 상품을 선택하는 것은 중요하다. 지금까지 제시한 논의들을 참고하여 공적 연금, 개인 연금 등으로 나누어 종합적인 연금 계획을 수립하는 것이 필요하다. 특히 각 은행마다 제안하고 있는 연금 상품의 수익률, 세제 혜택, 수수료 등을 꼼꼼히 비교하여 선택하는 것이 중요하다.

국민연금연구원의 연구에 따르면, 중년층의 연금 준비는 장기적인 재정 안정에 가장 중요한 역할을 한다. 특히 부부 중 한 사람이 사망한 이후에도 생활을 잘 영위할 수 있도록 연금 자산의 비중을 높이고 종신형으로 설계하는 것이 필요하다.

우리는 스스로 미래를 준비할 때 축적된 지식과 경험을 바탕으로 장기적인 재정 계획을 세울 수 있다. 그러나 은퇴 후의 혹시 모를 여러 이슈를 대비하여 재정적 안정성을 확보하는 것도 중요하다. 그러므로 혼자서 계획하고 결정하기보다는 관련한 내용들을 충분히 탐색/비교/분석해 본 후 전문가의 도움을 받아 투자 포트폴리오를 다양화하고 은퇴 자금을 관리하는 것이 더 바람직하다.

둘째, 자산 배분 전략도 필요하다. 금융감독원의 자료에 따르면, 중장년층의 금융 상품 활용도는 재정적 안정성에 큰 영향을 미친다. 그러므로 시중의 다양한 금융 상품을 꾸준히 탐색하여 학습해 두어야 한다. 자산의 전략적 배분은 위험을 최소화하면서 안정적인 수익을 추구하는 방법이다. 이를 위해서는 주식, 채권, 부동산 등 다양한 자산에 분산 투자하는 것이 필요하다. 한국금융연구원의 보고서에 따르면, 중년층의 자산 관리는 다양한 자산에 대한 균형 잡힌 투자가 중요하며, 특정 자산에 지나치게 집중된 포트폴리오는 위험도를 증가시킬 수 있다.

따라서 치밀하고 꼼꼼한 자산 관리는 현금 흐름의 규모를 키워 주어 은퇴 후 재정 안정성을 유지하는 데 매우 중요하다. 자산 관리는 늘 중요하지만 은퇴 이후 자산을 어떻게 관리할 것인지는 더 중요한 문제다. 기본적으로 안전한 투자와 적절한 리스크 관리가 중요하다.

예를 들어, 2022년부터 혁신 금융 서비스로 지정된 '조각 투자'의 개념이 새롭게 급부상했는데, 조각 투자란 특정 자산을 여러 조각으로 나누어 다수의 투자자가 공동으로 투자하고, 해당 이익을 분배하여 지급받는 투자 방식이다. 당연히 리스크 관리가 용이하다. 다만, 이것도 마찬가지로 해당 분야에 형성된 커뮤니티를 통해 충분한 검토와 학습이 필요한 영역이다.

또한 주식, 채권, 부동산 등으로 자산을 다양하게 분산 투자하여 리스크를 줄이고 수익을 극대화할 수 있다. 하지만 주식이나 펀드와 같은 고위험/고수익 상품은 긴 호흡으로 장기적인 관점에서 투자하고, 전문가의 도움을 받는 것이 좋다.

셋째, 보험 계획이 필요하다. 생활 전반에서 나타날 수 있는 위험 관리는 재정적으로 매우 중요한 시기이기 때문에 필수적이다. 따라서 개인 보험 상품을 활용하여 건강 문제나 예기치 않은 사고에 대비하고, 자산 손실을 최소화하는 전략도 필요하다.

다행히 우리나라는 국민 건강 보험과 장기 요양 보험 등을 통해 노후에 발생할 수 있는 의료비 부담을 줄일 수 있도록 대비하고 있다. 특히 2008년부터 도입된 장기 요양 보험의 경우 65세 이상의 고령층의 시니어 세대 간병비 부담을 지원하고 있다.

현재 국가 주도로 운영되는 건강 보험과 함께 시니어 대상의 사보험 시장에도 변화의 바람이 불고 있다. 한국보건산업진흥

원에 따르면 보험업계를 중심으로 노인 요양 사업, 헬스케어 서비스 등과 연계한 고령 친화 산업 시장이 2021년 73조 원대 규모에서 2030년에는 이보다 두 배 넘는 168조 원에 이를 것으로 전망하고 있다. 이를 '케어 이코노미'라고 하는데, 시니어 보험 상품과 서비스가 요양 사업과 연계하여 활발히 진행 중이다. 우리보다 먼저 고령화가 진행된 일본은 현재 각 보험사마다 '요양 사업'을 미래 주요 사업으로 주목하여 성장시키고 있다.

넷째, 부동산 관리도 필요하다. 특히 은퇴에 직면한 사말오초 시기는 자산 구성 및 대출 등의 이유로 상당수가 일정 부채를 떠안고 있다. 그러나 이 무렵에는 부동산을 활용한 유동성 확보를 고려하는 것이 필요하다. 본격적인 은퇴 시점인 56세 이후에 부채 규모는 감소하지만 주택 담보 대출 부담은 지속될 수 있다. 특히 하나금융연구소에 따르면 50~55세 응답자의 33.9%, 56~64세 응답자의 29%가 주택 담보 대출을 보유하고 있었다. 이 가운데 자가 주택을 보유한 응답자 중 53.8%가 작은 집이나 가격이 낮은 집으로 이사하여, 주택 연금 전환이나 매매 후 현금화 등을 통해 현재 보유한 부동산을 유동화할 계획이라고 응답하였다.

부동산은 안정적인 수익을 제공할 수 있는 투자처 중 하나이다. 하지만 부동산 투자는 초기 자금이 많이 필요하고, 시장 변동에 따라 가치가 변할 수 있는 위험이 있다. 따라서 부동산 투자 때 시장 동향을 잘 분석·학습하고, 장기적인 관점에서 투자하는 것이 필요하다.

다섯째, 은퇴 이후 시니어 시기에 이르렀을 때는 결과적으로 유동성 자산 확보가 가장 중요하다. 즉, 자산 관리만큼 중요한 또 다른 요소가 현금 흐름을 지속적으로 확보하는 것이다. 세계은행World Bank에서는 노후 필요 자금으로 현재 소득의 70~80%를 마련할 것을 권장하고 있다. 사말오초 시기는 인생 2막을 준비하는 데 매우 중요한 시기이다. 은퇴 후의 안정된 생활을 위해서는 체계적인 재정 계획과 자산 관리가 필수적이다. 다양한 채널을 활용하여 충분한 학습을 통해 대비해 보자.

각계 은행권에서 매년 발행하고 있는 금융/경영연구소의 보고서는 사말오초 시기의 은퇴 설계와 자산 관리에 대한 구체적인 전략과 팁을 제공하며, 이를 통해 중장년층의 안정적인 은퇴 생활을 준비할 수 있도록 돕고 있다. 특히 KB금융지주 경영연구소의 보고서 〈사말오초, 중년을 위한 행복한 은퇴 설계〉와 같은 4050세대를 겨냥한 재무 설계 자료들을 꼼꼼히 읽고 무리 없는 자산 증식을 시도해 보자.

은퇴 후에도 앞서 논의한 연금성 자산 구축뿐만 아니라, 일정한 현금 흐름을 유지하기 위해 계속해서 일을 하는 것은 중요하다. 일정한 수입을 유지하는 데에 '지속적인 일'은 여러모로 큰 도움이 된다. 재정적 안정뿐만 아니라 일을 통해 사회적 연결망을 유지하고 심리적 안전감을 얻을 수 있기 때문이다. 파트타임과 같이 다양한 작은 일들을 통해 월수입을 늘리는 전략도 고려해 볼 필요가 있다.

사말오초, 느린 죽음이 만연한 세상에서

버텨내야 하는 나이

40대 후반에서 50대 초반, 흔히 '사말오초'라 불리는 시기는 건강 관리가 특히 중요한 시기다. 대부분 40대 무렵부터는 서서히 이전과는 다른 체력을 느끼며 아침마다 영양제를 챙겨 먹게 되고 주기적인 건강 검진(국가 건강 검진을 포함하여)을 받으며, 과거보다 술, 흡연, 비만, 스트레스를 관리해야 한다고 인식하기 시작한다. 앞서 여러 번 반복하여 강조하였듯이 이 시기는 인생의 전환점이자, 미래의 건강을 결정짓는 중요한 시기이기도 하다. 여러 연구와 전문가들의 조언을 통해 사말오초 시기의 건강 관리 중요성과 구체적인 방법을 알아보자.

사말오초 시기는 신체적·정신적 변화가 급격하게 일어나는 시기다. 이 시기는 남녀 모두 갱년기가 찾아오는 때인데 특히 여성의 경우 폐경기로 인한 호르몬 변화가 발생하고, 이에 따라 다양한 건강 문제가 나타날 수 있다. 특히 술, 담배, 스트레스, 과식 등 나쁜 생활 습관들과 오염된 공기, 신종 바이러스 등의 환경적 요인은 우리의 건강 문제를 악화시킬 수 있다.

최근 의료계에서는 사말오초 시기를 생애 전환기로 보며, 이 시기에 나타나는 병들은 평생 쌓아온 나쁜 생활 습관의 결과라고 지적한다. 즉, 평생 동안 지속되었던 술과 담배, 스트레스, 잦은 육식 섭취, 더러운 공기 노출이 이 시기에 질병으로 모습을 드러낸다고 지적한다. 따라서 사말오초는 이와 같이 병을 유발하는 인자들을 제대로 관리해야 하는 시기로 여겨야 한다.

피터 아티아와 빌 기퍼트는 위와 같은 맥락에서 〈질병 해방〉에서 제시한 '네 기사騎士 질병'이 우리의 남은 생을 괴롭힌다고 전한다. 이른바 네 기사 질병은 ①심혈관 질환, ②암, ③신경 퇴행성 질환(치매·알츠하이머), ④2형 당뇨병으로 우리의 인생 후반기 삶의 질을 크게 떨어뜨리는 대표적 질환들이다.

중년기의 주요 건강 문제

—

심혈관 질환

40대 후반부터는 고혈압, 고지혈증, 동맥경화 등의 심혈관 질환 발병 위험이 증가한다. 이는 과도한 스트레스, 잘못된 식습관, 운동 부족 등으로 인해 악화될 수 있다.

당뇨병

중년기에 접어들면서 인슐린 저항성이 증가하여 당뇨병 발병 위험이 높아진다. 체중 관리와 건강한 식단이 중요한 이유다.

정신 건강 문제

갱년기로 인한 호르몬 변화는 우울증, 불안감, 불면증, 공황장애 등 정신 건강 문제를 유발할 수 있다. 스트레스 관리와 정서적 지원이 필요하다.

먼저 가장 흔하게 발생하는 심혈관 질환을 살펴보자. 우리나라는 빠른 속도로 고령사회가 되면서 심혈관 질환 위험 요인도 함께 증가하고 있다. 인생의 전환기를 준비해야 하는 중장년층을 위협하고 있다. 건강보험심사평가원 국민 관심 질병 통계 자료에 의하면 우리나라의 경우 심근경색증으로 병원을 찾은 환자가 2017년 기준으로 5년간(2013~2017년) 7만 7,256명에서 10만 6,000명으로 30% 증가했다. 이 가운데 남성이 여성보다 3배 정도 더 많았다. 일반적으로 허혈성 심장 질환의 경우 중·노년층에 많이 발생하는 것으로 알려져 있지만 최근에는 40~50대 연령층에서 발생이 늘고 있다. 따라서 허혈성 심장 질환에 대한 예방 노력은 젊을 때부터 시작되어야 한다.

사말오초는 개인사 면에서 또 사회적으로 가장 바쁜 시기이기 때문에 자신을 미처 돌볼 겨를이 없다. 이 질환들이 이 시기에 특히 더 위험한 이유는 나이가 들면서 자연스럽게 혈관이 딱딱해지는 노화 현상으로 환자 수가 많아지는 측면도 있지만 바쁜 대외 활동으로 자신을 챙기지 못한 채 평소 큰 이상이나 증상을 감지하지 못하다가 협심증, 급성 심근경색과 같은 심혈관 질환으로 발전하기가 쉽기 때문이다.

둘째로 당뇨병이다. 대한당뇨병학회 통계에 따르면 우리나라의 현재 당뇨병 환자는 30세 이상 성인의 16.7%인 약 605만 명이 넘었으며, 당뇨병 전 단계 1,500만 명, 당뇨병 위험군은 2,000만 명으로 무려 우리나라 인구의 1/3 이상이 당뇨 위험군에 노출되어 있다. 게다가 연간 증가율이 5.6%나 된다. 당뇨병이 무서운 이유는 당뇨가 악화돼 합병증이 일어날 경우 의료비 등이 순식간에 몇 배 이상으로 급증하기 때문이다. 이에 국내 전문가들은 10년 전부터 앞으로 닥쳐올 '당뇨 대란'을 대비하기 위한 정책적 지원이 절실하다고 꾸준히 한목소리를 내고 있는 실정이다. 그러나 당뇨 위험군으로 분류되어 있는 2,000만 명이나 되는 앞으로의 세대(곧 중장년층이 될)가 질병 중 당뇨병에 대한 인지(교육)가 가장 안 되어 있어서 의료계에서는 중대한 문제로 급부상 중이다.

셋째, 치매와 공황장애, 우울증 같은 뇌를 비롯한 정신 건강 문제이다. 최근 중앙치매센터 연구에 따르면 2022년 65세 이상 치매 환자는 약 93만 5,086명으로 인구 10명 중 1명이 치매를 앓고 있는 것으로 나타났다. 지난해 우리나라 인구의 평균 나이는 44.8세로 전년(44.2세)에 비해 높아지고 있는데, 치매의 다수를 차지하는 알츠하이머형 치매의 경우 대부분 노화로 인한 기억력 저하로 착각하기 쉽다. 그러나 그간의 연구들을 보면 40대 또는 그 이전부터 치매의 과정이 시작된다고 보고 있다. 특히 알츠하이머형 치매는 65세 이후에서 가장 흔히 나타나지만 뇌에 쌓이는 단백질이 뇌세포를 파괴한다는 아밀로이드 가설에 따르면 증상이 생기기 15~20년 전부터 시작되는 것으로 알려지고 있다. 따라서 60대가 되어서 관리하면 늦다. 치매 예방은 중년부터 시작하는 것이 좋다.

공황장애도 마찬가지다. 공황장애 환자가 최근 4년 새 44.5%로 급증하였다. 공황장애는 갑작스럽게 심한 불안을 느끼며 발작을 일으키는 질병으로 특히 제2의 사춘기(사십춘기라고도 한다)라고도 할 수 있는 사말오초에 많이 나타난다. 국민건강보험공단이 건강 보험 진료 데이터를 활용해 '공황장애(질병 코드 F41.0) 진료 현황을 살펴본 결과, 2021년 진료 인원 중에서는 40대가 23.4%로 가장 많았고, 50대는 19.2%로 두 번째로 많았으며, 남녀 모두 40대가 최다를 기록했다.

사말오초에 드러나는 우울증의 경우 그 원인으로는 가장으로서 받는 다양한 스트레스 중 경제적인 스트레스가 대표적이다. 또한 중년 여성의 경우에는 갱년기 증상까지 동반되면서 가족들의 관심과 도움이 부족하면 무기력, 분노 조절 장애, 조울증, 건망증 등 다른 여러 질병 또는 심하면 자살로까지 이어질 수 있어 '자기 돌봄self-care'이 더욱 필요하다.

그렇다면 중년기에 나타나는 3대 질병의 원인을 더 살펴보자.

중년 여성들이 겪는 건강 문제는 생리적 변화뿐만 아니라 사회적·심리적 요인과도 밀접한 관련이 있다. 미국의 '전국 여성 건강 연구'의 연구에 따르면, 갱년기 동안의 '호르몬 변화'가 앞서 말했던 대표적 질환들인 심혈관 질환, 당뇨병, 골다공증 등의 위험을 증가시킨다고 보고하고 있다.

그리고 중년 남성의 정신적 웰빙에 큰 영향을 미치는 주요 원인은 '직장 스트레스'로 밝혀졌다. 특히, 동료와의 유대감 또는 직무적 불협에서 오는 직장 내 낮은 사회적 지원은 이 문제를 더욱 악화시킬 수 있다. 유럽의 '유로 근로 조건 조사' 연구에서는 직장 내 사회적 지원이 직장 스트레스와 정신적 웰빙 사이의 관계를 매개한다는 것을 밝히고 있는데, 공감 부족에서 오는 소통 문제가 결과적으로 건강하게 일을 지속하기 어렵게 하는 가장 큰 원인으로 보고 근로 문화를 개선해야 하는 문제를 적극적으로 연구하고 있다.

일본에서도 '국민 건강 영양 조사'를 통해 중년 남성의 건강 문제를 조사하였는데, 마찬가지로 높은 직장 스트레스와 불규칙한 생활 습관으로 인해 중년 남성들에게 심혈관 질환과 당뇨병의 위험이 높아진다는 것을 입증하였다. 그리고 중년 남성들의 건강 관리를 위해서 정기적인 건강 검진과 생활 습관 개선을 제안하고 있다.

생활 습관 개선은 건강을 위해 누구나 당연하다고 생각하지만 꾸준히 실천하기는 쉽지 않다. 하지만 자기 돌봄의 의지를 가지고 접근한다면 사말오초에도 우리는 운동, 영양, 수면, 정서적 관리를 통해 오히려 건강한 삶을 되찾을 수도 있다. 〈질병 해방)에서 우리 몸의 메커니즘에 맞게 제시한 올바른 건강 요법이 적용된다면 현재의 활력을 유지하는 것뿐만 아니라 오히려 그 이전보다 더 건강한 삶으로 살아갈 수 있다고 주장한다. 과거 의학 2.0 시대에서는 병이 진행되고 병증이 드러나 의사에게 진단된 사후에나, 즉 인생 중반 이후에 급작스럽게 질병을 맞닥뜨렸다면, 이제는 병의 근본적 원인을 연구하고 이를 생활 습관 개선에 적용·반영하여 만성 질환으로부터 예방할 수 있는 의학 3.0 시대로 도약하고 있다.

그러므로 이제부터라도 자신의 몸을 이해하려는 노력과 함께 자기 돌봄의 의지를 담아 일상 중에 다음과 같은 항목들을 루틴으로 만들어 보자.

───────── 건강 관리 전략 ─────────

규칙적인 운동

규칙적인 운동은 심혈관 건강을 유지하고 체중을 관리하는 데 도움을 준다. 걷기, 조깅, 자전거 타기 등의 유산소 운동과 근력 운동을 병행하는 것이 좋다. 하버드 T.H. 챈 보건대학원에 따르면, 일주일에 150분 이상의 중등도 운동이 중년기 건강 유지에 효과적이다.

균형 잡힌 식단

과일, 채소, 통곡물, 저지방 단백질을 포함한 균형 잡힌 식단은 혈당과 콜레스테롤 수치를 관리하는 데 중요하다. 또한, 적절한 수분 섭취도 필수적이다.

스트레스 관리

명상, 요가, 심호흡 등의 스트레스 관리 기법은 정신 건강을 유지하는 데 도움을 준다. 취미 생활이나 사회적 활동을 통해 정서적 지지를 받는 것도 중요하다.

정기적인 건강 검진

정기적인 건강 검진은 조기 발견과 예방을 가능하게 한다. 특히, 심혈관 질환, 당뇨병, 암 검진 등을 정기적으로 받아야 한다.

―――――――――― 생활 습관 개선 ――――――――――

금연과 절주

흡연과 과도한 음주는 심각한 건강 문제를 일으킬 수 있다. 금연 프로그램이나 상담을 통해 흡연을 중단하고, 음주량을 줄이는 것이 중요하다.

적정 체중 유지

비만은 여러 질환의 원인이 된다. 적정 체중을 유지하기 위해서는 칼로리 섭취를 조절하고, 규칙적인 운동을 병행해야 한다.

수면 관리

충분한 수면은 신체 회복과 정신 건강에 필수적이다. 규칙적인 수면 습관을 유지하고, 취침 전 전자 기기 사용을 자제하는 것이 좋다.

정신적 건강 유지

—

정신적 건강은 신체적 건강만큼이나 중요하다. 특히 사말오초 시기에는 정신적 스트레스가 증가할 수 있다. 이를 위해 명상, 요가, 취미 생활 등을 통해 마음의 안정을 찾는 것이 중요하다. 또한, 사회적 연결망을 유지하고, 가족이나 친구와의 소통을 통해 정서적 지지를 받는 것도 필요하다.

통계청에서 발표한 2021년도 생명표에 따르면 현재 60세의 기대여명은 26년 정도로 은퇴 이전의 직장 생활과 맞먹는 기간을 우리는 살 수 있다고 한다. 이러한 상황에서 〈느리게 나이 드는 습관〉의 저자 정희원 노년내과 교수의 노화와 노쇠 개념을 주의 깊이 받아들일 필요가 있다.

〈느리게 나이 드는 습관〉에서는 건강하게 나이 들기 위한 방법을 소개한다. 앞으로의 30~40년을 준비해야 하는 사말오초에게 일상생활 속에서 실현할 수 있는 22가지 건강 전략과 조언을 큰 틀에서 3가지로 압축하여 살펴보자. 대체로 앞서 논의했던 건강 전략 항목들과 유사한 점을 발견할 수 있을 것이다.

첫째, 운동 면에서 '제대로 움직이기'를 제안한다. 남은 기대 수명을 활기차게 보낼 수 있는 방법으로 '근육 테크'를 제안하며 적절한 운동의 중요성에 대해 이야기한다. 적절한 신체 활동은 뇌를 자극하고 비만과 당뇨병까지 함께 줄일 수 있어 치매 예방과 더불어 전반적인 건강 관리에 가장 큰 도움이 된다. **둘째,** '**효율적으로 먹기**'를 제안한다. 과식을 조심하고 음식의 양보다는 질에 중심을 두고 건강하게 먹는 식사 습관도 제안한다. **마지막으로,** '**뇌 건강 지키기**'이다. 자신에게 맞는 적정 수면 시간부터, 스트레스 관리법, 호흡법 등을 소개하며 정신 건강을 관리할 수 있는 방법들을 이야기하고 있다.

〈질병 해방〉에서도 이와 유사한 논의를 펼치고 있다. 의학 3.0 시대에 맞춰 우리가 유지해야 할 질병 관리 실천 방안을 운동, 영양, 수면, 정서적 관리로 나누어 제안한다.

사말오초는 서서히 체력이 예전만 못해서 과음하고 나면 일주일이 힘들고, 이제 상처 나면 잘 아물지도 않으며 눈도 침침해지기 시작한다. 이에 따라 마음도 사춘기 자녀 세대만큼 세차게 흔들린다. 앞뒤로 챙겨야 하는 대소사가 많아 가장 힘을 내야 하는 시기임에도 사회에서는 어정쩡하게 큰 어른의 위치다.

'어쩌다 어른이 되었나' 한숨이 나올 때쯤, 곧 닥칠 은퇴도 준비해야 한다. 당연히 건강에 적신호가 올 수밖에 없다. 사말오초가 신체적 측면뿐만 아니라 정신적 건강을 유지하는 것까지 중요한 이유다. 규칙적인 운동, 균형 잡힌 식단, 충분한 수면을 통해 건강을 관리하고 정기적인 건강 검진을 받는 것을 당연히 여겨야 할 시기이다.

몸과 마음은 각 개별이 아닌 상호 순환적 영향 아래 있으므로 사말오초 시기의 건강 관리는 단순히 신체적 건강을 유지하는 것을 넘어, 정신적 건강과 생활 습관 전반을 개선하는 것이 중요하다. 명상이나 요가와 같은 활동을 통해 스트레스를 관리하고 정신적 안정을 유지하는 것도 도움이 된다.

은퇴 후 40년이라는 장시간을 활동적이고 행복하게 보내기 위해서 규칙적인 운동, 균형 잡힌 식단, 스트레스 관리, 정기적인 건강 검진을 통해 건강한 중년을 준비해야 한다. 특히, 자신의 생활 습관을 돌아보고 필요한 부분을 개선함으로써 더 나은 건강 상태를 유지할 수 있다. 이를 통해 사말오초를 건강하고 활기차게 보내는 것이 가능하다.

이에 더하여 끊임없이 배우고 새로운 기술을 습득하려는 습관이 필요하다. 관심 있는 주제의 온라인 강좌나 워크숍에 참여하여 최신 트렌드와 기술을 익히는 생활 습관이다. 이는 기본적으로 직업적 경쟁력을 유지하는 데 도움이 되면서도 지적인 자극을 제공하여 뇌 건강을 오래도록 유지할 수 있을 것이다.

참고 문헌

김양규, "성경적 한의학: 4말5초의 건강 관리", 〈데일리굿뉴스〉, 2021.

정희원, 〈느리게 나이 드는 습관〉, 한빛라이프, 2023.

KB경영연구소, 〈4말5초, 중년을 위한 행복한 은퇴 설계〉, KB금융지주 경영연구소, 2021.

피터 아티아 · 빌 기퍼트, 이한음 역, 〈질병 해방〉, 부키, 2024(원본 출판 2023년).

Chyu, L. & Upchurch, D. M., "A longitudinal analysis of allostatic load among a multi-ethnic sample of midlife women: findings from the study of women's health across the nation", *Women's Health Issues* 28(3), 2018, 258~266.

Crawford, M. J. & Prince, M., "Increasing rates of suicide in young men in England during the 1980s: The importance of social context", *Social Science & Medicine* 49(10), 1999, 1419~1423.

Folta, S. C., Seguin, R. A., Chui, K. K. H., et al., "National dissemination of strong women-healthy hearts: A community-based program to reduce risk of cardiovascular disease among midlife and older women", *American Journal of Public Health* 105(12), 2015, 2578~2585.

Mensah, A., "Job stress and mental well-being among working men and women in Europe: The mediating role of social support", *International Journal of Environmental Research and Public Health* 18(5), 2021, 2494.

Ploubidis, G. & Gondek, D., "Up to a fifth of adults have mental health problems in midlife", *UCL News*, 2021. Retrieved from https://www.ucl.ac.uk/news/2021/jan/20-per-cent-adults-have-mental-health-problems-midlife.

사말오초,

여전히 뇌가 똑똑한 나이

나이가 들수록 뇌세포는 줄어든다. 그래서 우리는 종종 뇌의 능력이 나이가 들면서 쇠퇴한다고 생각한다. 그러나 이 말은 틀렸다. 최근 뇌과학은 뇌의 특정 인지 기능이 다양한 연령대에 걸쳐 최고조에 달할 수 있음을 입증하고 있다. 그렇다. 뇌는 나이와 상관없이 꾸준히 성장한다.

일본의 의사이자 쇼와대학 교수인 가토 도시노리는 "뇌의 성장은 몇 살이 되어도 계속 진행된다"고 주장한다. 실제로도 뇌의 물리적인 전성기는 40대 중반부터 50대 중반이다. 특히 이 시기에 제대로 뇌 훈련을 해두면 60대 이후에도 뇌가 계속 성장한다고 한다.

인지 처리 속도는 일반적으로 18세에서 19세 사이에 최고조에 달한다. 이 시기에는 뇌가 정보를 가장 빠르게 처리하며, 빠른 사고와 결정이 가능하다. 그러나 이러한 속도는 이후 서서히 감소하기 시작한다.

단기 기억 능력은 25세까지 향상되며, 그 후 35세까지 안정적으로 유지된다. 이는 정보 저장 및 즉각적인 활용 능력이 이 시기에 가장 뛰어나다는 것을 의미한다. 이후 단기 기억은 점차 감소한다.

얼굴 인식 능력은 30대 초반에 정점을 찍고 이후 점차 감소한다. 이는 사회적 상호작용과 관련된 중요한 기능으로, 다른 사람들의 얼굴을 빠르게 인식하고 기억하는 능력이 이 시기에 가장 뛰어나다.

감정 이해 능력은 40대에서 50대에 최고조에 달한다. 이 시기는 사람의 사회적 인지 기능이 가장 발달한 시기로, 다른 사람의 감정을 이해하고 공감하는 능력이 가장 뛰어나다. 이는 직장과 가정에서의 대인 관계에서 중요한 역할을 한다.

어휘력과 결정된 지능(축적된 지식)은 60대에서 70대에 최고조에 이른다. 이는 나이가 들수록 지식과 경험이 축적되기 때문으로, 나이가 들어도 꾸준히 학습하고 독서를 하는 활동이 큰 도움이 된다. 이러한 지식은 문제 해결 능력과 논리적 사고에 긍정적인 영향을 미친다.

〈나이가 든다는 착각〉에서 메카 레비는 시니어의 시기에도 얼마든지 누구보다도 탁월한 지적인 성취가 가능함을 제시해 주고 있다. 메카 레비에 따르면 지금까지 노벨상 수상자의 평균 연령은 65세였고, 프랭크 게리는 70세에 시애틀 록 박물관을 설계했으며, 화가 조지아 오키프는 80세까지 작품 활동을 했다는 것이다. 이외에도 히치콕, 디킨스, 번스타인, 포시, 라이트, 마티스, 피카소, 아인슈타인 등등 우리에게 알려진 인물들은 대개 대다수가 한물간 나이라고 여기는 시기에 인생 최고의 업적을 남긴 사람들을 열거해 주고 있다.

한편으로는 체스 게임 분석 연구에서는 인간의 인지 능력이 35세에 최고조에 달하는데, 그 이후로는 점차 감소한다고 한다. 이는 전략적 사고와 계획 수립 능력이 이 시기에 가장 뛰어나다는 것을 의미하지만 중요한 점은 각 인지 기능이 다양한 시기에 최고조에 달한다는 것이다. 즉 단일 연령대에 모든 인지 기능이 최고조에 달하는 것이 아님을 의미한다. 예를 들어, 정보 처리 속도는 18세에서 19세에 최고조에 달하지만, 감정 이해 능력은 40대에서 50대에 최고조에 이른다는 점을 보아도 알 수 있다.

하츠혼Hartshorne와 저민Germine도 "뇌는 계속해서 변화한다. 나이가 들면서 일부 영역은 강해지고, 일부는 약해진다"라고 주장한다. 이는 나이가 들어도 계속해서 뇌를 자극하고 학습하는 것이 중요함을 시사한다. 또한 뇌의 물리적 전성기는 40대 중반부터 50대 중반 사이로서 다양한 연령대에 걸쳐 발달한 여러 인지 기능이 종합적으로 최고조에 달하는 시기를 말한다. 각 인지 기능은 다른 시기에 최고조에 달한다는 점에서 뇌의 변화는 복잡하고 다차원적이지만, 이러한 각 영역의 최고조 시기가 다양함은 뇌가 지속적으로 변화하고 발달하는 과정에 있음을 보여 주며 사말오초에도 충분히 역량을 증진시킬 수 있음을 증명하는 것이다. 즉, 나이가 들면서도 꾸준히 학습하고 뇌를 자극하는 활동이 중요하며, 이는 인지 능력의 유지와 향상에 긍정적인 영향을 미칠 수 있다.

왜냐하면 뇌는 각각의 능력(기억, 이해, 감정, 운동 등의 여러 영역)들이 개별 발달하고 이후 나이가 들어서 뇌세포 수가 감소하지만 뇌세포 사이의 네트워크는 확장되고 긴밀해지기 때문이다. 예를 들어 30대 이후에는 그 이전에 발달되었던 인지, 인식 능력들만 사용하지 않고 기억계가 감정계와 긴밀한 연결이 되어 효율적으로 정보를 저장할 수 있다. 지속적으로 학습과 훈련을 해야 하는 이유가 바로 여기에 있다.

사말오초가 뇌의 물리적 전성기라고는 하지만 전혀 체감되지 않을 수도 있다. 나이가 들수록 깜빡하는 일이 늘고, 단어가 잘

안 떠오르고 집중력도 떨어지는 '뇌가 굳어가는 경험'만 늘어가고 있기 때문이다.

최신 과학 연구와 현실 사이의 괴리감, 그 원인은 무엇일까?

인간은 매일 엄청난 양의 데이터를 마주한다. 뇌는 그 데이터를 처리하기 위해 정보를 관리하는 패턴을 만든다. 그 패턴이 '감정'이다. 인간은 감정에 근거해서 일상의 의미를 찾고, 반응을 결정하고, 할 일을 계획한다. 노화가 시작된다는 35세쯤부터 사람들은 새로운 감정보다 기존의 감정을 그대로 활용하기 시작한다. 그만큼 효율적이지만, 뇌는 점차 비활성화되고 단순해진다. 반대로 '감정'만 신선하게 잘 관리하면 뇌의 잠재 능력을 깨우칠 수 있다.

어떻게 해야지 감정을 잘 관리할 수 있을까?

영국에서 가장 주목받는 심리학자인 엠마 헵번Emma Hepburn은 14만 팔로워를 보유한 심리학 인스타그램 '더사이콜로지맘 thepsychologymum'을 운영하고 있으며, 영국 국민보건서비스에서 임상심리학자로 15년간 열정적으로 활동해 왔다. 그녀는 〈감정의 이해A toolkit for your emotions〉를 통해 인생을 살아가는 데 도움이 되는 다양한 감정을 차곡차곡 쌓는 법, 불편한 감정에 더 잘 대처해 혹시나 빠지게 될 감정의 늪에서 빠르게 벗어나는 법, 기분 좋은 감정을 오랫동안 지속하는 법을 전해 주고 있다.

그녀가 제안하는 뇌의 잠재 능력을 깨우는 방법인 다음의 세 가지를 살펴보자.

1. 화를 낼 때 계획적으로
2. 처음 하는 선택을 즐겨라
3. 감정 일기를 써라

깨끗한 뇌를 유지하기 위해 화가 날 때, 잠시 눈을 감고 이 말을 떠올려라. '이런 감정이 나에게 이익이 되는가?' 흔히 이분법적으로 감정을 이성과 반대로 생각하지만, 사실 감정이야말로, 이성의 결정체이다. 감정은 인생이라는 빅데이터에서 찾아낸 가장 합리적인 이성의 패턴이다. 그러니 감정이 격해질 땐 계산적이 되어야 한다. '이런 감정이 나에게 이익이 되는가'라는 문장을 떠올리는 것만으로 한결 대처가 쉬워진다.

뇌에게 매너리즘은 독이다. 같은 경험, 같은 선택이 쌓일수록 감정의 폭도 단조로워진다. 특히 사람은 나이가 들면 들수록 완고해진다. 늘 비슷한 메뉴를 고르고(난 참치김밥만 1년에 100줄 정도 먹는다) 삶의 패턴도 집, 직장, 동네를 못 벗어나고 옷이나 스타일의 취향도 일정해진다. 이것은 스스로 감정을 굶기는 것이다. 쉽고 간단한 것도 좋다. 삶에 새로운 일들을 채워

넣어야 한다.

40대 말에서 50대 초는 감정 이해 능력과 축적된 지식이 최고조에 달하는 시기다. 이를 적절히 활용하면 직장과 개인 생활, 그리고 미래 준비에 큰 도움이 될 수 있다.

첫째, 이 시기의 감정 이해 능력을 통해 감정적 지능EQ을 강화할 수 있다. 이는 다른 사람들의 감정을 더 잘 이해하고 갈등을 효과적으로 해결하며 더 나은 의사소통을 가능하게 한다. 감정적으로 민감한 리더는 팀의 사기를 높이고 협업을 촉진하며 생산성을 향상시킬 수 있다.

또한 축적된 지식과 경험을 바탕으로 후배나 젊은 직원들에게 멘토링을 제공할 수 있다. 이는 조직 내 지식 전수와 인재 양성에 기여하며 자신의 커리어에서도 큰 보람을 느낄 수 있는 기회가 된다. 멘토링을 통해 후배들은 실무적인 조언뿐만 아니라 정서적 지지도 받을 수 있다. 이 시기에는 의사결정 능력도 향상된다. 이는 복잡한 문제를 해결하고 전략적 결정을 내리는 데 도움이 된다. 경험에서 나온 통찰력과 감정 이해 능력을 결합하여 더욱 현명한 결정을 내릴 수 있다.

둘째, 개인 생활에서는 감정 이해 능력을 활용하여 가족 간의 소통을 원활하게 할 수 있다. 자녀나 배우자의 감정을 더 잘 이해하고 공감하며 갈등 상황에서 더 효과적으로 대응할 수 있다.

이는 가족 간의 유대감을 강화하고 가정 내 평화를 유지하는 데 도움이 된다.

셋째, 축적된 지식을 바탕으로 새로운 취미나 학문을 시작할 수 있다. 이는 인지적 자극을 제공하여 뇌 건강을 유지하는 데 도움이 되며 자기 만족감을 높일 수 있다. 예를 들어, 새로운 언어를 배우거나 독서를 통해 새로운 분야에 대해 공부하는 것도 좋은 방법이다. 더불어 지역 사회나 봉사 단체에 참여하여 사회적 관계를 넓힐 수 있다. 이는 정서적 만족감뿐만 아니라 사회적 네트워크를 강화하는 데 도움이 된다. 다양한 사람들과의 상호작용을 통해 새로운 시각을 얻고 더 풍부한 경험을 쌓을 수 있다.

감정은 본질적으로 기억과 연결되어 있다. 경험을 토대로 현재 무엇을 할 수 있을지 안내해 주는 역할을 한다. 그러니 일이 안 풀리고 무기력할 때면 자신의 감정을 글로 시각화해 보자. 자신의 감정이 자연스럽게 객관화되면 복잡했던 마음의 실타래가 풀리기 시작한다. 뇌의 말랑함을 유지하는 법은 감정을 회피하지 않는 것이다. 감정을 회피하는 것은 쉽지만 감정 회피의 결과를 회피할 수는 없다.

감정은 조절이 아니라 이해의 대상이다. 억지로 감정을 조절해 보겠다고 억누르면 오히려 증폭될 뿐이고, 괜찮은 척하다 보

면 속은 곪아갈 뿐이다. 반대로 감정을 이해하고 건강하게 받아
들 수 있다면 뇌를 효율적으로 사용하게 되고 복잡한 세상을 훨
씬 쉽게 만들어 줄 것이다.

참고 문헌

Goleman, D., *Emotional Intelligence: Why It Can Matter More Than IQ*, Bantam Books, 1995.

Hartshorne, J. K. & Germine, L. T., "When does cognitive functioning peak? The asynchronous rise and fall of different cognitive abilities across the lifespan", *Psychological Science* 26(4), 2015, 433~443.

"When do mental powers peak?", *Science of Mind*, 2021.

"At what age is your brain the sharpest?", *Verywell Mind*, 2021.

"Chess study suggests human brain peaks at 35 years of age", *World Economic Forum*, 2021.

"The rise and fall of cognitive skills", *MIT News*, 2015.

사말오초,

진짜 플랜비를 준비해야 하는 나이

그렇다면 도대체 언제까지 돈을 벌어야 할까?

그전에 해야 할 질문은 건강이 뒷받침되면 몇 살까지 현역에서 일할 수 있을까이다. 일을 하고 싶다면 최대 70~75세를 마지노선으로 생각하고 제2의 인생을 위한 일거리를 준비하는 게 좋다. 75세 이상이 되면 현역에 계속 남아 있어도 젊은이의 눈에는 옛날 이야기를 되풀이하는 늙은이로 보이기 쉽다. 무엇보다 그때쯤이면 젊은이들이 듣고 싶고 배우고 싶어 하는 최신 정보나 기술에서 멀어지게 된다.

통계청 자료에 따르면, 고령 근로자들의 향후 근로 의사는 2005년 59.1%에서 2024년 69.4%로 꾸준히 증가하는 데 비해,

평생 학습 참여율은 오히려 2017년 26.9%에서 2022년 17.6%로 떨어지는 모습을 보인다.

전성기 시절 수준의 연봉과 동등하거나 그 이상을 받는 재취업 기회를 얻는 건 50대 이전이어야 한다. 그리고 70% 수준의 기회를 얻는 건 57세가 마지노선이다. 전직을 계획하는 사람은 전직 목표 시점보다 최소 10년 전부터 기회 탐색 및 네트워킹, 필요한 역량 쌓기를 시작하고 2~3년 전부터는 발로 뛰며 자기를 필요로 할 기업을 타깃으로 구직 의사를 밝히고 전직하기 위한 영업을 시작해야 한다.

현재 사말오초 다수가 공통적으로 갖고 있는 정서는 현재의 직장에서 일할 수 있는 기간이 얼마 남지 않았다는 것이다. 이것은 은퇴 이후의 삶에 대한 우려를 불러일으켰고 그 정서의 기저에는 더 이상 사회가 나를 수용해 주지 않을 거라는 두려움이 깔려 있다.

고용보험관리공단에서는 2010년 '고령자고용촉진법'의 시행으로 55세 이상의 고령자에게 고용 기회를 확대하고자, 사업주에게 근로자의 정년을 60세 이상으로 하도록 권고하는 등 퇴직 이후의 재고용을 장려하고 있다. 또한 최근 경제협력개발기구OECD의 고용 통계를 토대로 고령자의 고용 비율을 향상시켜야 한다고 목소리를 높이고 있다.

그럼에도 불구하고 현 시점 퇴직 시기는 49~55세까지 빨라졌고, 은퇴 시기는 사실상 전반적으로 앞당겨졌다. 이에 반해 장수 시대가 더 일찍 도래하면서 퇴직 이후의 삶은 새롭게 삶을 재정비하지 않으면 안 될 정도로 늘어났다.

하지만 두려움에 잠식되기에는 아직 살아야 할 날이 너무 많이 남았다. 전문가들은 최빈 사망 연령이 100세에 도달하는 시기가 우리의 예상보다 빨리 도래할 것으로 전망하고 있다. 그 전망을 기준으로 보면 현재의 사말오초는 아직 인생의 절반도 채 살지 못했다는 결론에 도달한다. 서울에는 40~64세 중장년층이 약 396만 명이 거주 중인데 이는 전체 인구의 38.9%를 차지한다. 서울시의 경우 이들에게 다가올 은퇴 시대를 준비하고자 '서울시50플러스재단'을 만들어 4050세대들을 위한 직업 전환 창구를 열어 두고 운영하고 있다.

우리나라 전체 인구로 확대하여 보아도 마찬가지다. 앞으로 인구 중 40%가 평균 100세 이상 살게 되는 장수 사회에서 우리는 40~50여 년을 더 살아야 한다. 따라서 인생 2막을 필히 준비해야 한다. 제2차 베이비붐 시기에 태어나 20대 IMF를 겪고 어려운 구조 조정의 30대를 거쳐 40대, 50대가 된 사말오초 세대들은 지난 시간 동안 이뤄낸 성취가 쌓여 지금의 나를 만들었다는 것을 잘 이해하고 있다. 하지만 과거의 성취가 은퇴 후 40년의 미래를 보장해 주는 것은 아니다. 사말오초는 지금까지 유지했던 관점을 바꾸어 새롭게 재정의해 보아야 하는 때가 온 것이다.

영국의 역사인구학자 피터 라슬렛Peter Laslett은 우리가 한동 안 인생 2막이라고 불렀던 은퇴 이후의 시기를 서드 에이지Third Age라 일컫는다. 즉, 은퇴 무렵의 생애 단계를 '제3의 인생'이 펼 쳐지는 시기로 바라본 것이다. 피터는 이제 생애 단계에서 은퇴 무렵을 바라보는 시각 자체가 변화되어야 한다고 주장한다.

현재 세계는 고령화로 가고 있으며, 노인으로 부르기에는 너무나 건강한 은퇴자들이 지 속적으로 늘어나고 있다. 이 제 우리에게는 은퇴 후에도 좋 든 싫든 평균 8만 시간이 남아 있다. 〈은퇴 후 8만 시간〉을 쓴 김병숙 교수가 말하는 8만 시 간은 60세 퇴직 후 100세까지 산다고 가정하고, 하루 여가

연령별 생애 주기	
생애 주기	연령대(세)
영·유아기	0~5
아동기	6~12
청소년기	13~18
청년기	19~29
중년기	30~49
장년기	50~64
노년기	65세 이상

출처: 국가보조금통합관리시스템

시간 11시간 중 절반을 일하는 데 투자한다는 경향을 반영해 산 정한 시간이다.

퍼스트 에이지First Age가 '배움'의 시기이고, 세컨드 에이지

Second Age가 '가족을 위해 주어진 역할에 충실'한 시기라고 한다면, 서드 에이지는 '자아 실현을 위해 매진'해야 하는 시기다.

그래서 현재에 안주해서는 안 된다. 10대, 20대 때 그랬듯 계속해서 도전하고 공부하며 시도하는 것을 멈추지 않아야 인생 2막 또는 서드 에이지를 잘 살아낼 수 있다. 사회가 나를 책임져 줄 준비가 되어 있지 않다는 것을 수용하고 스스로를 책임질 준비를 해야 한다. 미래에 어떤 모습으로 살고 싶다는 꿈이 있다면 더더욱 말이다.

오랫동안 안정적인 직장에서 직장 생활을 했더라도 은퇴 후 거의 30년 만에 다시 취업 시장에 나오면 재취업의 길은 멀고 험난하다. 이들이 재취업을 위한 구직 활동을 하면서 처음 경험하는 감정은 '할 줄 아는 것이 아무것도 없다'는 것을 깨달은 후의 당혹감이다.

10대 때 충실하게 학창 시절을 보내고 20대 때 좋은 대학에 다니며 탄탄하게 스펙을 쌓아 30대에 안정된 직장에 안착했다고 하더라도 그 성취에 기대어 살아갈 수 있는 기간은 20년 안팎이다. 인생의 시간은 아직 절반도 채 지나지 않았는데 말이다.

사말오초에 충분한 준비가 이루어졌다면, 노후를 맞이한 60대와 70대에 여유롭고 활기찬 생활을 이어갈 수 있다. 이 나이대에 적합한 일들은 건강 상태, 관심사, 역량에 따라 다양하다.

이를 유형별로 구분해 보고 각 유형별로 가능한 일들과 실제 사례들을 소개하고자 한다.

경력 전환기를 위한 재교육의 필요성

우리는 60대와 70대가 되어도 여전히 경제적 이유 또는 사회적 활동을 지속하기 위해 재취업을 고려한다. 사말오초 시기에 경력 전환에 뜻을 두고 다양한 커뮤니티 및 채널을 찾아 자기 전환을 준비했다면 이들은 그동안 쌓아온 경력과 전문성에 힘입어 다양한 일자리를 찾을 수 있다.

예를 들어, 조○만 씨는 60대 중반에 금융 컨설턴트로서 은퇴 후 전기 기능사 자격증을 공부하여 추가로 취득하고, 물류 센터에서 정규직으로 재취업에 성공했다. 그는 넓은 물류 센터에서 일하며 보람과 경제적 안정감을 동시에 느끼고 있다. 또한 김○영 씨는 70대 초반에 대학교에서 명예교수로 강의를 이어가며 평생 쌓아온 학문적 성과를 학생들과 공유하고 있다.

하지만 한편으로는 이전의 경력과 전문성에 매몰되어 과거와 유사한 일자리를 고수한다면 쉽사리 생애 경력 전환을 이루기 어려운 것도 유의해야 한다. 따라서 이러한 두 측면들을 고려해

볼 때 사말오초의 제1, 2차 베이비붐 세대가 현재의 직업에서 은퇴한 이후 제2의 직업으로 매끄럽게 전환하려면 재교육이 필요하다.

서드 에이지 직업 전환의 단초는
디지털 리터러시의 학습 능력
—

처음엔 관심 분야에 대한 깊이 있는 공부로 자격증을 얻거나 사회 공헌 목적의 봉사로 가볍게 접근하는 것이 좋다. 그렇게 하면 자연스럽게 해당 분야에 대한 시야가 트이고 쉽게 시작해 볼 수 있을 것이다. 이때 꼭 필요한 역량은 디지털 리터러시다. 즉, 문제 해결 능력 및 정보와 데이터 활용 능력을 통해 재교육의 기회를 보다 더 쉽게 얻을 수 있다.

현재 우리나라도 일상이 빠르게 디지털화되어 가고 있다. 예를 들어 네이버 스마트스토어에 방향제를 판매하여 매출을 창출하거나, 배달 앱에 가입하여 매장 매출을 높일 수 있고, AI 스피커와 말동무하거나, 유튜브 영상 편집 등을 통해 자신을 표현하는 취미 생활도 가능하다. 외출이나 거동하기 힘들 때 화상 미팅 등으로 교육의 기회를 얻을 수도 있다. 그러나 고령층의 디지털 격차 문제는 이미 많은 부분 액티브 시니어 시기의 장애로 작용하고 있다.

한국직업능력연구원의 조사에 따르면, 이러한 디지털 격차 문제를 해소하고자 대학 교육 참여를 희망하는 비율이 세대 전체 가운데 40대 이후가 78%에 달하며, 특히 40대만 놓고 보면 85%로 20대(71%)보다 더 높은 참여 요구를 보였다. 이와 같은 조사를 통해 평생 교육의 시대에 디지털 리터러시를 통한 교육 습득의 활로를 엿볼 수 있다.

이전 세대보다 높은 교육 수준의 현 사말오초 세대가 인지 노동이 가능한 역량과 결합한다면 재취업 교육의 문턱을 더 낮출 수 있다. 실제로 각 도시별 지자체에서는 중장년지원센터 또는 지역 대학과 연계한 중장년층을 위한 교육 과정이 개설되고 있다. 특히 대표적으로 서울의 경우 17개 대학에서 중장년층을 위한 교육 과정이 개설되어 있기도 하다.

퇴직 컨설턴트 '화담, 하다'의 성은숙 대표는 책 〈뉴업의 발견〉에서 4050세대가 퇴직 이후를 준비할 요소로 먼저 자신만의 '컨텐츠를 생산하기'를 당부한다. 이는 이제껏 여유가 없어서 실행해 보지 못한 충분한 자아 탐구와 창조성 발휘를 통해 가능하다. 성은숙 대표는 퇴직자들에게 했던 설문 조사에서 "무엇이 퇴직자들의 새로운 도전을 가로막는 것"인지 분석하였는데, 새로운 일을 창출하는 데에 "새로운 역할을 만들어 가기 위한 구체적인 실행 방안이 없고 내적 동기와 추진력이 부족하다"는 문제점을 들고 있다.

서드 에이지를 준비하는 4050세대들에게 사말오초인 지금은 충분한 자기 이해를 바탕으로 자신만의 생산성을 발견하고 창조해야 할 시기인 것이다.

다음은 직업 전환기 새로운 업의 방향 모색을 위해 7가지 창조적 역할들을 제시한 것이다. 7가지 'New-UP業'은 다음과 같다.

① **로컬 가치 개발자**Local Value Builder: 다양한 지역에서 새로운 가치를 만드는 사람

② **인사이트 기버**Insight Giver: 자신의 지식과 경험을 타인에게 기꺼이 나누는 사람

③ **창업가**Company Founder: 새로운 방식을 통해 문제를 발견하고 남다른 해결책으로 사업을 추진하는 사람

④ **콘텐츠 크리에이터**Content Creator: 새로운 콘텐츠를 만들고 다른 사람들과 공유하는 것을 즐기는 사람

⑤ **게임 체인저**Game Changer: 혁신적 아이디어로 스타트업을 창업하는 사람

⑥ **가치 투자자**Value Investor: 사람들이 미처 생각하지 못한 분야에서

발전 가능성을 찾으며 장기적인 관점의 투자를 고려하는 사람

⑦ **자아 탐험가**Adventure Seeker: 나의 내면을 탐색하기 위해 꾸준히 노력하는 사람

이러한 점들을 기준으로 삼았을 때 자신이 무엇을 좋아하고 무엇에 가치를 두고 있었는지를 점검해 볼 수 있을 것이다. 이렇게 충분한 자기 이해와 생산성을 갖추었다면 제2의 도약은 항상 가능하다. 업의 방향을 정한 후 다음의 업종별 유형을 통해 무엇이 적합한 직종이 될지 살펴보자.

다양한 파트타임 일자리

—

파트타임 일자리의 경우, 많은 60대와 70대가 도서관, 카페, 소매점 등에서 일하며 사회적 교류와 경제적 수익을 동시에 얻고 있다. 이러한 일자리는 일의 강도가 비교적 낮고 유연한 근무 시간을 제공하여 이들에게 적합하다.

월수입을 10만 원에서 100만 원 정도씩 얻을 수 있는 작은 일들이 여러 가지 있다. 예를 들면 다음과 같다.

프리랜서 작업: 글쓰기, 번역, 디자인 등 자신의 전문성을 살릴 수 있는 분야에서 프리랜서로 활동할 수 있다. 온라인 플랫폼을 통해 손쉽게 일을 찾을 수 있다.

튜터링 및 강의: 자신의 전문 지식을 활용하여 온라인 또는 오프라인에서 튜터링이나 강의를 할 수 있다. 특히, 영어, 수학, 음악 등의 분야에서 수요가 많다.

소규모 창업: 온라인 쇼핑몰 운영, 수제 제품 판매 등 소규모 창업을 통해 수익을 창출할 수 있다. 초기 자본이 적게 들면서도 꾸준한 수익을 올릴 수 있는 분야를 선택하는 것이 중요하다.

부동산 임대: 작은 자본으로 시작할 수 있는 부동산 임대업도 안정적인 수익을 제공할 수 있다. 예를 들어, 주택 한 채를 임대하거나, 공유 오피스를 운영하는 것이 있다.

컨설팅: 자신의 경력을 살려 컨설팅 서비스를 제공할 수 있다. 중소기업이나 스타트업을 대상으로 한 컨설팅은 높은 수익을 기대할 수 있다.

중장년 커뮤니티 '꿈꾸는 요새'를 이끄는 최종원 리더는 과거 LG히다찌에서 대표이사를 역임한 바 있다. 현재는 은퇴 이후 세 번째 경력 전환(강남 취·창업 허브센터 센터장)에 성공하여 활발한 활동을 이어가고 있다. 최종원 씨는 경력 전환은 과거 임원 경력이 아니라 꾸준한 커뮤니티 활동과 그 안에서의 새로운 관계에서 가능했다고 보았다. 사회 공헌과 취미 생활을 공유했던 커뮤니티에서 일거리도 찾은 셈이다.

창업 및 자영업(프리랜서)

—

은퇴 후 창업은 새로운 도전과 자아 실현의 기회를 제공한다. 이는 자신의 취미나 관심사를 기반으로 할 수 있어 더욱 의미 있는 활동이 될 수 있다.

봉사 활동 및 사회 참여

—

노후에 쓸 돈은 충분히 준비해 놓아도 사회에 기여하거나 봉사할 일거리가 없으면 작대기로 작은 공을 쳐서 조그만 구멍에 넣는 놀이를 유일한 낙으로 사는 노인이 된다. 그것도 같이 공을 쳐줄 건강한 친구들이 있을 때 가능하다. 자식들이 같이 쳐주겠다고 하면 얼추 80세까지 가능하다. 사말오초부터 자신의 관심사를 탐색하여 보다 적극적으로 다양한 봉사 활동에 참여해 보자. 이를 통해 사회에 기여하고 삶의 보람을 느낄 수 있다.
이는 건강과 정신적 안정을 유지하는 데에도 큰 도움이 된다.

취미 및 여가 활동
—

취미와 여가 활동은 삶의 질을 높이고 새로운 사람들을 만나
는 기회를 제공한다.

학습 및 자기 개발
—

새로운 것을 배우고 성장하는 것은 나이에 상관없이 중요한
일이다. 이를 통해 지적 호기심을 충족하고 삶의 활력을 찾을
수 있다.

사말오초부터 충분히 준비하였다면 60대와 70대에도 할 수
있는 일들은 다양하다. 재취업이나 창업을 통해 경제적 안정을
추구하거나, 봉사 활동과 취미를 통해 사회적 유대감을 형성할
수 있다.

중요한 것은 자신에게 맞는 활동을 찾아 즐기며 건강하게 생

활하는 것이다. 각자 도생을 위한 준비를 철저히 한 사람들에게
는 여전히 희망이 있다. 철저한 준비와 계획을 통해 노후에도
안정적이고 행복한 삶을 누릴 수 있다. 준비된 사람들에게는 여
전히 밝은 미래가 기다리고 있다.

참고 문헌

김동선, 〈마흔살, 내가 준비하는 노후대책〉, 나무생각, 2015.

김병숙, 〈은퇴 후 8만 시간〉, 조선북스, 2012.

박아람, "서울시와 대학의 협력으로 열리는 중장년 평생 학습 시대", 〈아시아투데이〉, 2024.09.13. https://www.bigkinds.or.kr/v2/news/newsDetailView.do?news Id=01100751.20240913060103001(2024.11.12).

성은숙, 〈뉴업의 발견〉, 화담,하다, 2024.

조경만, "금융컨설턴트의 은퇴편지: 60세 된 나의 정규직 재취업 일지", 〈더스쿠프〉, 2023.

"굿잡5060: 신중년 재취업 성공 사례", 굿잡5060, 2023.

나와 부모를 위한 신탁을 준비할 골든타임 사말오초

오영표
신영증권 전무, 변호사
조태영
신영증권 이사

사말오초 인생의 가치와 행복을 위하여 무엇을 해야 하는지 물음에 답할 때 불변의 진리는 "무엇인가를 해야 하며, 그것을 하기 위하여는 계획을 세워야 한다"는 것이다.

계획에는 이 책에서 언급한 대로 기대수명이 늘어나면서 발생하는 문제들인 생활비 부담, 건강 유지에 대한 부담, 고령화 사회에서의 사회적 고립 문제, 고령 인구가 증가하는 만큼 젊은 세대가 짊어질 경제적 부담, 사회 복지 시스템의 지속 가능성 등을 고려해야 하며, 은퇴 후 여유롭고 안정된 생활을 위한 자산 점검과 포트폴리오 재조정을 포함해서 나와 부모님을 위한 포괄적이고 실효성 있는 계획을 세워야 한다.

여기서는 나와 부모님을 위한 수립한 계획이 정확하고 신속하게 이행되기 위한 안전 장치로 가족신탁family trust을 소개하고자 한다.

우선 신탁법이 정한 신탁의 개념은, 신탁을 설정하는 자(위탁자)와 신탁을 인수하는 자(수탁자) 간의 신임 관계를 기반으로 위탁자가 수탁자에게 특정의 재산을 이전하고 수탁자로 하여금 일정한 자(수익자)의 이익을 위하여 그 재산의 관리, 처분, 운용, 개발, 그밖에 신탁 목적의 달성을 위하여 필요한 행위를 하게 하는 법률 관계를 말한다. 신탁은 다양한 목적으로 활용되나, 여기에서 논의하고자 하는 가족 신탁은 위탁자가 가족인 수익자를 위해 위탁자의 재산을 신탁하고, 신탁 회사를 통해 신탁 재산을 보관, 운용, 관리하고, 미리 지정한 가족에게 신탁의 원본 또는 이익을 배분하는 법률 도구이다.

저출산, 고령 사회를 위한 대비책으로 2011년 신탁법이 전면 개정되면서 영미 국가에서 잘 활용되고 있는 가족 신탁을 도입하였고, 그중 가장 많이 활용되는 신탁이 **유언 대용 신탁**이다. 유언 대용 신탁은 생전에 위탁자 본인을 위한 자산 관리가 목적이고, 사후에는 가족에게 신탁 재산을 상속하는 신탁을 말한다.

유언 대용 신탁은 생전 재산 관리와 사후 상속 배분을 설계하면서도 신탁 계약 시점에는 상속세가 부과되지 않고, 또 위탁자가 원하면 상속 배분 계획을 변경할 수 있기 때문에, 실무상 상속 설계 및 상속 집행의 도구로 주로 활용된다. 이러한 유언 대용 신탁이 어떻게 활용되는지 좀 더 상세히 살펴보면 다음과 같다.

첫째, 노후 설계 측면에서 바라보자. 노후를 위한 계획을 위하여는 노후 기간의 시기별로 이슈에 따른 비용 발생 예측이 필요하며, 또한 경제력에 따라 가장 효율적이고 삶의 질을 높일 수 있는 계획을 하고 그에 따른 정기적 관리가 필요할 것이다. 이러한 관점에서 재무 설계적 측면의 접근이 전제되어 설계가 이루어질 것이다.

하지만 아무리 설계를 잘한다 해도 설계된 대로 제대로 이행되지 않는다면 무의미한 계획이 되기 때문이다. 특히 건강이 악화되거나 의사 능력이 제한적이어서 사무 처리가 어려운 시기에도 사전에 계획한 대로 나를 위하여 비용이 인출되고 활용돼야 하는데, 이럴 경우 신탁이 필요하다.

생전 정상적인 활동 시기에는 본인이 계획을 수정할 수도 있고, 자유롭게 인출하여 사용할 수 있으며, 신탁 계약으로 이벤트가 발생하고 목적 자금을 인출하여 지급하고자 할 경우에는 내방 또는 유선 통화 없이도 신탁 재산에서 바로 제3자에게 지급하고 사후 보고를 받을 수도 있다. 정기적인 인출이 필요할 경우 연금 등과 결합한 인출 플랜을 수립하여 신탁 재산에서 관리할 수도 있다.

만약 시니어하우스 개축 계획을 세웠다면, 시기가 되었을 때 부동산 관리 신탁의 기능을 포함시켜 신탁사의 부동산 전문가가 인테리어 업자와의 협업으로 설계하고 견적을 받아 진행하고 신탁 재산에서 바로 지급 처리가 가능한 서비스를 받도록 할 수도 있다.

또한 건강이 악화되어 의사 능력이 제한적인 시기에도 본인을 위해 계획한 대로 재산을 인출하여 활용할 수 있도록 하기 위하여, 일종의 대리인인 신탁 재산 운용 지시권자를 지정하고 권한 범위를 정한다. 신탁 재산 운용 지시권자로 배우자, 자녀 또는 믿을만한 자를 지정하며, 권한 범위로는 위탁자를 위한 ①신탁 재산의 취득, 처분, 기타 운용 권한, ②신탁 재산 인출 권한(일부 해지 후 인출), ③기타 위탁자를 위하여 필요한 것으로 수탁자가 인정하는 권한 등을 정할 수 있다.

둘째, 상속 설계 측면에서 바라보자.

어느 정도 고령이 되었을 때는 쓰고 남은 재산의 상속에 대해 고민하지 않을 수 없다. 특히 자녀가 있을 경우는 상속 분쟁 예방 차원에서 교통 정리를 하고 장치를 마련할 필요가 있다. 이럴 경우 **상속 신탁**을 활용할 수 있다.

상속 분쟁 예방을 위하여는 민법상 유언의 형식을 통하여 유언서를 작성하는 방법이 있으며, 민법상 유언서 작성 방법 중 검인 절차를 거치지 않고 집행하는 것은 유일하게 유언 공증서를 작성하는 것이다. 하지만 유언 공증의 경우 실무상 유언 집행 때 여러 난관에 봉착한다.

첫째, 예금이나 금융 투자 자산에 대한 집행이 순조롭지 않다. 유언의 법리상 나중에 유언이 이전의 유언보다 우선하다 보니 유언 공증도 같은 법리가 적용된다. 따라서 유언 집행에 응하는 금융 기관 입장에서 보면, 유언 공증의 내용에 따라 수유자에게 예금이나 금융 투자 자산을 인출해 주는 것은 이중 변제의 위험에 노출된다. 따라서 유언 공증에도 불구하고 상속인 전원의 동의를 요구하는 관행이 있다.

둘째, 유언 공증서를 최초로 발견한 자가 파훼하면 쉽게 찾을 수 없는 문제가 있다. 즉 집행이 제대로 이루어지지 않을 수 있는 위험이 있다.

하지만 상속 신탁의 경우는 유언 공증에 비해서 상속 재산 분배의 확실성과 신속성을 담보할 수 있어 상속 분쟁을 예방할 수 있다는 점, 수익자 연속 신탁이 가능한 점, 생전 및 사후 재산 보호 기능이 가능하다는 점 등 유언 공증보다 장점이 많다. 다만,

상속 신탁의 유일한 단점은 신탁 보수가 유언 공증에 비하여 비용이 많이 든다는 점이다.

상속 신탁 계약은 기본 계약으로 '유언 대용 신탁 계약서'와 '신탁 재산별 개별 계약'이 있고, 신탁 재산별 개별 계약은 신탁 재산의 종류에 따라 '금전 신탁 계약' '유가 증권 신탁 계약' '부동산 신탁 계약' '금전 채권 신탁 계약' 등으로 구성된다. 신탁 재산별 개별 계약을 통합하여 '종합 재산 신탁'으로 구성해서 하나의 종합 재산 신탁 계약으로 금전, 유가 증권, 부동산, 금전 채권을 수탁받을 수도 있다.

상속 신탁 계약에서는 유언 대용 신탁 계약서가 핵심인데, 그 주요 내용은 신탁 재산, 신탁 재산별 수익자, 사후 수익자별 사후 수익권, 생전 재산 관리 방법과 사후 신탁 재산 부분 및 재산 관리 방법이다. 생전의 정상적인 활동 시기에는 계약을 변경, 해지, 해제가 가능하며, 입출금 또한 자유롭게 할 수 있다.

만약 건강이 악화되어 의사 능력이 제한적인 시기가 되면 미리 지정한 재산 운용 지시권자가 위탁자를 위하여 운용, 관리, 처분 등의 위탁자가 허용한 범위 내에서 권한을 행사하도록 할 수 있다. 위탁자 사망 때 수익자에게 재산을 이전하는 '즉시 배분형 유언 대용 신탁'과 위탁자 사후에도 신탁 회사가 가족을 위해 재산을 관리하고 집행할 수 있는 '계속 관리형 유언 대용 신탁'도 설계가 가능하다.

사말오초, 나의 제2의 전성기를 위하고 나의 미래를 위하여 인생을 설계할 때에는 각자 여러 가지 난관과 변수가 있고, 사정이 다를 수 있다. 이때 좀 더 원활한 이행과 목적 달성을 위해서 '나를 위한 신탁'이라는 도구를 활용하면 매우 창의적이고 삶의 가치를 높일 수 있다고 생각한다.

한편, 주변에 부모 사후에 상속 분쟁으로 가족이 해체되는 것을 자주 목격한다. 부모를 위한 신탁이 필요한 이유다. 부모를 미리 설득해서, 부모가 생전에 충분히 사용하고 남는 재산이 있다면 그 재산을 나를 포함한 형제 자매에게 어떻게 상속할 것인가를 계획하고 실행한다면 형제 자매를 둘러싼 가족 관계가 소원해지는 상황을 상당 부분 예방할 수 있다. 부모님을 위한 가족 신탁을 설계한 경우 부모님의 재산을 독립된 신탁 회사에 맡겨서 관리하므로, 전문적인 자산 관리는 물론 형제 자매 사이에 부모님의 생활비, 병원비, 간병비 분담 문제도 해소할 수 있다.

사말오초가 가족 신탁을 활용한다면 자산 관리와 자산 승계라는 두 마리 토끼를 모두 잡을 수 있다. 가족 신탁 서비스를 제공받으면서 나의 인생 계획을 수립하고 이행하게 한다면 내가 원하는 바대로 더욱 탄탄한 설계와 그에 따른 목적이 달성될 수 있을 것이다. 사말오초가 나를 위한 신탁과 부모님을 위한 신탁을 준비할 때, 법률, 세무, 부동산, 자산 관리 등 다양한 분야에 대한 검토가 필요하므로, 이런 전문가가 원팀으로 있는 신탁회사를 찾아가서 상담하고 계획하고 실행하기 바란다.

PART

2

지표를 뚫고 나오는 사람들

국내 최대 백화점에서 청춘을 바쳐 일했던 유성열 씨는 퇴직 후 공허감에 빠졌다. 매년 인사철이 다가올 때마다 불안감에 시달렸고, 선배들이 하나둘 떠나는 모습을 보며 "다음은 나일지도 모른다"는 두려움에 사로잡혔다. 몇 해를 버텼지만, 결국 그의 차례가 왔다. 상사에게 호출당한 순간, 그는 퇴직 통보가 내려졌음을 직감했다. 그 길로 회사 문을 나서며, 마치 절벽 아래로 떨어지는 듯한 허탈감을 느꼈다. 청춘을 바쳐온 회사였지만, 그와의 인연은 그렇게 끝이 났다.

퇴직 후 그를 가장 먼저 덮친 것은 경제적 문제였다. 퇴직금은 목돈처럼 보였지만 결혼 비용과 생활비로 빠르게 소진되었고, 연금이 나올 때까지의 공백은 막막하게 느껴졌다. "금융 공부를 좀 더 일찍 시작할걸" 하는 후회가 밀려왔지만, 이미 늦었다. 금융 지식 부족은 불안감을 증폭시켰고, 퇴직금 관리조차 버거운 현실이 그를 괴롭혔다.

예상치 못한 고독감도 찾아왔다. 매일 출근하던 일상이 무너지고, 목표 없는 나날은 유 씨를 점점 더 무기력하게 만들었다. 한때는 자유로운 시간을 기대했지만, 현실은 외로움과 무기력함의 연속이었다. 오랜 시간 함께했던 동료들과의 유대감이 단절되었고, 주변 사람들도 각자의 바쁜 일상을 살아가고 있었다. 그는 점점 사회에서 소외된 듯한 기분에 사로잡혔다.

재취업을 위해 구직 사이트에 이력서를 올려봤지만, 나이와 경력의 한계를 실감하는 데 그쳤다. 취득한 자격증들은 현실적인 도움을 주지 못했고, 젊은 지원자들과의 경쟁에서 밀렸다. 유 씨는 자신이 사회에서 설 자리를 잃어가고 있다는 사실을 점점 더 절실히 느꼈다.

퇴직 후 가장 후회되는 점은 대비 부족이었다. 승진과 생존에 몰두한 나머지 퇴직 후 삶에 대해 진지하게 준비하지 못했다. 회사에서 제공한 퇴직 지원 프로그램도 충분히 활용하지 못한 점이 자꾸만 떠올랐다. "이 모든 걸 미리 준비했다면 어땠을까?"라는 후회는 그의 머릿속을 떠나지 않았다.

사말오초라는 나이는 애매했다. 청년도, 노년도 아닌 이 시기를 위한 사회적 지원은 턱없이 부족했다. 중장년층을 위한 프로그램이 존재했지만, 유 씨가 기대했던 수준의 지원은 아니었다. 낮은 임금의 일자리나 봉사 활동 외에는 선택지가 많지 않았고, 이는 그를 더욱 실망시켰다. 젊은 세대와 함께 일하는 것도 세대 차이를 극복해야 하는 또 다른 장벽처럼 느껴졌다.

그럼에도 불구하고, 유성열 씨는 새로운 길을 모색하려 노력했다.

틈새시장을 찾아봤지만, 사회의 요구는 점점 젊은 세대를 중심으로 흘러가고 있었다. 그는 도전을 멈추지 않았지만, 실패와 좌절의 연속이었다.

유 씨는 퇴직 후의 삶이 얼마나 힘든지를 이야기하며 종종 이렇게 말한다. "우리 세대는 이렇게 끝나는 걸까?" 여전히 일할 수 있는 나이지만, 사회는 그들을 필요로 하지 않는 듯 보였다. 젊은 세대는 더 빠르고, 기술적으로 앞서며, 변화에 유연하다. 반면, 유 씨를 포함한 중장년층은 변화의 속도에 적응하기 어려웠다.

정부의 재취업 지원 서비스는 일부 대기업 퇴직자에게만 한정되어 있고, 그마저도 실효성에는 의문이 따른다. 그는 "퇴직 후의 삶을 준비할 수 있도록 체계적인 지원이 더 필요하다"고 말한다. 퇴직 후의 삶은 개인 혼자 감당하기에는 너무 버거운 현실이기 때문이다.

유성열 씨는 오늘도 스스로에게 묻는다. "나는 이제 무엇을 해야 할까?" 이 질문은 아직도 답을 찾지 못한 채, 그의 마음속에서 메아리치고 있다.

이 이야기는 가상 시나리오다. 그러나 어쩌면 내가 겪을 수도 있는 이야기일지 모른다. 퇴직 후의 삶을 생각하면 막막하기도 하고 두렵기도 하다. 무엇을 해야 할지 몰라 망설이지만, 그동안 준비가 부족했던 것도 사실이다. 그래서 이 책에서는 기대와 희망보다는 현실에 대한 냉철한 인식과 준비의 필요성을 강조하고자 한다.

또한, 그럼에도 불구하고 어려움을 극복하고 해내는 사람들의 이야기를 통해 때로는 "나도 가능하지 않을까?"라는 용기를 얻고, 반대로 "이건 너무 먼 이야기인데, 그럼 나는 무엇을 해야 할까?"라는 질문도 던져보길 바란다. 이 책이 그 질문에 대한 실마리를 찾는 데 작은 도움이 되기를 기대한다.

사말오초,

다시 질풍노도의 길을 걷는 사람들

10대 때 충실하게 학창 시절을 보내고 20대 때 좋은 대학에 다니며 탄탄하게 스펙을 쌓아 30대에 안정된 직장에 안착했다고 하더라도 그 성취에 기대어 살아갈 수 있는 기간은 20년 안팎이다. 인생의 시간은 아직 절반도 채 지나지 않았는데 말이다.

비교적 성공적으로 인생 1막을 살아낸 사람들조차 '날개 잃은 천사'가 되는 이유는 회사 일에만 매몰된 채 세월을 보냈기 때문이다. 다소 과하게 표현하면 스스로를 기업의 부속품으로 전락시켰기 때문이다.

자연에서도 새가 날개를 사용하지 않으면 퇴화되어 '날지 못하는 새'가 된다. 갈라파고스섬에는 '갈라파고스 가마우지'가 있는데 이 새는 가마우지과에 속하는 종 중 유일하게 날지 못하는 종이다. 갈라파고스 가마우지가 날지 못하게 된 이유는 과학적으로 서식 환경으로 인해 가마우지가 '유전자 돌연변이'가 되었기 때문이다. 1년 내내 먹이가 풍부하고 천적이 없는 갈라파고스섬에서 살다 보니 하늘을 날 필요가 없어 날개가 퇴화한 것이다. 갈라파고스라는 낙원이 있었기에 갈라파고스 가마우지는 날지 못해도 생존할 수 있었다.

하지만 고령층에게 대한민국은 갈라파고스 같은 낙원이 아니다. 사용하지 않은 자질은 퇴화되고 회사 직무에 필요한 역량만 발달시키다가 회사라는 배경이 사라지면 '날개 잃은 천사'가 되는 것이다.

그럼에도 불구하고 세상에는 '예외'가 있다. 20여 년간 직무에만 충실해 날개가 퇴화해 버린 사람들 사이에서 힘차게 날갯짓을 하며 지표를 뚫고 날아오르는 이들은 우리 주변에 늘 존재한다. 이들의 공통점은 주어진 여건에 안주하거나 좌절하지 않고 자신의 삶을 개척하려고 노력한다는 점이다. 이들은 나이와 상관없이 왕성하게 활동하며 빛나는 성과를 낸다.

우리는 일찍부터 남다른 자질을 보이며 앞서 나가는 이들에게 열광한다. 하지만 세상 사람들이 늦었다고 생각하는 나이에 시작해 누구나 감탄하는 성취를 이룬 사례는 아주 많다. 물론 인생 1막에서 성공적으로 목표를 달성하고 제2의 도약을 하는 사람들도 있다. 이들이 '날개 잃은 천사'와 다른 점은 무엇일까?

날개 잃은 천사들이 수동적으로 주어진 일만을 처리할 때 이들은 끊임없이 공부하고 도전하며 자기 계발을 멈추지 않는다. 이들은 다양한 선택지를 고려해 목표를 설정하고 매 단계마다 최선을 다한다. 지표를 뚫고 성과를 내는 사람들을 두고 천부적인 재능이 있거나 특별한 운이 따른다고 생각하는 사람들이 많지만 그들 역시 우리와 크게 다르지 않다. 다만 실행력만큼은 뛰어나다. 이들은 자신이 원하는 것이 무엇인지를 알고 그것을 얻기 위해 부단히 노력하는 사람들이다.

그들의 성취가 대단해 보이는 이유는 포기하지 않는 끈기가 밑바탕에 깔려 있기 때문이다. 이들에게서 다른 사람과의 차이점을 굳이 찾자면 안정된 현실에 안주하지 않고 자기 계발을 위해 끊임없이 투자하며 어떤 역경에도 굴하지 않고 계속 시도한다는 점이다. 이들의 이야기는 결국 모든 것은 의지에 달려 있다는 것을 알려준다.

"새로운 목표를 세우거나 새로운 꿈을 꾸기에 너무 늦은 나이는 없다."

−C.S.루이스

〈나니아 연대기〉의 작가로 널리 알려진 C.S. 루이스가 한 말이다. 이 말은 늦었다고 포기하지 말고 행동하라는 의미를 내포하고 있다. 다수의 사례가 모여 형성된 지표를 뚫고 의미 있는 성과를 내는 사람들은 목표를 달성하기 위해 구체적인 계획을 세우고 행동한다. 또 목표를 설정하는 방법에 대해서도 잘 알고 있다.

의외로 많은 사람들이 자신이 원하는 것을 얻기 위해 목표를 설정하되 여러 가지 선택지들을 고려해야 한다는 것을 간과한다. 흔히 말하는, 포기하지 말고 도전하라는 격려 자체는 아무 문제가 없다.

하지만 원하는 것을 얻기 위해 목표를 설정할 때는 요즘 말로 좌표를 잘 찾아야 한다. 여기저기에서 난무하는 정보들이 내 경우에 딱 들어맞는다는 보장은 없다. 다른 사람의 경우에는 적용되는 패턴이 나의 경우에는 어긋날 수 있는 것이다. 따라서 계획대로 되지 않았을 경우를 대비해 퇴로도 확보해야 한다.

사실 이러한 부분을 고려할 수 있는 인지 능력은 인생 2막을 맞이한 사말오초에게 특화되어 있다. 뇌에 인지된 정보를 처리하는 능력은 10, 20대 때 월등하지만 보다 복잡한 패턴을 파악하고 인과 관계를 추론해 내는 능력은 보통 40세 이후에 발현된다. 사회에 대한 이해 역시 마흔 이후에 더욱 성숙한다.

늦었다고 생각되는 40, 50대 때 시작하는 일들이 오히려 성공 가능성은 더 높다. 20대 창업자보다 40, 50대 창업자의 성공률이 더 높은 것도 같은 맥락이다. 따라서 의지가 있다면 늦은 나이란 없다.

파트 2에 등장하는 사람들이 새로운 목표를 세우고 꿈을 꾼 시기는 모두 마흔 이후이다. 심지어 70, 80, 90이 넘은 나이에 목표를 달성한 사람들도 있다. 그들의 이야기는 훗날 내가 원하는 모습으로 살아갈 수 있도록 지금부터 구체적인 플랜을 세우도록 동기 부여를 해 준다. 그리고 성공할 수 있는 잠재력을 내가 이미 가지고 있다는 사실을 일깨워준다.

참고 문헌

"'포기란 없다' 신중년 재취업, 어떻게 성공했나?", 〈브라보 마이라이프〉, 2022.

"50대 정년 퇴직 후, 재취업 성공 노하우", 네이버 포스트, 2022.

"중장년 재취업 비결 궁금하다면 성공 사례에서 찾자", 〈서울경제〉, 2022.

"금융 컨설턴트의 은퇴 편지: 60세 된 나의 정규직 재취업 일지", 〈더스쿠프〉, 2023.

"중장년 일자리 사업 '굿잡5060' 참가자 62.2% 재취업 성공", 〈굿잡5060〉, 2023.

마흔은
늦었다

아니,
40대에 시작한
사람들

응급실 실려 가던 삼성맨에서

반지의 제왕이 되기까지

스카이랩스 이병환 대표

심장 질환학계의 만성 숙제를 풀다

2018년 독일 뮌헨에서는 유럽심장학회 연례학술대회가 열렸다. 유럽 국가들만 참가할 것 같은 그 대회에서 가장 주목받은 스타트업은 한국 기업이었다. 이 스타트업은 유럽심장학회 연례학술대회 우승에 이어 그해 한국부정맥학회 '2018 젊은 연구자상'을 수상하고 이듬해인 2019년에는 미국부정맥학회 '젊은 연구자상'을 수상했다. '심장 질환학계의 만성 숙제를 풀고 있다'며 유럽심장학회가 극찬한 제품은 스카이랩스가 개발한 '카트윈'이다. 반지형으로 만들어진 이 제품은 2018년 '카트윈'이라는 이름으로 출시된 후 '카트윈 플러스'로 업그레이드되어 판매되고 있다.

최초에 출시된 카트는 심장 일부분이 불규칙하게 떨리는 '심방세동(부정맥의 일종)'을 측정하는 용도로 개발되었다. 이후 산소 포화도, 심박수, 심전도 등의 측정이 가능해지면서 만성 질환 진단에 활용할 수 있는 수준까지 발전했다. 카트윈 플러스의 심방세동 탐지 정확도는 99%에 달하며 국내뿐만 아니라 유럽에서도 의료 기기 품목 허가를 받았다.

카트윈이 세상의 빛을 보게 된 것은 스카이랩스 이병환 대표의 개인적인 경험에서 시작된다. 창업 전 '삼성맨'으로 직장 생활을 하던 이 대표는 잦은 야근으로 건강에 문제가 생겼고 심장 이상 증상으로 몇 차례 응급실에 실려 갔다고 한다. 하지만 병원에서도 정확한 원인을 찾아내지 못했는데, 이 대표는 그때의 경험을 계기로 헬스케어 분야에 관심을 두게 된다.

만성 질환자의 경우 평소 환자의 상태를 지속적으로 점검해야 정확한 진단이 가능하다. 하지만 '카트윈'이 출시되기 전까지는 지속적인 점검을 가능하게 하는 검증된 의료 기기가 없었다. 당시 이 대표는 삼성전자 DMC 연구소에서 5G 이동 통신 기술 및 신호 처리 시스템 연구·개발을 담당하고 있었는데, 문득 그동안 연구해 온 기술을 만성 심장 질환 진단에 활용할 수 있겠다는 생각이 들었다고 한다. 이 대표는 이미 포화 상태가 된 통신 산업은 성장할 수 있는 파이가 적지만 의료 산업에 5G 통신 기술을 접목시킨다면 이전에는 없었던 '의료 혁명'이 일어날 수 있을 거라 보았다. 이에 직장을 박차고 나와 스타트업을 창업했다.

무모한 도전이 되지 않도록 계획 세우기
—

창업 전 이병환 대표의 경력은 카이스트를 졸업한 대기업 연구원이었다. 학벌, 경력만 보면 최상위급이라고 해도 과언이 아니다. 하지만 은퇴할 때까지 기업에 남아 있었다면 만족할 만한 노후가 보장되었을까?

삼성전자의 평균 근속 연수는 12.5년이다. 개인차는 있겠지만 국내 1위 기업이라는 삼성에서도 정년 퇴임을 하는 경우는 극소수다. 직장이 삼성이라 한들 주어진 업무만 수행하다가 예상보다 훨씬 이른 나이에 은퇴하게 되면 '날개 잃은 천사'가 되는 것은 시간문제다. 이 대표는 기업의 부속품이 되어 소모되는 길을 걷지 않고 새로운 길을 개척했다. 그것도 그간 쌓아온 노하우가 훨씬 더 가치 있게 쓰일 수 있는 방향을 찾았다.

창업 후 그가 걸어온 길을 보면 잘못되었을 경우의 시나리오를 가정하고 플랜 B를 준비하며 길을 닦아 왔다는 것을 알 수 있다. 디지털 헬스케어 기술이 발전하는 속도에 비해 우리나라에서는 대중의 이해도와 관련 법안도 부족한 상태다. 이것은 국내에서 투자처를 찾기가 쉽지 않다는 것을 의미한다. 사업 환경이 이럴수록 플랜 B는 반드시 필요하다.

해외로 눈을 돌린 이병환 대표는 독일 제약 회사 바이엘이 주관하는 '그랜츠포앱스 액셀러레이터Grants4Apps Accelerator' 프로그램에 참여했고 그것은 탁월한 플랜 B가 되었다. 기술력과 경쟁력을 동시에 인정받은 덕분에 스카이랩스는 국내에서 막대한 투자금을 유치할 수 있었다. 창업이 무모한 도전이 되지 않도록 효율적이면서도 가장 효과적인 방법을 찾은 것이다. 이 성취를 바탕으로 성장을 거듭한 결과 현재 스카이랩스는 국내 유명 제약 회사들과 판권 계약을 체결하며 유니콘 스타트업으로서 영향력을 확대하고 있다.

이병환 대표 개인적으로도 과중한 업무 부담으로 응급실에 실려 가는 삶보다 현재 훨씬 높은 삶의 질을 누리고 있다는 것은 의심할 여지가 없다. 은퇴 후 삶의 질 역시 기업에 속한 직장인으로 살다가 은퇴를 맞이하는 것보다 모든 면에서 훨씬 나을 가능성이 높다.

대기업 연구원으로 살아가는 동안 이 대표는 여러 차례 응급실에 실려 갈 만큼 격무에 시달렸는데, 이것은 곧 자기 계발을 위한 시간 같은 것은 없었다는 것을 의미한다. 안타깝게도 현재 우리나라에서는 주어진 시간과 모든 역량을 회사에 갈아 넣은 근로자에게 기업이 주는 보상은 크지 않다. 그러므로 인생 2막을 준비해야 하는 필요성은 차고도 넘친다.

삼성에서 통신 기술을 개발하던 이 대표는 의료 산업에 첨단 통신 기술을 접목하면 새로운 블루오션이 열릴 것으로 예측했다. 실제로 디지털 헬스케어 분야는 앞으로의 시대가 원하는 시스템 중 하나가 될 것으로 전망되고 있다.

이 대표가 이러한 흐름을 예측할 수 있었던 것은 응급실을 드나들던 개인적인 경험에 전문 지식이 더해진 결과였다. 물론 그것이 전부는 아니다. 경험과 지식을 기반으로 하여 앞으로의 흐름을 추론할 수 있는 지혜는 세상을 보는 시야가 넓어지고 경험치가 쌓인 후에야 얻을 수 있다. 그러한 지혜는 20~30대보다 통찰력이 깊어지는 40대 이후에 발현된다. 그러므로 40대는 절대 늦은 나이가 아니다. 오히려 새로운 도전을 성공시킬 가능성이 가장 높은 나이이며, 특히 이병환 대표처럼 그간 쌓아온 노하우를 더 가치 있는 방향으로 활용한다면 금상첨화다.

41살에

한복 디자이너가 되다

디자이너 이영희

한복을 지독하게 사랑한 전업주부

1994년 10월, 파리 프레타 포르테 쇼에서는 최초로 한국 디자이너의 작품이 소개되었다. 일명 '바람의 옷'이라는 별칭이 붙은 옷은 분명 한복 치마의 형태를 띠고 있었지만, 모델들이 시간에 쫓기다 무대 위에 올라간 게 아닌가 할 정도로 낯선 모습을 하고 있었다. 버선을 신고 있어야 할 발은 맨발이었고, 저고리로 꼭꼭 감춰져 있어야 할 어깨는 훤히 드러나 있었다. 전통적인 한복에 익숙한 사람이라면 옷을 입다가 말았나 할 정도로 생경하고 낯선 그 모습은 한국에서는 삽시간에 논란의 대상이 되었으나 프랑스 현지에서는 극찬을 받았다.

"바람을 담아낸 듯 자유와 기품을 한 데 모은 옷."

〈르몽드〉에 실린 이 평가는 이영희를 세계적인 디자이너의 반열에 올려놓았다. 한복의 세계화를 이끈 선구자로 평가되는 이영희 디자이너는 마흔이 되도록 전업주부로만 살았다. 그랬던 그가 디자이너의 길을 가게 된 것은 사촌 올케언니의 권유로 판 명주 솜 덕분이었다. 생활력과 경제 감각이 남달랐던 언니는 이 디자이너가 장사 수완을 보이자 가게 운영을 통째로 맡겼다. 솜 열 장을 구매하면 두 장을 공짜로 끼워주니 명주 솜은 불티나게 팔렸고, 그렇게 1년 정도가 지나갈 무렵 이 디자이너는 서비스로 주는 하얀 뉴똥 옷감에 염색을 할 생각을 하게 된다. 흰 홑청만 줄 것이 아니라 색깔을 넣은 이불 껍데기를 만들어 팔면 괜찮겠다 싶어 말을 꺼냈더니 올케언니는 이 디자이너의 제안을 흔쾌히 받아들였다.

예상대로 이불은 폭발적인 반응을 보이며 팔려 나갔고, 이불을 만들고 남은 자투리가 아까워 지어 입은 치마, 저고리 역시 손님들의 마음을 사로잡았다. 이후 밀려드는 주문을 감당할 수 없어 바느질만 하는 사람을 고용해야 하는 지경이었다.

이 디자이너는 훗날 이 시절을 회고하며 목표를 세워놓고 한 걸음씩 준비하며 다가가는 사람도 있지만 때로는 자신처럼 열심히 하다 보니 어떤 지점에 도달하는 경우도 있다고 말했다. 그저 눈앞에 놓인 길을 열심히 따라간 것뿐인데 거기에 한복이 있었다고도 했다. 어찌 보면 운이 참 좋았던 경우라고 볼 수도 있지만, 이 디자이너라고 시련이 없었던 것은 아니다. 믿었던 사촌 동생의 배신으로 그동안 벌어들인 돈 대부분을 잃자 실의에 빠져 건강마저 악화되었다. 그럼에도 결국 이 디자이너를 다시 일으켜 세운 건 한복에 대한 지독한 사랑이었다. 꽃다발을 만드는 것보다도 한복을 짓는 것이 더 좋다는 이 디자이너는 한복 만드는 일을 통해 치유될 수 있었고, 넘어졌던 그 자리에서 다시 일어나 눈앞에 놓인 길을 다시 뚜벅뚜벅 걷기 시작했다.

파리 패션계가 극찬한 진짜 동양 옷
—

'한복의 현대화, 세계화를 꿈꾸는 디자이너' 디자이너 이영희에게 따라붙는 수식어다. 그녀는 한복을 세계에 알리는 데 반평생을 바쳤다.

"한복 만드시는 분이 프레타 포르테 쇼는 봐서 뭐 하시게요?"

패션쇼에서 우연히 마주친 기자의 당혹스러운 질문은 이 디자이너가 파리 무대에 당당히 서는 모습을 보여주겠다고 결심한 계기가 되었다. 그는 수소문 끝에 한 여성지의 파리 통신원으로 일하는 기자를 소개받았다. 이어 파리 패션 디자이너들의 홍보를 맡고 있는 크리스틴 블랑과 연이 닿지만, 블랑은 한복이 멋있기는 하지만 판매용으로는 적합하지 않은 것 같다며 거절한다.

크게 실망한 채 한국에 돌아온 이 디자이너는 한 가지 묘안을 떠올린다. 크리스틴 블랑을 한국에 초청해 실제로 한복을 입은 모습을 보여주기로 한 것이다. 마침 일본에 갈 일이 있어 잠시 한국에 들른 블랑은 인사동과 국립중앙박물관 등을 둘러본 뒤 한복의 역사와 전통에 깊이 매료된다. 사진으로만 보는 것과 실제로 보는 것에는 차이가 있을 거라는 예상이 적중한 것이었다. 결국 이 디자이너는 바라던 대로 파리 의상협회의 정식 회원이 된다. 프레타 포르테 진출이 결정된 순간이기도 했다.

첫 컬렉션을 앞두고 블랑이 "한복은 민속 의상이니 피날레는 피하는 것이 좋겠다"는 의견을 내도 승부사 기질이 있던 그는 자신의 특기인 색을 보여주기 위해서는 전통 한복을 꼭 무대에 올려야 한다고 밀어붙였다. 결국 그의 주장이 관철되어 총 열여덟 벌의 전통 한복이 파리 컬렉션 무대에 올랐다. 결과는 대성공이었다. 현지 언론은 이영희 디자이너가 내놓은 옷을 대서특필하며 칭찬을 아끼지 않았고, 파리 패션계는 '진짜 동양 옷'이 나왔다는 반응을 내놓았다.

그들이 한복을 두고 진짜 동양 옷이라고 한 이유는 당시 일본 디자이너 몇몇이 파리에 진출해 있었지만 완벽한 서양 옷을 바탕으로 일본풍을 가미한 정도에 불과했기 때문이었다. 하지만 이영희 디자이너가 내놓은 한복은 전통이 살아있으면서도 현대적이었고, 무엇보다 강렬한 개성이 흘러넘쳤다.

엄청난 열정으로 다른 사람이 시도하지 못했던 일을 추진하면서도 이 디자이너는 돈이나 명예를 얻기 위해 옷을 지은 적은 한 번도 없었다고 말한다. 그저 한복이 좋았고 세계인들이 한복의 우수함과 아름다움을 몸으로 느낄 수 있기만을 바랐다고 고백한다.

동양 문화에 대한 이해가 부족한 서양에서 '기모노 코레(한국의 기모노)'라고 부르던 우리 옷을 '한복Hanbok'으로 확실하게 바꿔 놓은 그는 이후에도 뉴욕 카네기홀 패션쇼 개최, 뉴욕 맨해튼 '이영희 한국 박물관' 개장, 워싱턴 스미소니언 역사박물관 한복 12벌 영구 전시, 파리 오트 쿠튀르 쇼 등 굵직굵직한 활동들을 이어 나가며 내딛는 발걸음마다 길을 만들었다. 이 모든 일을 마흔 살까지 평범한 전업주부로 살았던 그가 반평생을 한복의 현대화와 세계화에 바치며 이룬 것이다. 어떻게 해낼 수 있었냐고 비결을 묻는 질문에 이영희 디자이너는 이렇게 말했다. "무엇을 시작하기에 늦은 나이는 없다. 다만 늦은 '마음'이 있을 뿐이다."

45세 늦깎이 창업자

천 원의 기적을 쓰다

아성 다이소 **박정부** 회장

균일가를 지켜낸 비결

'싼 게 비지떡이다'라는 속담이 우리나라만큼 잘 통하는 나라
도 드물다. 처음 균일가 가게를 열었을 때 박 회장은 싸구려 물
건을 파는 가게, 허접한 중국산 수입품이라는 세간의 따가운 시
선을 극복하기 위해 각고의 노력을 기울여야 했다. 박 회장은
단순히 저렴한 가격이 아니라 품질로 고객의 인정을 받아야 한
다고 보았다. 가격은 저렴하되 품질은 고객이 놀랄 정도로 액면

가를 뛰어넘어야 한다는 것이 박 회장의 지론이다.

박 회장의 소신은 균일가를 포기하지 않는 데서도 여지없이 드러난다. 우크라이나 전쟁의 여파로 전 세계 유가, 환율이 폭등하는 가운데 2023년 우리나라 소비자 물가 상승률은 무려 6%였다. IMF 경제 위기 이후 24년 만에 최고치를 기록한 수치였다. 가히 '환란'이라 부를 만한 위기 속에서도 박 회장은 이럴 때야말로 천 원의 진정한 가치를 깨달을 때라며 균일가를 지켜내기 위해 고군분투하고 있다.

박 회장의 이러한 노력은 이윤을 남겨야 하는 기업인으로서는 무모한 것일 수 있다. 그런데도 박 회장은 균일가를 유지하는 것이 다이소의 핵심 사명이라고 말한다. 기업의 핵심 사명은 뿌리이자 영혼이라며 가격을 지켜내기 위한 방법을 고민하는 것이 다이소가 마땅히 보여야 할 태도라고 믿는다.

박 회장은 앞으로도 마진을 최소화해 인플레이션 시대를 이겨 낼 계획이라고 한다. 원가가 오른다고 가격을 인상하는 것이 아니라 원가 절감에 집중하겠다는 뜻이다. 현재 다이소는 싸게 많이 팔아 이득을 극대화하는 방식으로 운영되고 있다. 여기서 한 가지 중요한 전제는 상품의 품질이 액면가를 훨씬 상회해야 한다는 점이다.

국민 가게라고 불리는 다이소인 만큼 소비자들은 다이소 상품의 품질에 일정 수준의 기대치를 갖고 있다. 가격은 아주 저렴하지만 품질은 신뢰할 수 있다는 인식이 뿌리내린 덕분에 지난 20여 년간 균일가를 지켜올 수 있었다고 해도 과언이 아니다. 즉, 균일가를 지켜낸 핵심 비결은 '품질'에 있는 셈이다.

다이소가 현재 3조 매출을 달성한다고 해도 예나 지금이나 다이소에서는 천 원으로 물건을 구매할 수 있다. 월급 빼고 모든 것이 다 오른다는 고물가 시대지만 다이소는 여전히 천 원짜리 한 장의 가치를 지켜내고 있다.

만 원의 행복? 아니, 천 원의 행복!

현재 다이소는 자타공인 국민 가게로서 가격에 비해 품질과 만족도를 충족할 수 있는 라이프스타일숍으로도 주목받고 있다. 유튜브 쇼츠에는 다이소에서 꼭 구매해야 하는 소위 '인생템'을 소개하는 영상들이 넘쳐난다. 박 회장조차 생각해 보지 못한 독특한 방식으로 다이소 제품을 소비하는 MZ세대들은 다이소에 가장 충성도가 높은 세대로 손꼽히고 있다.

코로나19가 한창 기승을 부릴 때도 굳건히 성장세를 이어가는 저력을 보여준 주식회사 아성다이소의 시작은 1980년대 중반으로 거슬러 올라간다. 창업주인 박정부 회장이 16년 동안 젊음을 바친 직장을 뒤로하고 퇴사했을 때의 나이는 45세. 당시 기준으로는 늦깎이 창업자였던 박 회장은 회사에 사표를 내고 돌아설 때 과연 내가 이 나이에 무언가를 새로 시작할 수 있을까, 싶어 불안했다고 고백한다. 하지만 노조가 결성된 것에 대한 책임을 오직 박 회장에게만 전가하는 회사에서 느끼는 건 모멸감밖에 없었다. 결국 박 회장은 그동안 걸어왔던 길에서 벗어나 새로운 길을 찾아 나섰다.

퇴사 후 국내 대기업들을 대상으로 일본에 기업 연수를 보내는 사업을 시작한 박 회장은 틈틈이 안정적인 사업 아이템을 찾기 위해 일본 이곳저곳을 돌아다녔다고 한다. 그러다 보니 자연스럽게 경제 구조가 눈에 들어왔다. 당시 일본은 손꼽히는 반도체 강국이었지만 경공업 기반은 매우 취약했다. 이에 박 회장은 제조업이 발달한 우리나라 상품을 일본에 판매할 생각을 하게 된다.

하지만 작은 것 하나도 깐깐하게 따지는 '디테일 강국'답게 품질에 대한 일본 기업의 눈높이는 높았다. 설상가상으로 박 회장은 첫 납품부터 전량 폐기라는 호된 신고식을 치른다. 원가를 아끼려다 치명적인 불량이 발생했기 때문이었다. 그럼에도 박 회장은 이 뼈아픈 경험을 밑거름 삼아 오늘날 박 회장의 경영 철학으로 손꼽히는 '품질경영'의 기반을 다진다. 가격은 단돈 천 원이지만 다이소 상품의 품질이 결코 뒤처지지 않는 이유이기도 하다. 시간의 흐름에 따라 화폐 가치가 떨어지는 것은 당연한 일이지만 20년 전이나 지금이나 다이소에서는 여전히 천 원의 행복이 가능하다.

박정부는 무수저였다
—

박 회장이 16년간 몸담은 회사를 뒤로하고 사업을 시작한 때는 1980년대 중반이었다. 당시 한국 남성이 가장 많이 사망하는 연령은 약 73세. 퇴사할 때 박 회장의 나이가 45세였으니 원점으로 돌아가 다시 시작하기에는 남은 시간이 너무 촉박하다고 해도 이상할 것은 없었다. 퇴사할 당시 박 회장은 16년간 사력을 다해 달려오느라 모든 힘이 소진된 상태였고, 마치 방전된 배터리처럼 아무것도 할 수 없는 극심한 무기력감에 빠져들었다고 한다. 그럼에도 일어설 수밖에 없었던 것은 가족 때문이었다.

아버지가 일찍 돌아가시고 어머니가 삯바느질로 어린 자녀들을 키워야 했기 때문에 박 회장은 스스로를 흙수저도 아닌 무無수저였다고 말한다. 아무것도 가진 것이 없었고 무에서 유를 창조해야 했기 때문에 박 회장은 더 절박했다. 결국 그 절박함이 오늘날의 다이소를 만든 셈이다.

박 회장은 스스로를 늦깎이 창업자라고 칭하며 작은 것 하나도 세심하게 다루는 성실함이 자신의 운명을 바꿨다고 말한다. 시류에 휩쓸리지 않고 꿋꿋하게 균일가를 지켜내는 박 회장을 보고 태산 같은 의지를 가진 기업인이라고 평가하는 이들도 있다.

박 회장은 퇴사 후 정말 다른 길이 없었기 때문에 작은 것 하나에도 정성을 다할 수밖에 없었다고 한다. 그래서 지금도 생각 없이, 영혼 없이 일하지 말라고 강변한다. 목표 의식을 갖고 일하는 것과 타성에 젖어 똑같은 일을 반복하는 것에는 엄청난 차이가 있기 때문이다.

박 회장은 지속적으로 성과를 내려면 인내와 성실을 다해 매일매일 최선을 다해야 한다는 것을 강조한다. 너무 당연해서 고루한 말로 들리겠지만 무수저였던 박 회장이 오늘날과 같은 성과를 낼 수 있었던 핵심 비결이 여기에 있다. 변변한 책상 하나 없이 안방에서 밥상을 펴놓고 첫 사업을 시작한 박 회장이 매출 3조를 달성하는 기업을 일궈낼 수 있었던 원동력은 인내와 성실 그리고 사명감이었다.

박 회장은 다시는 일어설 수 없을 것 같던 자신이 성공했다면 지금처럼 어려운 시기를 지나는 사람들은 더 잘 해낼 수 있을 거라고 말한다. 혹자는 1980~90년대와는 경제 환경이 달라도 너무 다르다고 하겠지만 박 회장이 기회를 잡은 것은 IMF 외환위기 때였다. 이를 감안하면 박 회장의 응원이 단순히 듣기 좋으라고 하는 덕담 수준이 아니라는 것을 알 수 있다. 만약 다른 길이 없고 그래서 더 절박하다면 박 회장이 성공하기까지의 과정을 자세히 들여다보길 바란다. 분명 그곳에서 힌트를 얻을 수 있을 것이다.

48세에

금융을 웰컴하다

웰컴금융그룹 손종주 회장

신의 한 수가 된 회계법인 감사

—

김영삼 정부가 IMF에 구제 금융을 신청한 뒤 우리나라는 일찍이 겪어보지 못한 혹독한 경제 한파를 맞아야 했다. 당시 손 회장은 한국기업리스의 해외법인장 근무를 마치고 귀국한 직후였는데, 우리나라를 포함하여 대부분의 아시아 국가에서 금융 위기가 시작되고 있었다. 경제 위기의 와중에 근무하던 회사가 결국 도산하자 손 회장은 퇴사 후 종잣돈 8억 원으로 대부업체 웰컴크레디라인을 설립했다. 손 회장이 웰컴크레디라인을 창업하여 금융업에 뛰어들게 된 것은 관련법이 제정되면서 대부업이 제도적으로 발전할 수 있는 토대가 마련되었다고 판단했기 때문이었다.

창업 후 웰컴크레디라인은 타 대부업체와는 선명하게 구별되는 강점을 보이며 우수한 실적을 쌓아갔다. 손 회장은 영업 성공 요인으로 '전산 시스템을 활용한 철저하고 체계적인 신용 분석'과 고객 만족 서비스를 꼽았다. 웰컴크레디라인은 저신용 고객의 고객군별 특성을 분석하여 선별한 우량 고객군을 대상으로 한 마케팅에 집중했고, 협회에서 선정한 소비자금융대상을 3년 연속 수상하는 등 고객 서비스에 만전을 기했다. 동시에 설립 직후부터 회계 법인을 통해 감사를 받는 등 경영의 투명성 확보에 공을 들였고 그 노력이 결실로 돌아왔다.

손 회장의 회고에 따르면 창업 후 자본금만으로는 대출을 늘릴 수 없기 때문에 외부로부터 자금을 조달하기 위해서는 신용을 인정받는 것이 무엇보다도 중요하다고 판단하였다. 회사가 신용을 인정받기 위해서는 투명 경영, 준법 정도 경영, 고객 중심 경영 원칙을 기본으로 하여 수익성과 성장 가능성을 인정받아야 한다고 생각했다. 설립 첫해 단 1개월의 영업을 마감하고 총자산 11억 원, 영업 자산 3천만 원으로 결산을 하고, 국내 최대규모의 회계 법인으로부터 외부 감사를 받았다. 그런데 당시 회계사는 자산 규모나 영업 기간과 영업 자산으로 보아 외부 감사 대상 법인에 해당하지도 않는데 굳이 적지 않은 감사 비용을 들여가면서 회계 감사를 받을 필요가 없다고 만류했지만, 손 회장은 그래도 감사를 해 달라고 간청했다고 한다. 경영의 투명성을 객관적으로 확보하려는 손 회장의 노력이었다.

손 회장의 소신은 이후 외부 투자를 끌어내는 데 크게 도움이 되었다. 당시 IMF 구제 금융 위기에서 막 벗어난 국내 금융 시장에서 자금을 조달하기 어려운 상황이 지속되자 고육지책으로 해외로 눈을 돌려 노력하던 끝에 손 회장은 2006년 초에 미국 템플턴자산운용사로부터 1,000만 달러 투자 승인을 받았다. 1기 사업년도부터 매년 회계 감사를 받아 투명성을 확보해 오고, 내부 경영 시스템을 체계적으로 갖춰 온 덕분이었다. 하지만 투자 승인 금액 1,000만 달러 대신에 지분율 관리에 부담이 없는 규모로 투자 금액을 줄여서 550만 달러를 투자받았다. 손 회장은 이 투자 이후 웰컴크레디라인에 대한 금융 시장의 평가가 조금씩 달라지기 시작했다고 회고한 바 있다.

남다른 선견지명으로 해외 투자 유치에 성공했지만 그로부터 2년 뒤 미국발 글로벌 금융 위기가 닥치며 웰컴크레디라인은 보유 자산이 무려 40%가량 줄어드는 위기에 직면했다. 이때 손 회장은 고객으로부터 자금을 회수하면 금융사 차입금부터 갚는 것을 최우선에 두고 위기를 극복해 나갔다. 거의 10개월에 걸친 긴 시간 동안 자금 시장이 얼어붙는 어려운 상황이었지만, 그럼에도 투명한 경영과 자산 건전성 등에서 문제가 없었기 때문에 자금 조달이 원활하게 재개되었고, 덕분에 2년 만에 자산 5,000억 원 규모로 성장했다.

이후 2014년 웰컴크레디라인은 예신·해솔·서일 저축은행을 잇따라 인수하며 대부업체 중 처음으로 저축은행업계 진출에 성공하는 쾌거를 거두었다. 이후 2021년 말 웰컴크레디라인은 대부업 등록을 반납하고 웰컴저축은행이 소비자 금융 서비스를 전담하고 있다. 손 회장은 웰컴저축은행을 진정한 서민 금융 서비스 회사로 성장시키기 위해 진력하고 있다. 디지털 환경 변화에 선제적으로 대응하여 고객에게 좀더 편리하고 신속한 서비스를 제공하기 위해 웰컴디지털뱅크(웰뱅) 앱을 업계 최초로 출시하여 No.1 디지털 뱅크의 지위를 확보하고 있으며, 중소 상공인, 자영업, 직장인 등에 대한 서민 금융에서도 고객의 수요에 맞추고 편의성을 높이는 상품과 서비스를 경쟁력 있게 제공하는 저축은행으로 성과를 높여가고 있다.

웰컴저축은행은 디지털 환경에서 경쟁력 있는 브랜드와 플랫폼으로 성장하고 있다. 웰뱅의 성공에 이어서, 2022년 저축은행

중 유일하게 마이데이터 사업 인가를 획득하고 맞춤 대출 비교 서비스 등 다양한 고객 자산 부채 관리 서비스를 제공하는 웰컴 마이데이터 서비스를 통하여 중·저 신용자의 신용 확대와 금리 인하 혜택을 누리게 해 주는 등 긍정적인 영향을 준 것으로 평가되고 있다.

웰컴저축은행은 자기 자본 비율, 자산 규모, 유동성, 수익성, 건전성 등 재무 지표도 안정적이고 우량한 저축은행으로 성장해 오고 있다. 또한 웰컴금융그룹은 국내 관계 회사와 더불어 해외 5개국에 진출한 현지 법인을 통하여 그룹의 금융서비스를 더욱 다양하고 풍성하게 하고 있으며, 웰컴금융그룹의 경영 내용이나 서비스를 보면 손 회장이 창업 초기에 가졌던 경영 덕목인 신뢰와 혁신, 도전이 자리하고 있음을 엿볼 수 있다.

서민 금융 명가名家의 꿈

—

2022년 웰컴금융그룹은 창립 20주년을 맞았다. 창업 1년 후 영업 자산 30억 원에 불과했던 웰컴크레디라인은 20년 후 총자산 7조 원에 달하는 웰컴금융그룹으로 거듭났다. 손 회장은 사업 초기부터 꾸준히 실천해 온 나눔 경영도 지속적으로 확대해

가고 있는데, 누적 장학생 5,000명을 초과한 웰컴금융그룹방정환장학금과 웰컴복지재단 등을 통하여 도움이 필요한 곳에 나눔의 손길을 줄 수 있는 기업 시민의 역할에 보람과 함께 감사한 마음을 갖게 된다고 한다. 손 회장이 지난 20년간 지킨 기본은 '금융은 곧 신용'이라는 대명제였다. 웰컴크레디라인 시절부터 손 회장은 다른 사람에게 돈을 빌려주려면 나부터 신용이 좋아야 한다고 생각했고 경영의 투명성과 재무 건전성을 유지하면서 시장에서 신용을 인정받게 되었고 이를 발판으로 꾸준히 성장하고 있다. 손 회장의 이러한 원칙은 오늘날 웰컴금융그룹의 토대가 되었다고 해도 과언이 아니다.

'한국은 샴페인을 너무 일찍 터트렸다.' 대한민국 정부가 IMF에 구제 금융을 신청했다는 소식이 전해졌을 당시 해외 유력 언론이 보도한 기사의 제목이다. 1945년 해방 당시 45달러에 불과하던 국민 소득은 1990년대를 지나며 2만 달러 규모까지 성장했고, 국제 사회에서는 한국의 눈부신 경제 성장을 두고 '한강의 기적'이라고 부르며 놀라워했다. 하지만 1997년 IMF 외환 위기 사태가 터졌고 이후에는 샴페인을 너무 일찍 터트렸다는 비아냥을 들어야 했다. 당시 46세였던 손 회장은 재직하고 있던 회사의 자산과 인력을 손수 정리해야 했고 나라가 부도가 나면 어떤 일이 벌어지는지 생생하게 목도했다. 나라 전체가 IMF 한파로 얼어붙어 있고, 몸담고 있던 리스사를 비롯하여 수많은 기업들이 줄줄이 도산하는 것을 지켜보며 손 회장은 어떤 생각이 들었을까? 어쩌면 그때 손 회장이 느낀 것은 오늘날 예상치 못한 이른 은퇴를 겪고 재취업을 위해 구직 시장에 나선 이들이 느끼고 있는 감정과 크게 다르지 않았을지도 모른다.

그렇기 때문에 손 회장이 지난 20년간 거둔 성취는 오늘날 인생 2막을 살기 위해 다시금 구직 시장에 선 이들에게 각별한 의미로 다가갈 수 있다. 창업에 도전할 당시 수중에 들고 있는 돈이라곤 가족의 보금자리로 지켜야 할 집 한 채와 그리 많지 않은 규모의 저축이 전부인 손 회장이 20년 만에 자산 7조 원에 달하는 금융 그룹을 일궈낼 수 있었던 것은 결코 자본의 힘 때문만은 아니었다. 그보다는 자신에 대한 믿음과 도전을 위한 용기를 가지고, 상식에 기반을 둔 원칙을 세워서 그것을 한결같은 자세로 지켜냈기에 위기가 닥쳤을 때도 기회로 바꿀 수 있었다. 나이가 많거나 자산이 적은 것이 목표를 이루는 데는 전혀 영향을 미치지 않으며, 용기와 더불어 상식에 기반한 소신과 원칙을 지킬 때 원하는 것을 얻을 수 있다는 것을 우리는 손 회장의 성공 스토리를 통해 알 수 있다.

실패를 통해 배우는

교훈

허니비즈 윤문진 대표

신박한 심부름 대행 서비스 띵동

배달앱 서비스는 코로나19 팬데믹을 기점으로 가장 큰 성장세를 보인 업종이다. 배달의민족, 요기요, 쿠팡이츠 3파전으로 나뉘어 치열하게 경쟁하고 있을 때 이른바 '타도! 배민'을 외치며 배달앱 시장에 도전장을 낸 기업이 있었다. 바로 허니비즈의 띵동 서비스다. 음식 배달뿐만 아니라 바퀴벌레 잡기, 대신 이별 통보해 주기, 편의점에서 물건 사다 주기, 설거지해 주기 등

각종 신박한 심부름을 대행해 주는 서비스로 차별화를 꾀한 띵동은 IBK기업은행, 클리지코너인베스트먼트 등에서 투자를 유치해 월평균 5~6억 원의 매출을 올리기도 했다.

배달업계 빅3라고 불리는 배민, 요기요, 쿠팡이츠와 띵동의 가장 큰 차이점은 빅3 업체에서는 유료인 배달비가 무료였다는 점이다. 최근 치솟는 배달비 때문에 탈배달앱 현상이 두드러지고 있는 것을 감안하면 배달비 무료는 엄청난 혜택이었다.

허니비즈는 배달 기사에게 매출의 60%를 배분하는 파격적인 조건으로도 유명세를 떨쳤다. 주문이 늘면서 배달 기사가 부족한 지경에 이르자 대표가 직접 배달을 뛰었고 직원들의 고충을 알게 되면서 보상 체계도 '인센티브제'로 바꿨다. 서비스 품질, 직원 복지까지 이상적인 조건을 갖추고 있었지만 허니비즈는 2022년 6월 파산 선고를 받았다. 아무리 배달업계 빅3의 벽이 높다고는 하지만 파산까지 내몰린 원인은 무엇이었을까?

당시 허니비즈는 강남권에 한정해 서비스를 제공하고 있었는데, 점차 서비스 권역을 늘리는 과정에서 영업 비용이 과다했던 것으로 파악된다. 이에 2020년 말 일부 사업을 정리하고 2021년부터 지자체와 연계해 서비스를 제공하는 공공 배달앱 사업으로 전환했다. 하지만 이것이 결정적인 패착이었다.

공공 배달앱은 민간 배달앱과 달리 드래그, 사진 보기 등에서 소비자 불편을 야기하는 경우가 많고, 이런 경우 편리함을 선호하는 대중에게 외면받기 쉽다. 공공 배달앱 중 절반 이상이 하루 평균 이용자가 수백 명 수준에 불과한 것은 이러한 불편함과 무관하지 않다. 공공 배달앱으로 주력 사업을 전환한 허니비즈는 지역 화폐와도 적극적으로 연계했지만 결국 파산 선고를 받았고 현재 띵동의 모든 서비스는 중단된 상태다.

회복 탄력성의 중요성

허니비즈의 윤문진 대표는 스무 살에 일찍 사회생활을 시작해 25살에 처음 창업을 했다. 온라인 쇼핑몰을 운영한 그는 창업 초기 좋은 반응을 얻자 새로운 일에 도전하는 것에 대한 자신감을 얻을 수 있었다고 한다.

2012년 심부름 대행 서비스 띵동을 론칭한 그는 2019년에 공유 킥보드 서비스 '씽씽'을 론칭해 국내 최대 규모로 키우는 데 성공한다. 킥고잉, 지쿠터와 함께 국내 3대 공유 킥보드 서비스 업체에 이름을 올린 그는 2021년 돌연 피유엠피(씽씽) 대표이사 자리에서 물러난다. 앞서 창업한 '띵동'에 모든 역량을 집중하기 위해서였다.

윤문진 대표는 씽씽의 대표이사 자리에서 물러나며 허니비즈가 소유한 씽씽의 법인 지분까지 처분해 띵동에 자금을 투입한다. 이후 배달비 무료, 배달 기사 처우 개선 등의 전략이 효과를 보이며 띵동의 급성장이 두드러졌지만, 배달앱 시장이 배민, 요기요, 쿠팡이츠로 재편되면서 경쟁에서 밀린다. 이어 공공 배달앱 위탁 사업으로 주력 비즈니스를 전환했지만 결국 1년 만에 서비스 중단 사태를 맞는다.

윤문진 대표의 사례에서 얻을 수 있는 가장 큰 교훈은 실패를 실패로 남겨두지 않아야 한다는 것이다. 생계를 위해 25살 때부터 창업 경험을 쌓아온 윤 대표 역시 어려움이 생겼을 때 좌절하지 않는 것이 중요하다고 말한 바 있다.

사실 실패는 성공보다 값진 교훈을 줄 수 있다. 무엇을 어떻게 바꿔 나가야 하는지 방향성을 알려주기 때문이다. 하지만 실패를 트라우마로 남기면 그 실패에서는 배울 수 있는 게 없다. 배우는 게 없으면 실패에 대해 자책하게 되고 거기서부터는 포기와 좌절이 따라붙는다. 실패보다 더 위험한 재앙에 직면하게 되는 것이다.

좌절한 사람은 자기 자신을 위한 꿈을 꿀 수 없다. 이것은 매우 심각한 신호이다. 자기 꿈을 만들어가지 못하는 사람은 결국 남의 꿈을 이루는 데 이용되기만 할 뿐이다. 지금 우리가 사는 세상은 그런 사람을 보호해 주지 않는다.

어떤 일을 열정적으로 추진하다가 원했던 것과 정반대의 결과가 나오더라도 스스로를 돕는 방법을 배운 사람은 회복할 수 있다. 스스로를 돕는 방법을 배웠다는 것은 어려움이 닥쳤을 때 해결할 수 있는 능력을 가졌다는 뜻이다. 이 능력은 실패한 경험에서 무언가를 배운 사람들만이 가질 수 있다. 회복 탄력성은 어려운 상황에서 문제를 해결하기 위해 노력할 때 훈련될 수 있다. 회복 탄력성이 높은 사람들은 어떤 경우에도 해결할 방법이 있다는 것을 아주 잘 알고 있다.

윤문진 대표 역시 창업 경험이 풍부한 만큼 실패를 대하는 올바른 자세에 대한 경험 지식이 충분할 것이다. 그래서 다시 재기할 가능성은 높다. 그 가능성의 불씨를 잘 살려 낼 때 많은 사람들에게 실패로부터 성공을 끌어내는 방법을 알려줄 수 있을 것이다.

"
그들은 안 된다는 조언을
따르지 않았다
"

어떤 일을 추진할 때 다른 사람의 조언은 어디까지 듣는 것이 좋을까? 사실 어느 선까지 조언을 구할지 결정하는 것은 무척 어려운 일이다. 주변 사람들의 의견을 구하지 않고 혼자서 모든 것을 결정해 버리는 것도 위험하지만 명확한 기준 없이 다른 사람의 말만 듣는 것도 절대 바람직한 일이 아니다. 앞에서 다룬 창업 스토리의 주인공들은 다른 사람들의 조언보다는 스스로의 신념과 가치관을 기준으로 삼고 의사 결정을 한 사람들이다. 이들은 안정적인 직장을 그만두고 창업을 하거나 계란으로 바위 치기가 될 것이 뻔한 일에 열과 성을 다해 매달리는 등 평범한 사람들이라면 하지 않을 선택들을 했고 그 결과 이전보다 질적으로 확연히 높아진 삶을 누리고 있다.

이병환 대표라고 해서 삼성이라는 최고 브랜드를 가진 회사에서 일하며 사회적으로 높은 평가를 받는 것이 싫었을리 없다. 하지만 다른 사람들이라면 엄두도 내지 못할 일을 최선을 다해 밀어붙였고, 일반적인 통념을 가지고 도전했다면 절대로 이루지 못했을 성취를 이루는 데 성공했다. 하고 싶은 일을 포기하지 않은 정도가 아니라 성공 가능성을 높이며 최선을 다했다. 이병환 대표는 일이 계획대로 진행되지 않을 경우를 대비해 플랜 B를 세웠다. <u>언뜻 보면 누구나 생각할 수 있는 일 같지만 실행하는 사람은 많지 않다. 그 작은 차이가 때로는 성패를 가리기도 한다.</u>

아성다이소의 박정부 회장도 마찬가지다. 균일가를 지켜내려면 물류 라인을 개선해야 했고 이를 위해 1,000억 원이 넘는 물류 센터를 짓겠다고 했을 때 박정부 회장 주변의 절대 다수가 만류했다. 하지만 안 된다는 주변의 만류를 이겨내고 기어이 자신의 의견을 관철시켰다. 결과는 성공적이었다.

웰컴금융그룹의 손종주 회장 역시 굳이 회계법인 감사를 받을 필요가 없다고 전문가가 만류해도 지배 구조의 투명성과 재정 건전성 확보를 위해 회계법인의 감사를 받았다. 이영희 디자이너 또한 파리 패션업계 홍보에 정통한 전문가가 한복을 피날레 무대에 올리는 것을 반대했지만 본인의 장점이자 특기인 색을 잘 보여주려면 한복을 올려야 한다며 양보하지 않았다. 이 역시 손 회장과 이 디자이너가 옳았던 것으로 드러났다.

'많은 사람들이 안 된다고 할 때는 다 그만한 이유가 있다.' 지표를 형성하는 다수의 사람들이 가장 많이 하는 말이다. 하지만 지표를 뚫고 올라오는 사람들은 다른 사람들이 보지 못하는 가치를 알아본다. 이들이 성공한 이유는 당장의 이득에 투자하지 않고 가치를 끌어올리는 데 투자했기 때문이다.

만약 추진할 만한 가치가 있는 일이라고 생각하는데 주변 사람들이 만류한다면 그때는 주변 사람들이 말리는 이유를 유심히 들여다볼 필요가 있다. 그리고 그들이 말리는 이유가 원칙을 지키는 것과 무관하거나 본질적인 가치보다 당장의 이득을 더 우선시한다면 그때는 내가 맞다는 확신을 가져도 좋다. 또한 어떻게 해도 안 된다는 말만 반복한다면 믿고 걸러도 무방하다.

안 되는 이유만 찾는 사람에게 주어지는 기회는 없다. 세상은 앞으로도 이 방향으로 흘러갈 것이고 나는 그 안에서 안전하고 안락하게 나이 먹을 거라 생각하는 사람은 아마 거의 없을 것이다. 그 점을 인지하고 있다면 적극적으로 길을 찾고 행동해야 한다. 사회가 개인의 노후를 책임져 주는 시대가 언젠가는 올지도 모르지만 적어도 지금은 아니다.

백 년 전만 하더라도 마흔은 손자를 보아도 이상하지 않은 나이였고 일제강점기 때만 하더라도 한국인의 평균 수명은 40~45세에 불과했다. 하지만 지금은 아무도 마흔이란 나이를 그렇게 보지 않는다. 지금 마흔은 인생 2막을 시작하는 나이라는 인식이 생겨나고 있고, 이것은 가까운 미래에 대다수의 사람들이 맞닥뜨려야 하는 현실이 될 수밖에 없다. 때문에 미리 준비해야 한다. 마흔 이후에 새로운 길을 개척한 이들이 보여주는 것처럼 확고한 기준과 신념을 갖고 성공 가능성을 높여가며 일을 추진한다면 적어도 인생 1막보다 2막이 훨씬 더 행복할 것이다.

그래도

오십은 늦었다

아니,

50대에 빛을 본

사람들

운동으로

인생을 바꾸다

50대에

운동을 시작한 머슬퀸

장래오

운동으로 이룬 인간 승리

2018년 11월 미국 라스베이거스에서 머슬마니아 피트니스 아메리카 위크엔드 대회가 열렸다. 피트니스와 보디빌딩, 클래식, 피지크, 모델, 피규어, 미즈 비키니 등 총 7가지 종목으로 나뉘어 개최된 이 대회에서 우먼 피지크 부문 3위, 미즈 비키니 부문 6위에 오른 한국인 여성이 있었다. 당시 62세였던 그녀는 피트니스 모델, 시니어 모델로 왕성하게 활동하며 건강 멘토로 자리를 굳히고 있다.

'머슬퀸'이라고 불리는 장래오 선수는 30대 때 교통사고를 크게 당했다. 왼쪽 어깨에 철심을 박는 수술을 받은 이후 신경까지 죽어 어떤 자극에도 반응이 없는 상태가 되었는데, 나이가 들면서는 체중까지 불면서 무릎에도 이상이 왔다. 퇴행성 관절염으로 외부 활동도 거의 하지 못하게 되자 헬스트레이너로 일하는 둘째 아들이 운동을 해야 한다며 강하게 권유했다. 하지만 50대는 건강한 사람도 노화가 진행되며 체력이 떨어지는 시기. 30대에 큰 사고를 당한 데다 관절염까지 앓고 있는 상황에서 순조롭게 운동이 될 리 없었다. 결국 무릎에 물이 차 통증에 시달리자 그녀는 관절을 쓰지 않는 근육 운동을 중심으로 운동을 했다.

그렇게 운동을 하다 보니 어느 순간 어깨 높이까지 들어 올리지도 못했던 왼쪽 팔을 올릴 수 있게 됐다. 몸도 전체적으로 확연히 건강해졌다. 그렇게 1년여간 웨이트 트레이닝 55분, 유산소 운동 1시간을 매일 하다 보니 어느덧 주변에서 대회 출천을 권하기도 했다. 처음에는 그저 인사치레겠거니 하고 넘겼지만 어느 날 샤워를 하다 거울에 비친 몸을 보고 대회에 출전하고 싶다는 생각이 들었다고 한다.

이후 강도 높은 트레이닝을 거치며 대회 출전 준비를 하는데,

그야말로 눈물이 쏙 빠질 정도로 혹독했다. 마이애미에서 치러진 대회를 시작으로 라스베이거스 대회에 두 번째로 출전했을 때 장래오는 마침내 세계 3위에 오르는 성적을 거뒀다. 이때 언론의 집중 관심을 받은 그녀는 2020년 10월, 맥스큐 머슬마니아 피트니스 코리아 챔피언십 대회에서 시니어 모델 클럽웨어 부문의 시범 무대를 선보이며 다시 한번 언론의 주목을 받았다.

운동을 하기 전에는 남편과 두 아들을 위해 살았지만 운동 후에는 자기 자신을 위해 투자하는 즐거움을 알게 되었다는 그녀는 최근에는 자신을 롤모델로 삼고 운동을 시작하는 시니어들을 만나면서 소명 의식도 생겼다고 한다. 직은 하늘이 맡기고 업은 먹고 살기 위해 하는 일이라는 옛말이 있는데, 지금 그녀에게 운동은 하늘이 맡긴 천직이나 다름없다. 50대 후반을 향해 달려가는 나이에 운동을 시작해 이제야 자기 인생을 찾았다고 말하는 머슬퀸 장래오. 그녀를 보면 나이는 정말 숫자에 불과하다는 말을 실감할 수 있다.

나이라는 한계

———

나이가 들면서 체력이 떨어지는 것은 어쩔 수 없다고 생각하는 사람들이 많다. 사실 몸이 노화하는 것은 인위적으로 막을 수 없는 자연의 섭리다. 그래서 대다수의 사람들이 노화에 따른 변화를 자연스럽게 받아들이는 것이 노년의 삶을 건강하게 보내는 방법이라고 생각한다.

그런데 장래오 선수를 보면 노화는 어쩔 수 없는 불가결한 것이 아니라는 생각을 하게 된다. 57세의 나이에 운동을 시작한 그녀는 이전까지는 교통사고 후유증과 관절염 등으로 평범한 50대보다도 몸 상태가 좋지 않았다. 숨 쉬는 것도 힘들다며 운동하는 것을 거부하는 엄마에게 아들은 지금 운동하지 않으면 나중에 더 힘들 거라고 화를 내면서까지 말했다고 한다. 화는 냈지만 그 말에 담긴 진심을 느낀 엄마는 아들이 권한 대로 헬스를 시작했다. 50대 후반은 운동을 안 하던 사람이 그 나이에 운동하겠다고 달려들면 '다친다'는 말을 듣기 십상인 나이였다.

하지만 운동을 한 후 그녀의 몸은 몰라보게 달라졌다. 우선 어깨 높이까지 올라가지 않던 왼팔을 들어 올릴 수 있게 됐고 체력과 근력도 놀랄 정도로 좋아졌다. 사실 중장년층의 운동은 몸의 노화를 더디게 진행시키기 위한 것이라는 인식이 대부분인데, 장래오의 경우에는 노화 속도를 늦추는 것을 넘어 이전보다 훨씬 좋은 방향으로 몸 상태가 개선되었다.

이 사례를 보면 나이를 먹었기 때문에 뭔가를 하기 힘들다고 생각하는 것부터 스스로 한계를 만드는 것이라는 생각을 하게된다. 나이를 기준으로 한계를 정해놓고 그 틀 안에 갇혀버리면 내가 무엇을 할 수 있는 사람인지도 모른 채 가능성을 사장시켜버리기 쉽다.

나이가 들면서 신체 기능이 떨어지는 것은 인위적으로 조절할 수 없는 부분이다. 하지만 노화가 진행되는 나이라고 하더라도 장래오 선수처럼 이전보다 훨씬 더 건강해지는 것은 가능하다. 지금 그녀는 어느 누구와 비교해도 뒤지지 않는 신체 상태를 유지하고 있다.

다만 이것이 가능하려면 반드시 꾸준함이 선행되어야 한다. 장래오 선수는 겨우 하루 운동한 후 거울을 보며 얼마나 달라졌는지 확인하는 사람은 꾸준히 운동하기가 어렵다고 말한다. 운동 효과는 매일매일의 성실함이 쌓여 자연스럽게 드러나는 것이지 몇 시간 땀 흘렸다고 바로 나타나는 것이 아니기 때문이다. 그래서 자신 역시 절대 조급하게 생각하지 않는다고 하는데, 이것은 삶에 대한 자세에도 적용할 수 있다.

우리나라에서는 유독 어떤 일이든 다 때가 있는 법이라는 인식이 강하다. 그런데 사실 그 때라는 것이 꼭 나이를 말하는 것은 아니다. 누구나 자기만의 속도가 있기 마련이고 긴 인생에서 중요한 건 얼마나 '빨리'가 아니라 얼마나 지속하느냐의 문제이다.

안타깝게도 우리나라만큼 나이대에 맞는 이상적인 삶의 모습을 설정해 놓고 그 설정에 맞지 않으면 낙심하고 초조해하는 정도가 심한 나라도 없다. 더구나 그런 인식이 바람직하지 않다는 것을 알고 있는데도 극복하기 어려운 부분이 분명히 있다.

너무나 짧은 기간 비약적으로 압축 성장을 한 나라인 만큼 그럴 수도 있다며 이해해 볼 여지가 없는 것은 아니지만, 현재 대한민국을 살아가는 사람들에게는 이전 세대 사람들보다 훨씬 긴 시간이 남아 있다. 그러므로 지나치게 조급할 필요는 없다. 단 지속성을 갖고 늘 준비하는 자세는 반드시 필요하다. 이제는 인생 2막을 준비해야 하기 때문이다.

벼랑 끝 자영업자에게

보내는 편지

**53세에 맥도날드를
프랜차이즈화한
종이컵 세일즈맨
레이 크록**

창업주보다 주목받는 CEO

거대 햄버거 프랜차이즈 기업 맥도날드의 시작은 맥도날드 형제이다. 이들이 운영하는 초창기의 맥도날드는 햄버거가 아닌 바비큐를 주력 메뉴로 삼았는데, 도중에 사업이 정체되자 사업을 재검토해 햄버거를 중심으로 하는 라인업을 완성했다. 맥도날드 형제와 레이 크록이 처음 알게 된 것은 1954년으로 당시

레이 크록은 50대였다. 그는 믹서기 외판원으로 일하고 있었는데, 맥도날드 매장에서 밀크셰이크용 믹서기를 많이 구입하는 것 같자 호기심을 느껴 매장을 방문한다.

레이 크록은 그 자리에서 맥도날드의 경영 방식에 감탄해 두 형제에게 프랜차이즈 관리 권한을 달라고 제안하지만 맥도날드 형제는 과거 프랜차이즈점을 했다가 실패한 경험이 있어 미온적인 태도를 보인다. 하지만 맥도날드 형제가 구축해 놓은 시스템에서 가능성을 본 레이 크록은 포기하지 않았고 결국 수락을 받아낸다. 이후 레이 크록은 공격적으로 매장 수를 늘리며 전국적으로 체인 사업을 확대하자고 제안하지만 맥도날드 형제는 더 많은 가게를 내면 그만큼 더 많은 문제가 생기기 마련이라며 거절한다.

레이 크록은 이듬해인 1955년 자신이 설립한 첫 프랜차이즈점을 1호점이라 명명하고 그곳을 시작으로 사업을 확장한다. 그는 '프랜차이즈 사업을 지원하는 부동산 기업'을 별도로 설립해 맥도날드 프랜차이즈 지점들의 토지를 사들여 실질적으로 사업을 장악한다. 사실 이것은 맥도날드 형제와의 계약을 회피하기 위한 전략이었다.

레이 크록의 맥도날드 체인 사업은 날개 돋친 듯 승승장구하고, 상대적으로 매장 하나만 가지고 있었던 맥도날드 형제는

1961년 207만 달러와 연 이익의 1.9%를 지급받는 조건으로 맥도날드 프랜차이즈 사업 권리를 크록에게 넘긴다. 이때 이익의 1.9% 지급은 구두로 계약하고 문서로 남기지 않아 이에 대해서는 권리를 주장할 수 없게 된다.

한편 맥도날드가 햄버거를 팔아 이익을 남기는 기업으로 인식되기 쉬운데, 사실 레이 크록이 설립한 맥도날드사는 식당 프랜차이즈가 아닌 부동산업으로 등록되어 있었으며, 직접 부동산을 매입해 매장을 설립한 후 가맹점주들에게 프랜차이즈 비용과 임대료를 포함해 수익을 올리는 구조였다. 즉 햄버거 판매 수익보다 부동산 임대 수익을 우선순위에 두는 기업인 것이다. 맥도날드사는 철저한 상권 분석을 통해 매장 영업이 잘될 만한 지역의 부동산을 취득해 매장을 개장한 후 가맹점주로부터 프랜차이즈 비용과 임대료를 받는 방식으로 사업을 확장했으며, 맥도날드 매장이 있는 지역은 부동산 가격이 상승하는 경향을 보였기 때문에 초창기에는 매장뿐만 아니라 주변 부동산을 선점해 시세 차익을 남기고 매매하여 큰 이득을 거두기도 했다.

이처럼 부동산을 이용한 경영 전략 덕분에 레이 크록은 맥도날드 형제보다도 더 주목받는 CEO가 되었다. 참고로 오늘날까지 맥도날드 본사의 영업 이익 중 30%는 부동산 임대 수익이다. 또한 레이 크록은 맥도날드 형제가 운영했던 식당과 자신이 설립한 맥도날드사를 별개의 기업으로 확실히 분리했는데, 맥도날드 본사 연혁을 보면 레이 크록이 맥도날드 형제와는 별개로 처음 1호점을 설립한 1955년부터 시작되고 있음을 확인할 수 있다.

오늘날 맥도날드는 코카콜라, 아이폰과 함께 미국식 자본주의를 상징하는 거대 기업으로 평가된다. 레이 크록과 맥도날드 형제 간의 관계에 대해서는 이런 저런 평가가 엇갈리지만 분명한 건 레이 크록이 없었다면 패스트푸드 햄버거의 대명사라 불리는 맥도날드의 부재를 넘어 미국식 자본주의를 상징하는 한 축이 오늘날 존재하지 않았을 거라는 점이다.

30년간의 준비
—

그는 자서전에서 맥도날드 형제와 계약을 했을 때 나이가 52세였고, 당시 당뇨와 관절염을 앓고 있었던 데다 담낭과 갑상선 대부분을 잃은 상태였다고 고백한다. 그럼에도 불구하고 그는 인생에서 아직 최고의 기회가 남아 있다고 확신했으며 그 기회를 놓치지 않았다. 레이 크록은 맥도날드 형제를 만나기 전 피아니스트, 재즈 연주가, 종이컵 판매상 등 변변치 못한 일자리를 전전하는 처지였다가 1941년 밀크셰이크용 믹서기를 파는 독점 판매자가 되었다.

맥도날드 형제가 창업한 레스토랑에서 표준화와 효율성이 극대화된 시스템을 본 그는 엄청난 잠재력을 가지고 있다고 판단해 그들에게 체인 사업을 할 것을 제안한다. 하지만 맥도날드 형제는 매장이 늘어나면 그만큼 골치 아픈 문제도 많아질 것이고 우리와 비슷한 레스토랑을 대신 열어줄 사람을 어디서 찾겠냐며 반신반의하는 태도를 보인다. 그리고 이것이 레이 크록과 맥도날드 형제의 결정적인 차이였다.

이후 레이 크록은 전국적으로 맥도날드 체인점을 여는 것으로 사업을 확장하고 싶어 했으나 맥도날드 형제는 이를 거절하고 결국 레이 크록은 독자적인 행보를 걷기 시작한다. 그 과정에서 맥도날드 형제에 대한 레이 크록의 대응이 비판받기도 하지만 사업가로서 그의 안목과 통찰이 탁월했다는 것을 부정하는 사람은 없다.

후대의 기업가들은 그가 얼마나 대단한 일을 해냈는지에 대해 이야기할 때 당시 레이 크록의 나이가 50대였다는 것을 꼭 언급한다. 당시 50대는 은퇴를 준비할 나이였고 레이 크록의 경우 여러 가지 지병까지 앓고 있었다. 하지만 그는 직접 매장의 주방, 화장실, 테이블 등의 위생 상태를 꼼꼼하게 체크할 정도로 성실함과 열정을 갖고 있었다.

특히 그는 목표를 이루기 위해서는 반드시 인내심이 필요하다고 강조했는데 재능, 천재성, 교육 그 무엇도 인내의 효력을 능가할 수 없으며 오직 인내와 끈기, 결단력만이 원하는 성공을 가져다 준다는 신념을 가졌다. 또한 그는 책상에 앉아서 시뮬레이션만 돌리는 전문가보다 쉴 새 없이 현장을 누비며 문제 해결 능력과 위기 대응 능력을 기른 리더를 더 가치 있는 인재라고 여겼다. 그가 오늘날 맥도날드의 위상을 만들어 낼 수 있었던 것은 성실한 노력과 인내심 그리고 인재를 알아보고 발굴해 내는 능력 덕분이었다.

그렇다면 인생 2막을 앞두고 있는 오늘날의 4050세대는 그에게서 무엇을 배울 수 있을까? 가장 큰 것은 레이 크록의 본격적인 성공이 50대부터 시작되었다는 점이다. 그가 맥도날드 형제의 레스토랑에서 자신도 미처 깨닫지 못했던 잠재력을 간파할 수 있었던 것은 그때까지 판매상으로 일하며 터득한 지식과 여러 경험들을 종합해 앞으로의 흐름을 예측할 수 있는 통찰력을 길렀기 때문이다. 그는 사람들이 자신을 두고 53세라는 늦은 나이에 시작해 하룻밤 새 돈방석에 앉았다고 생각하지만, 자신은 그 성공을 위해 30년을 준비해 왔다고 말한다. 이것이 바로 그가 강조한 인내와 끈기이다. 또한 그는 큰 성공은 나이와 상관없이 성실한 노력과 끈기를 가진 사람에게 주어진다는 것을 다시 한번 증명해 주고 있다.

칠전팔기의

신

흑인 역사 소설의 전설

20세기 초 뉴욕주 이타카에서 태어난 알렉스 헤일리는 16세가 되던 해 사범대학에 입학하지만 2년 후 학교를 중퇴하고 군에 입대한다. 이때 제2차 세계대전이 발발하여 미국 해안 경비대에서 탄약 운반선 취사병으로 근무하던 헤일리는 이 시기 처음으로 글을 쓰기 시작한다. 그는 우리나라와도 인연이 있는데,

1939년 미군 해군 소위로 임관한 후 제2차 세계대전에 이어 한국전에도 참전했다. 이후 1957년 해군 중령으로 예편한 후 2년 뒤인 1959년 소설가로 등단했다. 그는 사람에 대한 뛰어난 통찰력을 가진 작가로 인정받았으며, 작가로서 첫 명성을 안겨 준 〈말콤 X의 자서전〉은 이러한 그의 장점을 잘 보여준다.

헤일리의 대표작으로 평가되는 〈뿌리〉는 그가 등단한 후 17년 만에 나온 소설이다. 취재하러 런던에 갔다가 우연히 발견한 로제타 석판을 보고 흑인들의 유산을 조사하게 된 것이 계기가 되었는데, 그는 이 석판을 보고 흑인으로서 자신의 정체성에 관심을 갖게 된 것으로 알려져 있다. 할머니로부터 들은 아프리카인들에 대한 이야기를 바탕으로 흑인들의 역사를 조사하기 시작한 그는 단편적으로 남아 있는 자신의 기억에 실제 역사를 대입해 실체적 진실을 찾아나갔고, 이것은 그가 자신의 뿌리를 찾아가는 여정이 되었다.

그 과정에서 아프리카의 한 마을에 대해 알게 된 그는 그 마을의 역사를 끈질기게 추적하며 자신의 어머니 쪽 조상들의 이야기를 작품에 담아낸다. 이 이야기가 바로 〈뿌리〉의 주된 서사이다. 납치되어 미국으로 끌려와 노예가 된 아프리카 소년 쿤타 킨테와 그 후 200년이란 세월이 흐르는 동안 그의 후손들이 미국에서 겪어야 했던 척박한 삶은 그대로 미국 흑인들의 뼈아픈 역사가 되었고, 쿤타킨테의 7대손인 알렉스 헤일리는 이 방대한 이야기를 문학 작품에 녹여내, 출간한 그해에 퓰리처상과 전미 도서상을 수상했다.

하지만 이 소설이 출판되기까지는 우여곡절이 많았다. 출판 사에 원고를 투고할 때마다 거절당하기 일쑤였던 그는 글에 대한 자신감과 자부심이 컸던 만큼 퇴짜를 맞을 때마다 힘들어 했 다고 한다. 경우에 따라서는 흑인에 대한 인종 차별이라고 생각 할 여지도 있었다.

그래도 헤일리는 피해 의식과 열등감에 매몰되지 않고 출판 사들에게 거절당할 때마다 원고의 부족한 점을 찾아 보완하는 작업을 꾸준히 해 나갔다. 그렇게 칠전팔기의 정신으로 출판사 의 문을 두드린 결과 마침내 출판되기에 이르렀고 이후 이 소설 은 미국 내 흑인 사회에 엄청난 반향을 불러일으켰다.

1976년에 발표된 이 소설을 읽은 미국 내 독자들은 자신들의 뿌리를 찾으려고 하는 움직임을 보였고 그 인기에 힘입어 드라 마로 제작되며 미국 역사상 가장 인기 있는 TV 프로그램 중 하 나로 자리매김했다. 이후 헤일리는 뒤이어 아버지 쪽 조상들의 이야기를 담은 〈퀸〉을 집필했으나 1992년 심장마비로 사망하면 서 완성하지 못했고 훗날 다른 작가가 마무리했다.

퇴직하기 전에 준비하지 못해 후회되는 것들

———

알렉스 헤일리가 〈뿌리〉로 퓰리처상을 받았을 때 그의 나이는 56세였다. 그는 20년간의 군 복무를 마친 후 작가가 되었고, 이후 17년이 지나 작가로서 누릴 수 있는 큰 영예인 퓰리처상을 수상했다. 헤일리는 인생 1막은 군인으로, 인생 2막은 작가로서의 삶을 살았다. 인생 1막인 군인 시절 군 생활의 무료함을 달래기 위해 시작한 글쓰기가 결과적으로 인생 2막을 준비한 셈이 된 것이다. 그가 처음부터 작가가 되겠다는 목표 의식을 갖고 군 시절부터 준비를 해 왔다고 보기는 어렵다. 하지만 분명한 건 그는 직업 군인이던 시절부터 20년간 꾸준히 글을 써왔다.

제2차 세계대전 후 헤일리는 군대 내에서 언론 분야와 관련된 부서로 전근할 수 있도록 허가해 달라는 청원을 했고 미 해군은 이를 받아들인다. 그는 부대 내에서 해경 최초의 수석 언론인이 되었는데, 당시 미 해군 내에 이런 직책이 있었던 것이 아니라 헤일리의 문학적 능력을 인정해 특별히 만든 것이라고 한다.

그가 제대 이후 언론, 출판업계에 몸담기 위해 군 시절부터 '스펙'을 만들려는 의도를 가졌다고 보기는 어렵다. 하지만 그는 군 복무 외에도 자신이 잘할 수 있는 일을 찾아냈고 역량을 발휘할 수 있는 길을 적극적으로 모색했다. 만약 그가 군 생활의 무료함을 달래기 위한 용도로 습작에만 머물러 있었다면 제대 후 유명 잡지의 수석 편집장이 될 수 있었을까? 군 복무 시절부터 자신의 재능을 펼치려는 시도조차 하지 않았다면 제대 이후 성공한 작가로서의 인생 2막은 헤일리의 것이 아니었을지도 모른다.

20세기 중반 미국에서 일생을 보낸 알렉스 헤일리와 퇴직을 앞둔 대한민국 4050세대 사이에는 분명 아주 많은 차이가 있다. 하지만 헤일리의 사례를 보면 지속적으로 할 수 있는 일을 찾아내느냐, 그러지 않느냐에 따라 남은 삶의 만족도가 크게 갈린다는 것을 알 수 있다. 그것은 지금도 여전히 유효하다.

한편, 헤일리의 역작은 〈뿌리〉로 알려져 있지만 그전에 출간된 〈말콤 X의 자서전〉 역시 6백만 부에 달하는 판매고를 올릴 정도로 많은 독자들에게 사랑받은 작품이다. 그런데 〈말콤 X의 자서전〉의 성공 사례가 있음에도 불구하고 헤일리가 투고한 〈뿌리〉는 출판사에 번번이 퇴짜를 맞았다. 그럼에도 포기하지 않고 수정과 보완을 반복해 끝내 책을 출판하는 데 성공한 헤일리는 마침내 〈뿌리〉로 퓰리처상을 수상하는 영예까지 얻는다.

이 스토리 역시 한 번의 성공에 만족하고 안주하면 더 큰 성취를 이루기 어렵다는 것을 알려준다. 백세 시대를 살아가는 우리는 초기 성공에만 기대기에는 남은 시간이 너무 길다. 그래서 끈기는 필수이며 어떤 일이 잘 되지 않더라도 끝까지 포기하지 않으면 적어도 지나간 시간에 후회를 남기지는 않을 것이다.

믿음과 끈기의

힘

58세에 오스카상을 수상하다

—

2005년 2월, 미국 LA에서 열린 제77회 아카데미 시상식에서 감독상과 작품상, 여우주연상, 남우조연상을 휩쓴 작품이 있었다. 개봉 후에는 관객과 평단의 호평을 받으며 명작의 반열에 올랐지만 촬영 전만 해도 투자하겠다는 영화사가 없어 곤욕을 치른 이 영화는 〈밀리언달러 베이비〉였다. 낡은 체육관을 배경으로 트레이너인 프랭키 던과 권투에 진심인 31살의 여성 매기가 만나면서 벌어지는 이야기를 다룬 이 영화에서 모건 프리먼은 한쪽 눈이 실명된 전직 복서이자 프랭키 체육관의 청소를 맡고 있는 에디 스크랩 역을 맡았다. 그는 이 작품으로 아카데미 시상식에서 남우조연상을 수상하는데 그때 그의 나이 58세였다.

1964년 영화 〈전당포〉로 데뷔한 이후 41년 만에 마침내 오스카상을 수상한 그는 할리우드에 흑인 배우는 많지만 자기만의 확실한 이미지를 갖고 있는 드문 배우라는 평가를 받는다. 허물없는 이웃 같은 친근함과 다정함, 늘 미소 짓고 있는 인자함 속에서도 마치 선생님 같은 엄격함을 두루 갖춘 그는 신뢰할 수 있는 멘토 같은 이미지로 많은 영화 팬들의 사랑을 받았다.

10여 년 전부터는 기존 이미지와는 다른 다양한 캐릭터를 연기하며 70대의 나이에도 도전할 수 있다는 것을 보여준 그는 현재 작품에서 주로 비중 있는 조연 배우의 포지션을 갖는다. 그런데 그가 일찍부터 배우로서 대중의 인식 속에 자리 잡았던 것은 아니었다. 비교적 늦은 나이에 유명세를 얻은 그는 가난한 집안 형편 때문에 공군에 입대해 4년간 복무한 후에야 겨우 배우가 될 수 있었고, 배우로서 자리를 잡기까지 혹독한 시간을 견뎌야 했다. 직업 특성상 수입이 안정적이지 못한 데다 캐스팅 또한 불발되는 경우들이 허다해 한때는 노숙자 생활을 할 정도로 그를 둘러싼 상황은 최악이었다.

하지만 생계를 위해 택시나 트럭 운전 등 닥치는 대로 일을 하면서도 배우의 꿈을 버리지 않았고 이후 그나마 그의 이름이 조금은 알려지는 계기가 된 작품 〈드라이빙 미스 데이지〉에 출연한다. 당시 그의 나이는 이미 50을 훌쩍 넘기고 있었다. 나이에 대한 인식이나 관념이 우리나라와는 다르더라도 50대까지 불확실한 미래에 대한 불안을 억누르며 꿈을 좇는 것은 미국이라도 절대 쉽지 않은 일이었다. 하지만 그는 자신만의 페이스를 유지하며 꿈을 버리지 않았고, 지금도 여전히 미국의 국민 배우로서 전 세계인의 사랑을 받고 있다.

기회는 우리에게 매일 온다
—

모건 프리먼은 탁월한 연기력 외에도 그만의 삶의 철학이 녹아 있는 명언으로도 유명하다. 그는 한 인터뷰에서 '용기는 인생의 열쇠'라며 대부분의 사람들이 자신이 태어난 환경 속에서 벗어날 수 없다고 생각하는데, 바로 그 생각 때문에 벗어나지 못하는 거라고 말한다. 여기서 용기가 인생의 열쇠라는 말은 인생을 바꾸고 싶다면 용기를 내야 한다는 뜻이다. 그는 언제 상황이 좋아질지 알 수 없는 불확실한 시간을 용기 있게 버텨낸 끝에 현재 만족스러운 삶을 살고 있다. 지금 그의 삶은 오래전부터 그가 꿈꾸고 바라온 삶의 모습이었고, 그것을 현실로 끌어올 수 있었던 이유는 스스로에 대한 믿음과 끈기로 꿈을 포기하지 않았기 때문이었다.

그의 지론에 따르면 태어날 때부터 타고난 환경은 바꾸기 어렵다고 많은 사람들이 생각하지만 누군가는 분명 그 속에서 벗어났고 그럴 수 있는 기회는 누구에게나 주어지고 있다. "항상 앞으로 나아가야 하며 포기하는 것은 선택 사항에 없다. 실패의 가장 큰 원인은 포기하기 때문이다." 매일 기회가 다가오고 있는데 그것을 잡을 용기도 없고 앞으로 나아가지도 못하는데 그 기회가 언제까지나 머물러주길 바랄 수 있을까? 실패를 두려워하며 도전하지 않는 사람에게 다가오는 눈먼 기회는 세상에 없다.

모건 프리먼은 무언가를 정말로 간절히 바란다면 실패에 대해 생각해서는 안 된다고 말한다. 여기서 말하는 실패란 일시적인 것이 아니라 포기로 이어지는 최종적인 실패를 말한다. 그렇기 때문에 포기하는 것은 선택 사항에 없으며 실패의 가장 큰 원인은 바로 포기에 있다고 말한 것이다.

그는 배우로서 빛을 보기 전까지 극심한 생활고를 겪어야 했지만 세상 속에서 아주 다양한 경험을 했다. 그 과정에서 느낀 모든 감정은 분명 그의 연기에 자연스럽게 녹아들었을 것이다. 어쩌면 그가 말한 '매일 다가오는 기회'란 원하는 바를 얻는 데 필요한 것을 얻을 수 있는 기회를 말한 것일지도 모른다. 사람의 마음을 움직이는 그의 연기는 고단했던 과거의 삶 속에 뿌리를 두고 있지 않을까? 어쨌든 모건 프리먼의 사례는 비록 속도는 느리더라도 꾸준히 지속적으로 해 나가다 보면 언젠가는 인정받을 수 있다는 것을 또 한번 증명한 사례다. 그의 말처럼 기회는 누구에게나 매일 오고 있고 우리가 할 일은 준비하고 있는 것이다. 기회는 마치 자석과 같아서 준비된 사람의 손에 잡히는 법이다.

그들은 미리
준비하고 있었다

모건 프리먼과 알렉스 헤일리, 레이 크록, 장래오는 50세가 넘어 빛을 보게 되었다는 점에서 공통점이 있다.

장래오는 나이 50세가 넘어서 시작한 운동으로 그동안 고질적으로 앓아왔던 지병을 고치게 되었고 운동을 시작하기 전과는 전혀 다른 삶을 살고 있다.

알렉스 헤일리는 군 복무 시절부터 글쓰기 재능을 발휘할 수 있는 길을 적극적으로 모색했고 제대 후 유명 잡지사의 수석 편집장이 되었다. 지금의 기준으로 보면 성공적으로 인생 2막을 시작한 셈이다. 〈말콤 X의 자서전〉으로 유명세를 얻은 그는 〈뿌리〉로 퓰리처상까지 받는 영예를 누렸다. 그때 그의 나이 56세였다.

레이 크록은 피아니스트, 재즈 연주자 등 불안정한 직업을 전전하다가 믹서기 판매상으로서 성실하지만 비교적 평범한 직장생활을 오랫동안 유지했다. 그가 맥도날드 형제를 만났을 때는 대다수의 사람들이 은퇴를 준비할 시기라고 여기는 50대였고 지병까지 갖고 있었다.

하지만 이들은 대다수의 사람들이 갖고 있는 나이에 대한 선입견을 깨트리는 성취를 이뤘고 무언가에 도전하기에 늦은 나이는 없다는 것을 다시 한번 증명했다. 한 가지 더 찾아볼 수 있는 공통점은 미리 준비하고 있었다는 점이다.

알렉스 헤일리 역시 군 복무 중에도 꾸준히 글을 썼고, 단순히 무료함을 달래기 위한 소일거리가 아닌 자신의 재능을 펼칠 수 있는 길을 적극적으로 모색했다. 그가 처음부터 제대 후의 생활을 꾸려가기 위해 글쓰기 경력을 치밀하게 준비해 왔다고 보기는 어렵지만, 그는 자신의 재능을 좀 더 가치 있게 활용할 줄 알았다.

레이 크록은 재능, 천재성, 교육 그 어떤 것보다 인내의 힘이 가장 강하다는 것을 알고 있었다. 그는 대다수의 사람들이 이제는 하던 일을 정리해야 하는 나이라고 생각하는 50대에도 아직 최고의 기회가 남았다는 믿음을 내려놓지 않았다. 다른 사람들이 자신이 하루아침에 돈방석에 앉았다고 생각하지만, 그

앞에는 30년이란 세월이 놓여 있다고 말하는 그는 오랜 세월 동안 시간을 채워갈 뿐인 의미 없는 삶을 살지 않았다는 것을 알려준다.

머슬퀸 장래오 역시 교통사고 후유증으로 약해진 몸을 더 악화시키지 않기 위해 운동을 시작했지만 그것은 결과적으로 인생 2막을 준비하는 과정이 되었다. 주변 사람들의 권유로 머슬 대회에 참가하게 된 그녀는 세계 3위라는 놀라운 성과를 냈다.

당연한 말이지만 이들처럼 유명세를 얻는 성취만이 의미 있는 것은 아니다. 사실 이들이 전성기를 맞이해 그동안 수고하고 노력하며 준비해 온 것에 대한 보상을 받은 시대와 지금은 많은 면에서 또 달라졌다. 21세기인 지금은 평균 수명도 늘어났고 무엇보다 할 수 있는 일이 더 많아졌다. 1인 미디어가 활성화되면서 개인의 소소한 취미, 일상이 수익 창출로 연결되는 시대다. 그래서 이전 세대 사람들보다 더 많은 지식과 정보를 얻을 수 있으며 그것을 활용하는 방법 또한 더 다양해졌다. 그러므로 기회는 훨씬 더 많아졌다고 볼 수 있다.

다만 앞으로 더 살아야 할 날은 늘어나고 은퇴 시기는 이전보다 더 앞당겨진 만큼 지난 시대를 살아가며 지표를 뚫고 성과를 낸 이들에게서 배워야 할 점은 당연히 습득하는 것이 좋다. 그중 하나가 미리 준비하는 것이며 다른 어떤 것보다 큰 위력을 가진 인내와 끈기를 잃지 않는 한 그동안 수고하며 준비해 온 모든 노력은 결국 당신에게 기회와 성취를 가져다 줄 것이다.

50대에 도전을 시작한 사람들은 많다. 이들은 나이에 구애받지 않고 자신의 꿈을 향해 도전하고 새로운 삶을 개척하고 있다. 그들의 도전은 우리에게 나이는 단지 숫자에 불과하다는 것을, 그리고 언제라도 새로운 시작을 할 수 있다는 희망을 전해 준다.

다음은 50대에 도전하는 사람들을 위한 몇 가지 조언이다.

- **뚜렷한 목표를 세워라.** 무엇을 이루고 싶은지, 왜 도전하고 싶은지 뚜렷한 목표를 세우는 것이 중요하다. 목표가 있으면 도전하는 과정에서 어려움을 만나더라도 포기하지 않고 나아갈 수 있다.

- **꾸준히 노력하라.** 도전은 하루아침에 이루어지는 것이 아니다. 꾸준한 노력과 실천이 필요한 만큼, 포기하지 않고 최선을 다하라.

- **긍정적인 마인드를 가져라.** 도전 과정에서는 실패와 어려움이 있을 수 있다. 그럴 때일수록 긍정적인 마인드를 가지고 이겨내야 한다.

50대에 도전하는 것은 쉽지 않은 일이다. 하지만 그만큼 보람과 성취감도 크다. 도전하고 싶은 꿈이 있다면 주저하지 말고 도전하기 바란다.

그래도

육십은 늦었다

아니, 시작하기에

늦은 건 없다는 걸

증명한 사람들

1,009번의 실패를 딛고

일어서다

**65세 기초수급자,
KFC 창업주
할랜드 샌더스**

"인생 최대의 어려움 뒤에는 언제나 최대의 성공이 숨어 있다."

할랜드 샌더스가 말하는 성공 철학은 간단하다. 그는 포기하지 않았고 대신 무언가를 할 때마다 그 경험에서 배우려고 노력했다. 아마 그는 인생에서 아무 이유 없이 일어나는 일은 없다고 생각했을 것이다. 그는 실패나 좌절도 누구나 인생을 살면서 겪는 공부 같은 거라고 했다. 그러므로 슬픈 일이 생기더라도 눈앞의 현실에 매몰되지 말고 원하는 미래를 꿈꿀 것을 독려했다. 사실 이 책에 등장하는 성공 스토리의 주인공 중 샌더스만큼 이 말이 어울리는 사람도 드물 것이다.

오늘날로 따지면 그는 65세의 기초수급자였다. 다른 사람들이 보기에는 실패한 인생처럼 보였을 것이다. 하지만 샌더스는 실패 역시 공부라고 생각했다. 그는 자신이 개발해 낸 레시피를 혼자만 판매하는 것보다 다른 사람들이 판매하도록 만들 생각을 했다. 그만큼 자기 레시피에 대해 자부심을 갖고 있었다. 그래서 그는 1,000번이 넘는 거절에도 꺾이지 않았다. 마지막 남은 재산인 낡은 트럭에 요리 도구들을 싣고 미국 전역을 돌며 레시피를 사줄 사람을 찾아다닐 수 있었던 것은 그 자부심 때문이었을 것이다. 결국 그는 1,009번의 도전 끝에 계약에 성공한다. 성공해 본 경험이 있고 간절히 재기를 바랐어도 60세가 훌쩍 넘은 나이에 포기하지 않았다는 건 결코 쉬운 일이 아니다. 결과에 상관없이 그 자체만으로도 대단한 일이며 존중받아 마땅한 태도다.

그럼에도 누군가는 결과가 좋았기 때문에 샌더스의 근성이 높은 평가를 받는 것이라고 반론할 수 있다. 만약 샌더스가 재기하지 못하고 기초수급자로 생을 마감했다면? 아무리 대단한 근성을 발휘했어도 그의 이름을 기억하는 사람은 아무도 없었을 것이다. 그런데 샌더스가 도전하지 않았어도 저절로 좋은 결

과가 나왔을까? 당연히 그럴 일은 없다. 당시 그는 소액의 기초
연금을 받는 취약 계층이었고 그에게 남은 것이라곤 낡은 트럭
한 대와 치킨 레시피뿐이었다. 그가 아무런 시도도 하지 않고
있는데 누군가 그를 구원해 주었을 리는 만무하다. 샌더스의 사
례에서 우리가 확신할 수 있는 것은 성공의 조건은 외부에 있지
않다는 것이다.

　오늘날 대한민국의 청년 세대들은 경제적 뒷받침과 부모의
재력을 가장 중요한 성공의 조건으로 꼽고 있다. 인생 2막을 준
비해야 하는 4050세대 중에는 인맥이 많을수록 성공할 확률이
높다고 생각하는 이들도 있다.

　하지만 그것들은 성공으로 향하는 길에서 도움이 될 수는 있
지만 절대적인 조건은 될 수 없다. 샌더스가 계속된 불운으로
폐업 신고를 하고 미국 전역을 돌아다닐 때는 자본주의의 나라
미국에서조차 휘발유를 '배급제'로 나눠줄 만큼 전쟁의 후폭풍
이 거셀 때였다. 샌더스 역시 악조건 속에서 재기하기 위해 고
군분투했다는 의미다. 이때 그에게는 도움을 줄 수 있는 어떤
외부 요인도 없었다. 오직 꺾이지 않은 근성과 스스로에 대한
믿음뿐이었다.

　샌더스는 말년이 되어서야 비로소 안정과 여유를 누릴 수 있
었다. 잠시 잠깐 승승장구할 때는 있었지만 40세 이전까지 그는

고정된 직장이 없었다. 노년기에 이르러서야 비로소 인생의 전성기를 맞이한 그는 90세에 세상을 떠날 때까지 수많은 일화를 남겼다. 그가 패스트푸드의 대명사인 KFC 제품들을 꾸준히 먹으면서도 장수할 수 있었던 이유에 대해 궁금해 하는 사람도 있지만 중요한 것은 그게 아니다. 현대인들의 기대수명 못지않은 긴 인생을 산 그가 안정적인 미래를 설계할 수 있었던 것은 60대 후반이었고, 이것은 인생 2막을 준비해야 하는 4050세대에게 충분한 의미를 갖는다. 여전히 충분한 시간이 남아 있고 무언가를 이루기에 늦은 나이는 없다는 것을 체감시켜 주기 때문이다.

현역의

새로운 정의

애니메이션 타이밍 디렉터
김정자
국제 슈퍼모델
메이 머스크

아직 하고 싶은 일이 남았어요

2021년 4월, 대한민국 최초로 배우 윤여정이 미국 아카데미 시상식에서 여우조연상을 수상했다. 이듬해인 2022년 5월, 전년도 수상자로서 시상을 하게 된 윤여정을 중심으로 예능이 제작되었는데, 이 프로그램에 윤여정의 오랜 친구이자 애니메이션 타이밍 디렉터인 김정자가 출연했다. 〈심슨〉, 〈빅 히어로〉,

〈어드벤처 타임〉, 〈트롤〉, 〈릴로 앤 스티치〉, 〈스파이더맨〉, 〈베트맨〉, 〈어벤저스 어셈블〉 등 다수의 애니메이션을 만든 김정자 디렉터는 64세에 에미상을 수상했다. 에미상은 미국 방송계의 권위 있는 시상식으로 영화계에 오스카상이 있다면 방송계에는 에미상이 있다.

애니메이션 타이밍 디렉터로서 정지 상태의 그림에 생명을 불어넣는 일을 하는 그녀는 일흔이 넘은 나이에도 현역으로 왕성하게 활동하고 있다. 윤여정과 함께 '나이든 현역'이 이렇게 멋질 수 있다는 걸 보여주고 있는 김 디렉터는 제작진과의 인터뷰에서 "우리가 나이 들어갈수록 인생에 목표가 없어지잖아요. 그런데 여정 언니가 보여줬죠. 무언가를 이루기에 우리가 결코 늦지 않았다는 것을요"라고 말한다.

일흔이 넘었다고 하더라도 무언가를 이루기에 결코 늦은 나이가 아니라는 그녀는 아이들에게 좋은 꿈과 상상력 그리고 포기하지 말라는 메시지를 줄 수 있는 영화를 만들고 싶다고 한다. 그런 영화를 만들 때까지 계속 일하고 싶다는 그녀는 노년에도 꿈을 가질 수 있고 목표를 세울 수 있다는 것을 보여준다.

테슬라의 최고경영자 일론 머스크의 어머니인 메이 머스크 역시 일흔이 넘은 나이에 모델과 임상 영양사로 활발하게 활동하고 있다. 싱글맘으로 일론 머스크와 킴벌, 토스카를 키워낸

위대한 어머니이기도 한 그녀는 자녀의 성공이 없었더라도 본인이 걸어온 길 자체만으로 빛나는 삶을 살고 있다. "나는 70대에 인생을 시작했다"고 말하는 그녀는 온갖 역경과 좌절에도 굴하지 않고 눈앞의 장애물을 넘어서는 모습을 보여준다. 그녀는 인생의 모든 것을 통제할 수는 없지만 어떤 나이든 원하는 삶을 살 수 있다고 강조하며, 그렇게 살기 위해서는 계획을 세워야 한다고 조언한다. 그녀는 새로운 국면으로 전환하기 위한 변화는 수용하되 모든 것에 대비하라고 말하는데, 그 말은 도전하되 거기에는 항상 계획이 수반되어야 한다는 뜻이다.

3주간 먹을 식량과 물, 기름을 트럭에 싣고 나침반에 의지해 칼라하리사막을 횡단했던 그녀 집안의 가훈은 '위험하게, 그리고 신중하게 살아라'이다. 메이 머스크의 어린 시절이 도전과 성취의 경험으로 가득 차 있었을 거라는 점을 유추할 수 있는 대목이다.

계획을 세운다는 말의 진짜 의미

—

"정말 열심히 해. 그래서 쟤가 성공한 거야." 제작진과 인터뷰를 하는 김정자를 보며 윤여정이 한 말이다. 배우 윤여정의 절친으로 예능 프로그램에 출연한 것 외에 노출된 바가 거의 없지만 정말 열심히 한다는 말 한마디면 어떤 자세로 자신의 삶을 살아왔는지는 충분히 가늠할 수 있다.

대다수의 사람들에게 70대는 현역으로 일하기에는 늦었다고 생각되는 나이다. 하지만 지난 세대와 지금 세대의 60대에 대한 인식은 불과 한 세대 만에 바뀌었다. 그러므로 70대에 대한 인식 역시 달라질 확률이 높다.

메이 머스크는 인스타그램 인플루언서로서도 주목받고 있는데, 그녀는 새로운 기술은 나이와 상관없이 배울 수 있다고 말한다. 무언가를 새로 시작한다는 것은 삶을 더 흥미롭게 만들어 주는 거라고 믿는 그녀는 예측되는 것에 대해서는 계획을 세우고 예기치 못한 것에 대해서는 준비를 갖추라고 말한다. 메이 머스크의 조언은 배움과 도전, 계획에 대한 내용이 많다. 그 이유는 그녀 스스로 계획하고 도전하는 삶을 살아왔기 때문이다.

위험하고 신중하게 살라는 가훈처럼 그녀는 배우고 계획하고 도전하는 일에 망설이지 않았고 그것은 김 디렉터도 마찬가지다. 꿈을 향해 용기 있게 도전하고 포기하지 말라는 메시지는 비단 어린 아이들에게만 해당되는 것은 아니다. 하고 싶은 일이 있는 모든 사람에게 해당되는 메시지이며 거기에 나이는 아무 문제가 되지 않는다.

메이 머스크는 계획을 세운다는 것은 삶의 주도권을 쥐는 것과 같다고 보았다. 그리고 그 결과는 행복이라고 믿었다. 즉 주체적으로 계획을 세우고 이행할 때 인간은 행복감을 느낀다는 것이다. 그런데 여기에는 한 가지 중요한 전제 조건이 있다. 계획을 세우되 그것을 즉시 실천해야 한다는 점이다. 실행이 수반되지 않은 계획은 어떤 성취도 가져다 주지 않는다. 반대로 계획을 세우고 그것을 성실하게 이행한 사람들은 상응하는 보상을 받는다. 즉 김 디렉터와 메이 머스크 두 사람이 일흔이 넘은 나이에도 왕성히 활동하는 것은 계획을 세우고 실행한 것에 대한 보상인 것이다.

계획을 세운다는 말의 진짜 의미는 내 삶의 주도권을 내가 갖는다는 뜻이다. 이것은 아무 계획이 없다면 삶의 주도권을 상실한 상태라는 뜻이기도 하다. 주인이 주도권을 가지지 않는 삶은 환경에 휘둘릴 수밖에 없다. 그러므로 주변 환경에 휩쓸리지 않고 원하는 모습으로 살고자 한다면 계획을 세우고 실행해야 한다. 이행되지 않은 계획은 어떤 성과도 만들어 낼 수 없는 법이다.

행복을 그려내는

화가

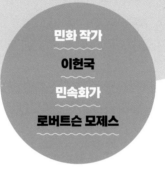

민화 작가
이현국
민속화가
로버트슨 모제스

꼭 목적이 있어야 하는 것은 아니다

예비 은퇴자로 분류되는 지금의 4050세대에게 인생 2막은 기대와 불안이 공존하는 곧 다가올 미래이다. 지금부터 준비하고 대비한다면 전자 쪽에 가까울 것이고, 아무것도 준비하지 못한 채 시간만 보낸다면 후자 쪽이 더 가깝겠지만, 분명한 건 아직은 시간이 있다는 것이다. 은퇴 후에도 삶은 당연히 이어지고 그 남은 삶을 내가 원하는 모습으로 살고자 한다면 방해가 되는 것들은 과감히 배제해야 한다. 그중 첫 번째가 나이에 대한 관념이다. 여러 번 강조하지만 무언가를 해내는 데 늦은 나이란 없다. 게다가 세상에는 그것이 진실임을 증명해 낸 사례가 수도 없이 많다.

71세에 민화의 세계에 푹 빠져 5년 만에 개인전까지 연 이헌국 작가 역시 나이를 초월한 사람이다. 서울대에 입학할 정도로 총기와 재능이 넘쳤지만 그 시대 대부분의 여성들의 삶이 그러했듯 아내, 엄마로서의 역할에 충실하며 40년이란 세월을 보냈다. 네 딸을 번듯하게 키워 낸 후엔 손주들을 돌보느라 여전히 분주한 삶을 살았던 그녀는 현재 오롯이 자기 자신을 위한 제3의 인생을 살고 있다. 그럴 수 있는 계기를 만들어 준 것이 바로 민화였다.

누구와 비교해도 뒤지지 않을 정도로 치열하게 민화의 세계를 파고들었던 이 작가는 입문 후 한반도중천미술대전 우수상, (사)한국민화협회 공모전 장려상 등을 수차례 수상했다. 그림 하나를 완성하면 너무 행복해 보고 또 본다는 그녀는 어떤 목표가 있어 그림을 그리는 것은 아니라고 말한다. 그저 하루하루 즐겁게 살면서 그림 친구 만나고, 그림 그리면서 사는 거라며 밝게 웃는 그녀는 어떤 일을 열심히 하는 이유가 반드시 목표를 달성하고 성과를 내기 위해서만은 아니라는 것을 보여준다.

뚜렷한 목적이 있어 그림을 그린 것이 아니라 그저 심취할 수 있는 일이라서 그림을 그린 사례는 외국에도 있다. 일명 '모제스 할머니'로 미국에서 선풍적인 인기를 끈 안나 메리 로버트슨 모제스가 좋은 예이다.

70대 중반까지 농부의 평범한 아내로 살았으나 76세에 붓을 든 그녀는 80세가 되자 이름이 알려지기 시작했다. 그림을 막 시작했을 때는 형편없는 솜씨였으나 워낙 열심히 그리다 보니 실력이 눈에 띄게 좋아졌다는 모제스는 어느 날 그림 수집가인 루이스 캘도어의 눈에 들어 정식 화가의 길에 들어서게 된다. 루이스는 '무명 화가 전시회'를 열어 그녀의 작품을 전시했는데, 그 전시회가 엄청난 흥행을 거두면서 백악관에까지 초청을 받는다. 트루먼 대통령과 회견한 그녀는 겸손하고 소박한 성품으로 미국 국민들을 감동시킨다. 이후 향년 101세의 나이로 세상을 떠날 때까지 총 1,600점의 그림을 그렸다고 한다. 특히 100세 이후에도 25점의 그림을 그리는 등 끝까지 손에서 붓을 놓지 않았던 것으로 유명하다.

모제스는 미국이 가장 사랑하는 예술가 중 한 명으로 손꼽히며 일상의 행복을 따뜻하게 담아낸 민속화가로 평가된다. 그녀의 그림은 당시 대공황으로 얼어붙은 미국 국민들의 마음을 따뜻하게 녹여주었다는 평가를 받았으며, 국내에서는 그녀의 어록이 담긴 책이 출간되기도 했다.

목적 없는 도전과 용기

—

'용기'의 반대말은 '겁'이다. 겁을 내는 사람에게 무언가를 하라고 하는 것은 그것이 독려든 독촉이든 당사자에게는 부담이 된다. 그래서 '용기 있게 실천'하는 것은 나이를 막론하고 어려운 일이다. 그럼에도 불구하고 용기를 내는 사람은 그 일을 해내기 마련이다. 그럴 때도 나이는 아무 상관없다. 아직 어리든 젊든 나이가 들었든 용기를 내는 사람은 아무것도 하지 않는 사람보다 더 많은 것을 얻는다.

이헌국, 모제스 두 작가는 출신, 환경, 나이 모두 다르지만 그림을 통해 행복감을 느끼고 다른 이들에게 도전할 수 있는 용기를 준다는 면에서 공통점이 있다. 그녀들은 어떤 뚜렷한 목적을 가지지 않아도 그 일을 진정으로 좋아하고 즐긴다면 성취감과 행복을 느낄 수 있다는 것을 보여준다. 다른 이들에게 좋은 평가를 받고 찬사를 듣는 것이 나쁠 리는 없다. 하지만 그 전에 그림 그리는 것 자체를 너무나 좋아하고 아꼈기 때문에 일흔이 넘은 나이에 새로운 일에 도전할 수 있었을 것이다. 그리고 우리는 그것을 용기라고 부른다.

이헌국 작가가 처음 민화에 입문했을 때 그녀는 어디를 가나 가장 나이가 많은 학생이었다. 처음 수강 문의를 했을 때 나이를 밝히자 상대가 보인 첫 반응은 침묵이었다. 그 침묵에는 아주 많은 말이 담겨 있었을 테지만 이 작가는 무조건 할 수 있다며 열의를 보였다. 모제스 할머니 역시 마찬가지다. 우연히 방에 붓과 물감이 있는 것을 보고 그림을 그려보았는데 매우 형편없는 수준이었음에도 불구하고 그녀는 몸이 떨릴 만큼 너무나 기뻤다고 회고한다. 아마도 자신의 손끝에서 새로운 세상이 창조되었다는 느낌이 좋았던 게 아닐까 싶다.

내가 좋아하는 것을 하며 느끼는 기쁨은 때로 없었던 용기를 끌어내 준다. 말 또는 상상만 하는 것은 쉬우나 그 일을 실제로 하는 것은 전혀 다른 문제다. 많은 사람들이 노년에 할 만한 소일거리를 찾거나 몰두할 수 있는 취미 생활을 갖는 것에 대해서는 긍정적인 반응을 보인다. 하지만 그렇게 시작한 활동들을 통해 모두가 인정할 만한 성과를 내는 것은 어려운 일이라고 사람들은 생각한다. 그런 성취는 젊은 사람들의 전유물이라 여기는 편견도 무의식중에 깔려 있다.

하지만 나이 든 사람들이 뚜렷한 목적 없이 진심으로 그 일을 즐기며 열의를 다할 때 그들은 나이를 초월하기도 한다. 민화의 세계에 입문한 지 5년 만에 다수의 상을 휩쓴 이헌국 작가나 100세가 넘은 나이에도 붓을 놓지 않고 마지막까지 25점을 더 그려낸 모제스 할머니의 예가 그것을 잘 보여준다. 그래서 이들의 그림에는 단순히 사물이나 풍경이 아닌 인생의 행복이 담겨 있다. 목적이 없는 도전이었지만 그들은 많은 사람들에게 도전할 수 있는 용기를 주었는데, 이것은 그들이 그림 그리는 일을 무척이나 사랑했기 때문이다. 자신의 일을 사랑하는 사람은 자신에게도 타인에게도 긍정적인 영향을 주는 법이다. 우리는 이것을 이헌국 작가와 모제스 할머니를 통해 확인할 수 있다.

나이와 배움은
아무 상관이 없다

80세 시민 기자

이숙자

90세 졸업생

조이스 드파우

나이라는 복병?

20세기 초중반만 해도 초등학교 6년, 중학교 3년은 의무 교육이 아니었다. 물론 중학교, 고등학교를 졸업하지 못했어도 살아가는 데 큰 지장은 없었다. 그럼에도 해보지 못한 것에 대한 아쉬움은 나이와 상관없이 늘 남는 법이다. 76세의 나이에 시민 기자가 된 이숙자 기자도 그런 사례다. 배우는 데 나이는 아무 상관이 없다는 믿음을 갖고 글쓰기 수업을 받은 이 기자는 선생님의 권유로 〈오마이뉴스〉에 글을 보내기 시작했다. 맨 처음 송고한 기사는 '결혼한 지 51년 된 부부의 일상이 궁금하세요?'. 10~20년도 아닌 무려 결혼한 지 50년이 넘는 부부의 일상은 궁금증을 불러일으킬 만했다. 글이 기사로 채택되고 온라인에 처음 노출되었을 때 이 기자는 너무나 기뻐 지금도 잊지 못할 감동이라고 고백한다.

이후 사는 이야기를 담은 기사를 꾸준히 송고하며 열심히 글을 썼고, 그 결과 2020년 3월에는 뉴스게릴라상을 수상했다. 일흔이 넘은 나이에 처음으로 카페에서 노트북으로 글을 썼다는 이 기자는 올해 80세가 되었다. 글쓰기를 업으로 하고 있는 사람도 80세에도 글을 쓰고 있을까를 생각하면 얼른 그림이 떠오르지 않는데, 76세에 글을 쓰기 시작한 이숙자 기자는 나이와 무관하게 인지 능력이 남아 있는 동안은 글을 쓰고 싶다고 말한다.

미국 노던일리노이대학 최고령 졸업자인 조이스 드파우는 대학에 입학한 지 71년 만에 학사모를 썼다. 그녀는 1955년 교회에서 만난 청년과 결혼한 후 3년 만에 혼자가 되었다. 재혼 후 여섯 명의 자녀를 더 낳아 9명이나 되는 자녀들을 키우다 보니 대학 졸업의 꿈은 엄두도 낼 수 없었다.

노년이 되어 양로원에 들어가서야 겨우 여유를 갖게 된 조이스는 자녀들의 권유로 학교로 돌아간다. 코로나19 팬데믹 때문에 양로원에서 온라인 수업을 받은 그녀는 생각했던 것보다 훨씬 공부가 힘들어 그만둘까도 생각했지만 너무 많은 사람들에게 학교로 돌아간다는 말을 해 두었기 때문에 열심히 수업을 들었다고 한다. 만일 중도에 포기한다면 여러 사람이 실망할 거라고 생각했기 때문이다. 결국 졸업에 성공한 그녀는 졸업식 날 증손자를 포함해서 20여 명에 달하는 가족들의 축하를 받았다.

사실 80세, 90세쯤 되면 그 나이에도 뭔가를 해야 하는가라는 생각을 충분히 할 수 있는 나이다. 그동안 애쓰고 수고하며 살았으니 이제 남은 생은 편히 쉬고 싶다고 한들 아무도 그 생각이 잘못됐다고 하지 않을 것이다. 하지만 이숙자 기자와 조이스가 한 일은 '해야 되는 일'이 아닌 '하고 싶은 일'이었다. 그리고 그들은 나이라는 복병이 자신의 꿈을 제한하는 것을 용납하지 않았다. 그 결과 보람과 성취감, 감동, 행복을 얻었다. 나이와 배움은 아무 상관이 없다고 믿은 덕분이었다.

나이 들었기 때문에 할 수 있는 일들

누구나 나이를 먹지만 그것을 매 순간 실감하면서 살지는 않는다. 예기치 못한 순간 나이를 먹었다는 것을 체감하며 깨닫게 되는 경우가 많다. 보통 나이를 먹었다는 것을 실감할 때는 약간의 서글픔, 당혹감이 동반되는 것으로 표현된다. 하지만 항상 그렇지만은 않다. 나이를 먹었기 때문에 할 수 있는 말, 할 수 있는 생각, 할 수 있는 선택들도 있는 법이다.

이숙자 기자의 원고가 처음 채택됐을 때 당시 썼던 글의 내용은 결혼한 지 50년이 지난 부부의 일상에 대한 이야기였다. 100세 시대라고 하지만 50년이란 세월은 반평생에 달하는 결코 짧지 않은 시간이다. 그 긴 시간을 함께 일상을 공유해 온 부부의 이야기는 호기심을 불러일으킬 만하다. 그리고 이것은 그만큼 나이가 들었기 때문에 경험하고 생각하고 할 수 있는 이야기다. 70세를 훌쩍 넘긴 할머니 기자가 들려주는 이야기라는 점도 희소성을 가진다.

조이스는 무려 71년 만에 학교로 돌아가 학위를 취득했다. 말하자면 중퇴를 했다가 다시 학업을 시작한 것인데 사실 70년이 지나서 조이스가 꼭 학위를 취득해야 할 이유는 없었다. 하지만 이제라도 다시 대학에서 공부해 보라며 포기하지 말라는 손주들의 말은 그녀를 다시 학교로 돌아가게 했다. 71년 만에 학교에 돌아온 복학생 조이스의 존재는 그 자체만으로 주변 사람들에게 많은 영감을 주었다. 한 교직원은 낙심할 때면 그녀의 사진을 보고 새롭게 동기 부여를 받았다고 말했다. 조이스가 졸업한 학교인 노던일리노이대학 총장은 언론과의 인터뷰에서 조이스가 새로운 지식을 추구하기에 너무 늦지 않았다는 것을 보여 줬다며 강조하기도 했다.

해외뿐만 아니라 우리 주변에는 고령의 나이에 중단했던 학업을 다시 시작해 졸업이라는 결실을 맺는 경우가 많다. 또한 그들은 한결같이 말한다. 늦게라도 부족했던 것을 채우고 하지 못했던 아쉬움을 달래고 싶어서 다시 시작했다고.

나이를 먹어서도 하지 못했던 것에 대한 아쉬움 때문에 어떤 일에 도전하는 것은 젊은 사람들에게 큰 영감을 준다. 지금 나에게 주어진 기회가 좀 더 시간이 지난 후에는 어느 정도의 가치를 가질지 생각해 볼 수 있는 기회를 제공해 주기 때문이다. 또한 무엇을 배우기에 늦은 나이는 없다는 것을 증명한 사람들은 예전에 하지 못했던 일을 다시 시작하려는 사람들에게 큰 용기를 준다. 그러므로 나이 든 사람들이 무언가를 배우고 성취하고자 하는 건 단순히 개인적인 만족에서 끝나는 것이 아니다. 자신뿐만 아니라 주변 사람들에게 기회의 소중함을 느끼게 하고 강력한 동기를 부여하기 때문이다. 이것은 나이가 들었기 때문에 가질 수 있는 긍정적인 영향력이다. 그리고 나이라는 복병이 꿈을 이루는 데 방해가 되도록 방치해서는 안 되는 이유이기도 하다.

이숙자 기자는 80세에 하고 싶은 일을 하며 일정 수준의 경제적 보상을 받았고, 조이스의 경우 그녀의 성취가 세계 각지에 알려지며 많은 사람들에게 도전할 수 있는 용기를 주었다. 이들의 사례는 노년의 삶을 한층 더 가치 있고 의미 있게 만드는 법을 알려준다. 물론 내가 중요하게 생각하는 것, 만족감을 주는 것이 무엇이냐에 따라 삶의 질을 높이는 방법은 달라진다. 하지만 분명한 건 할 수 있다는 마음과 포기하지 않은 의지를 가질 때 인생은 어떤 식으로든 긍정적으로 변화한다는 것이다. 나이가 든 만큼 긍정적인 파급력이 더 강해질 수 있다. 나이에 대한 편견을 극복하고 이뤄낸 성취이기 때문이다.

그들의 성취가

특별한 이유

박종섭
콜레트 불리에
잉게보르그 라포포트

직업과 학위의 상관관계

베이비붐 1세대와 그들의 부모 세대만 하더라도 집안 형편, 성별 등에 따라 학업을 중단하는 경우가 많았다. 6·25 이후 본격적으로 산업화를 이뤄 나가던 시절 학교 교육을 받던 세대는 본인의 학습 능력과는 무관한 외적 요인 때문에 고등교육을 받을 수 없었다. 그때 가슴속에 남은 한(恨)은 훗날 검정고시 도전,

만학도 등의 출현으로 이어졌다. 그런데 산업화 이전에 태어난 세대 중 학사 과정을 넘어 석사, 박사 과정까지 도전하는 사람들이 있다. 이들은 배우지 못한 것이 한이 되어 뒤늦게라도 중단했던 학업을 다시 잇는 사람들과는 다소 결이 다르다.

82세에 전국 최고령 만학도 박사라는 타이틀을 얻은 박종섭 박사는 박사 과정을 수료한 후 23년 만에 국문학 박사 학위를 취득했다. 그가 대학에서 국문학 학사 과정을 수료한 것은 1976년이다. 그 후 1984년에 한문학과 학사 학위를 받고 2년 후, 계명대 대학원에 입학해 국문학과 문학석사 학위를 취득했다. 그리고 1999년에 국문학과 박사 과정을 수료한 후 23년 만에 박사 논문을 통과했다.

그는 최초로 대학에서 정규 과정을 수료한 1976년부터 박사 학위를 취득한 2022년까지 47년간 학업을 이어왔고 결국 결실을 맺었다. 이것은 배우지 못한 것이 한이 되어 뒤늦게라도 학업을 완수하고 싶은 것과는 다른 마음이다. 47년이란 세월이 지나는 동안 그에게 학업을 완수하게 한 동기는 무엇이었을까? 그 이유에 대한 단서는 그의 박사 학위 논문 제목과 활동 내역을 보면 알 수 있다. 그는 〈거창 지역 구비문학 연구〉 논문으로 학위를 취득했으며 무형문화재 거창전수교육관장으로 활동했다.

1970년대부터 전국에 구비 전승되는 민요, 전설, 민담을 조사해 온 박종섭 박사는 박사 학위를 취득하기 전에도 경상남도 문화재 위원으로 활동하며 구비 문학에 대한 책을 수십 권 출간했다. 말하자면 그가 업으로 삼고 있는 일과 학업은 매우 밀접한 연관성을 갖고 있었다. 때문에 그의 박사 학위 취득은 평생 동안 쌓아온 커리어와도 맥을 같이 한다. 즉 직업과 학업을 아우르는 결실이 학위 취득이라는 결과로 나타난 것이다.

이와 같은 사례는 해외에서도 찾아볼 수 있다. 2016년 프랑스에서는 90세가 넘은 콜레트 불리에라는 할머니가 박사 학위를 취득하며 화제가 되었다. 그녀는 30여 년 동안 연구해 온 이주 노동자 관련 연구 논문으로 박사 학위를 받았으며 심사에 참가한 교수진은 모두 최우수 등급을 주었다. 콜레트 불리에가 이주 노동자에 대해 관심을 갖게 된 것은 이민자들에게 프랑스어를 가르치는 일을 한 것이 계기가 되었다. 그녀의 논문을 지도한 교수는 불리에가 자신이 선택한 주제와 관련된 모든 측면을 아주 면밀하게 이해했으며 이를 통계적인 분석으로 뒷받침했다고 높게 평가했다. 오랫동안의 관찰과 분석이 쌓여 작성된 논문인 만큼 주제에 대한 이해도가 매우 높았을 것이라 짐작할 수 있는 대목이다.

한편 독일에서도 고령의 노인이 박사 학위를 취득한 사례가 있었다. 무려 102세에 박사 학위를 받은 경우로 나치 시절 받지 못했던 박사 학위를 77년 만에 받아 독일 내는 물론 해외에서도 큰 주목을 받았다. 놀랍다 못해 감동스럽기까지 한 이 스토리의 주인공은 잉게보르크 라포포트. 그녀는 1938년 함부르크대학에 제출했던 연구 논문을 수정, 보완해 박사 학위를 취득했는데, 논문을 제출한 당시 그녀가 구술 시험을 볼 수 없었던 이유는 모친이 유대인이기 때문이었다. 이후 오랜 세월이 지나 라포포트가 학위를 받을 수 있는 길은 요원해 보였지만 함부르크의대 학장이 다시 구술 시험을 치르는 방법을 알려주면서 길이 열렸다. 학위를 받기 위해서는 교수 입회 아래 45분간 구술 시험을 봐야 했는데, 그녀는 102세라는 고령의 나이에도 불구하고 지난 70여 년간 이뤄진 디프테리아에 대한 연구를 공부했고 결국 구술 시험을 통과했다.

목적과 결과의 차이

박종섭, 콜레트 불리에, 잉게보르크 라포포트 이 세 명의 박사에게서 볼 수 있는 공통점은 학위 취득과 직업이 서로 연관성을 갖는다는 점이다. 박종섭 박사의 경우 전국 각지에서 전해지는 구비문학을 조사, 분석하는 일을 업으로 삼으며 다양한 활동을 이어갔고, 동시에 50년에 가까운 세월 동안 학업을 이어갔다. 만약 학위 취득이 최종 목표 달성을 위한 중간 단계의 목표였다면 훨씬 빨리 학위를 취득했을 것이다. 박사 학위를 받아야 이룰 수 있는 목표였다면 박사 과정 수료 후 23년간이나 논문 통과를 보류하지는 않았을 것이기 때문이다. 박사 학위 취득이 목적이었다기보다는 오랫동안 업으로 삼아온 일이 결실을 맺는 과정에서 자연스럽게 동반된 결과였을 가능성이 높다.

콜레트 불리에 역시 이주 노동자들에게 프랑스어를 가르치면서 그들에 대해 관심을 갖게 되었고 이들에 대한 연구 논문으로 박사 학위를 받았다. 그녀를 지도한 교수는 불리에가 자신이 선택한 주제에 대해 아주 면밀하게 이해하고 있었고 그것을 객관적인 통계 수치로 뒷받침한 점을 높게 평가했다. 그녀는 모든 심사진에게 최우수 등급의 성적을 받았는데, 이것은 오랫동안 쌓아온 직업적 커리어가 학업 성취에 지대한 영향을 미쳤음을 반증한다.

잉게보르그 라포포트는 모친이 유대인이라는 이유로 구술 시험을 보지 못해 학위 취득에 실패했지만, 70여 년이 지난 후 진행되지 못했던 절차를 다시 밟아 결국 소아과 박사 학위를 취득했다. 그녀는 70년 동안 많은 연구 개발이 이루어졌다는 것을 감안해 제출했던 논문을 수정, 보완했고 가족과 지인의 도움을 받아 구술 시험을 위한 공부를 진행했다. 무려 100세가 넘는 고령의 나이에도 박사 학위 취득에 필요한 과정을 통과할 수 있었던 이유는 그녀가 일평생 학자의 삶을 살았기 때문이다. 즉 박사 학위와 상관없이 학자로서 연구를 지속했고, 그 직업적 커리어가 오래전에 부당하게 박탈당한 기회를 되찾아준 것이라고 봐도 무방하다.

사실 고령의 나이에 보이는 학습 능력, 학업 성취도인 만큼 나이를 감안해 평가 기준을 낮췄을 거라고 짐작할 여지는 있다. 하지만 설사 그렇다 치더라도 이들이 보여준 성과가 평가절하되어서는 안 된다. 결국 현재의 그 평가 기준이란 것도 이들이 속한 세대의 연구와 분석을 통해 정립된 체계이기 때문이다. 특히 이들의 박사 학위 취득은 목적이 아닌 직업적 커리어와 연동된 평생의 성과가 결실을 맺는 과정에서 드러난 결과에 가깝다. 그런 만큼 최종 목표 달성을 위한 중간 단계의 목표로서 학위를 취득한 경우보다 더 높게 평가되어야 하며 이것이 이들이 보여준 목적과 결과의 차이이다.

늦은 나이는 없다,

포기하지 않으면

가수 **앙헬라 알바레스**

시인 **시바타 도요**

90대 최고령 신인

2022년 11월, 라틴 그래미 어워드에서 백발의 여성 가수가 신인상을 수상하는 보기 드문 풍경이 펼쳐졌다. 수상자는 95세의 앙헬라 알바레스 그녀는 수상 후 "나는 포기하지 않고 싸웠다. 포기하지 않는 한, 때가 늦었다고 할 것은 결코 없다"는 소감을 남겼다.

95세에 신인상을 수상한 만큼 그녀의 데뷔는 많이 늦은 편이었다. 하지만 그녀가 어느 날 갑자기 가수가 된 것은 아니다. 가수 데뷔 전에도 수십 년간 작곡을 하며 음악과 동행하는 삶을 살았다. 그럼에도 데뷔를 하지 않은 이유는 가수는 하지 않았으면 좋겠다는 아버지의 뜻 때문이었다.

이후 그녀는 쿠바 혁명을 피해 미국으로 이민을 갔다. 그리고 남편과 막내딸을 잃었다. 부모이긴 하지만 타의에 의해 꿈을 접고 배우자와 자식을 잃는 고통을 겪는 와중에도 그녀는 기타를 손에서 놓지 않았다. 음악이 그녀의 삶에 위로가 되었기 때문이다. 그렇게 음악에 기대어 험난한 삶을 살아낸 그녀는 90세가 되던 해 LA에서 첫 콘서트를 열었다. 그리고 4년 후 작곡가 겸 제작자로 활동하는 손자의 도움을 받아 첫 앨범을 발매했다. 이듬해 2022년, 알바레스는 그 앨범으로 라틴 그래미 어워드에서 신인상을 수상했다.

일본의 시인 시바타 도요 역시 92세에 처음 시를 쓰기 시작해 98세에 첫 시집을 출간했다. 그녀의 시집은 6개월 만에 70만 부라는 판매고를 올렸다. 시집을 읽은 독자들은 그녀의 시가 살아가는 데 필요한 용기를 북돋아 준다고 평가했다. 100년에 가까운 세월을 살아온 만큼 그녀가 쓰는 시 안에는 인생이 녹아 있다는 것이다.

시바타의 경우 알바레스처럼 평생 글을 써 온 것은 아니었다.

부유한 집의 외동딸로 태어났으나 아버지가 가산을 탕진하는 바람에 중도에 학업을 그만두고 일을 해야 했다. 숙박집과 식당 등에서 허드렛일을 하며 생계를 꾸려가던 중 20대 때 결혼을 하고 한 차례 이혼을 했다. 이후 33세에 평생의 반려자를 만나 아들을 하나 두었다. 그렇게 90년이 넘는 세월을 사는 동안 글쓰기는 그녀의 삶과 무관했다.

시바타가 시를 쓰게 된 계기는 나이가 들고 신체 기능이 퇴화하면서 취미였던 일본 무용을 더는 할 수 없게 되면서부터였다. 시인인 아들 겐이치가 어머니인 시바타에게 시를 써보라고 권한 것이 계기가 되었다. 이후 어머니의 재능을 알아본 아들은 신문사에 투고해 볼 것을 제안했다. 겐이치의 예상대로 그녀의 시는 무려 6,000:1의 경쟁률을 뚫고 〈산케이신문〉 1면에 실리게 되었다.

시 작법에 대해서는 전혀 아는 바가 없던 시바타의 시가 메이저 언론 심사위원의 까다로운 기준을 만족시킬 수 있었던 것은 그녀의 시 안에 솔직함과 순수함이 있었기 때문이다. 때로는 심오한 문학적 역량보다 꾸밈없는 순수함과 인생 경험에서 오는 묵직한 연륜이 대중의 마음을 움직이기도 한다. 〈산케이신문〉에 실린 그녀의 시를 보고 시집 출판을 제안한 아스카신서의 출판 담당자도 그런 사람 중 한 명이었다. 처음 시바타는 시집 출간 제안이 진심일까 의심하는 눈치였으나 잘 만들겠다는 간곡한 설득 끝에 허락을 했고 그렇게 탄생한 것이 시바타 도요의 첫 번째 시집 〈약해지지 마〉이다.

현재 그녀의 시집은 일본 외에도 번역되어 세계 각국에 출판되어 있다. 지금은 젊은 층도 그녀의 시를 좋아하지만 전통적으로 60대 이상의 독자들이 열광적인 반응을 보였다. 그녀의 시를 보며 돌아가신 어머니가 생각난다거나 연로하신 부모님을 간병하고 있는데 용기가 난다는 것 등이 주된 반응이다.

100년이 넘는 세월을 산다는 것은 인생의 희로애락은 물론 가족, 친척, 지인들의 죽음 역시 수없이 지켜본다는 뜻이기도 하다. 세월의 흐름에 따라 변화하는 세상, 그런 세상 속에서도 변하지 않은 진정한 가치, 나이와 상관없이 이루고 싶은 꿈, 소망 등 그녀의 시에는 순수하고 강한 긍정의 힘이 있다. 그 강력한 힘 덕분에 대중들은 그녀가 세상을 떠난 후에도 약해지지 말라는 그녀의 응원에 귀기울이고 있다.

포기하지 말고 약해지지도 말라고 한 이유

—

95세에 신인상을 수상한 앙헬라 알바레스는 수상 소감으로 자신은 포기하지 않고 싸웠다고 말했다. 98세에 첫 시집을 출간한 시바타 도요는 제목을 '약해지지 마'로 하였다. 이들이 포기하지 말고 약해지지 말라고 하는 이유는 그것이 꿈을 이루기 위한 전제 조건이기 때문이다. 물론 그 꿈이라는 게 사람들의 주목을 받고 인기를 얻으며 선망의 대상이 되는 것을 말하는 것은 아니다. 100년이 넘는 세월을 산 이들은 대중들로부터 받는 폭발적인 인기가 찰나의 순간이 지나면 사그라진다는 것을 잘 알고 있다.

이들이 포기하지 말고 약해지지 말라고 한 이유는 하고 싶은 일이 있다면 주변의 시선과 말, 상황에 흔들리지 말고 해내라는 격려를 하기 위해서다. 물론 이들의 말이 크게 와닿지 않을 수도 있다. 누가 포기하고 싶어서 포기하며 약해지면 안 된다는 걸 몰라서 약해지겠는가라고 생각할 수도 있다. 하지만 90세가 넘는 나이에 용기를 내서 하고 싶은 일에 도전한 이들의 말이라면 그 말의 행간을 한 번 더 찬찬히 들여다볼 필요는 있다.

100세 시대라고는 하지만 90세가 넘도록 왕성하게 활동하는 경우가 흔한 것은 아니다. 심지어 예전에는 90세란 나이를 죽을 날만 기다리고 있다는 뜻을 가진 졸수卒壽라고 부르기도 했다. 그 기준으로 보면 죽을 날을 목전에 둔 사람이 무언가에 도전한다는 게 이상해 보일 수도 있다. 하지만 이들은 포기하지도 약해지지도 않았고 결국 개인의 만족을 넘어 많은 사람들에게 위로와 용기를 주었다. 나이에 대한 편견을 가진 사람들보다 더 오랜 세월을 살아온 그들은 하고 싶은 일을 하는 데 나이는 아무런 문제가 되지 않는다는 것을 잘 알고 있었기 때문이다.

사실 어떤 측면에서 보면 이들의 수고는 인간이 발휘할 수 있는 최고치의 노력이라고 할 수 있다. 기대수명은 늘어났지만 90세를 넘기지 못하고 세상을 떠나는 사람은 여전히 존재한다. 100세란 나이 역시 대다수의 사람들이 누릴 수 있는 천수는 아니다. 그런 상황에서 이들은 앞으로 살아갈 날보다 살아온 날이 훨씬 더 많음에도 불구하고 그때까지 하지 못했던 일들을 해냈다.

이들의 성취가 더 의미 있는 이유는 현대인들은 이미 (초)고령화사회에서 살고 있기 때문이다. 90세가 넘은 나이에 신인 가수로 그리고 시인으로 데뷔한 이들에게 대중이 열광하는 이유에는 하고 싶은 일을 하는 데 나이는 전혀 문제가 되지 않는다는 것을 확인한 것에 대한 기쁨도 포함되어 있다. 그러므로 포기하거나 약해지지 않고 지금 내가 할 수 있는 모든 일에 최선을 다할 필요성은 충분히 있다.

" 그들은 자신의 일을
사랑할 줄 알았다 "

이 챕터에서 다룬 성공 스토리의 주인공들은 나이를 초월했다는 공통점을 가지고 있다. 초월이란 단어에는 어떤 한계나 표준을 뛰어넘었다는 의미가 담겨 있다. 즉 나이가 갖는 한계를 초월했다는 뜻이다. 자주 이야기했듯 나이는 어떤 일을 하는 데 아무런 문제가 되지 않는다.

물론 이런 반론도 제기할 수는 있다. 나이를 먹는다는 것은 필연적으로 노화가 진행된다는 것이고 그만큼 신체 기능, 인지 능력이 떨어지는 것이다. 그래서 나이를 먹어가는 만큼 한계는 늘어난다. 그런데 이 반론에는 허점이 있다. 인간의 능력을 신체 기능이라는 틀 안에 가두고 한정해서 보고 있기 때문이다. 더구나 그 틀 안에서 본다고 하더라도 우리는 이미 예외의 경우를 알고 있다. 57세에 운동을 시작해 62세에 머슬 마니아 세계 대회에서 3위에 오른 장래오 선수가 좋은 예이다.

인지 능력 측면에서 보더라도 우리는 박종섭, 콜레트 불리에, 잉게보르그 라포포트의 사례에서 80~90대 심지어 100세가 넘은 나이에도 박사 학위를 취득할 수 있다는 것을 확인했다. 이들은 수십 년간 이어진 직업적 커리어의 결실을 맺는 과정에서 학위 취득까지 이뤄냈으며, 우리는 그들의 성취가 사회 구성원들에게 어느 정도의 영향력을 미치는지 잘 알고 있다.

70이 넘은 나이에도 여전히 현역으로 왕성하게 활동하는 김정자 디렉터와 메이 머스크, 80세에도 여전히 글을 쓰고 있는 시민 기자 이숙자, 90세가 넘어 데뷔한 앙헬라 알바레스, 시바타 도요의 사례는 인간이 나이를 먹는다고 능력치가 급격히 퇴화하는 것이 아니라는 것을 잘 보여준다. 나이를 먹었다는 것 자체보다 포기하고 싶은 마음, 약한 의지, 나이에 대한 고정 관념이 더 강력하게 인간의 가능성을 훼손한다는 것도 알려주고 있다.

성공 스토리의 주인공들도 혼자만의 힘으로 모든 성과를 낸 것은 아니다. 그들에게는 조력자가 있었고 해낼 수 있다고 독려하는 사람들도 많았다. 몸소 할 수 있다는 것을 증명해 준 이들도 있었다. 그렇다면 나이는 아무런 문제가 될 수 없다는 것만

알면 이들이 이뤄낸 성과를 누구나 낼 수 있을까? 한 가지 더 알아야 할 것이 있다. 이들이 갖고 있는 또 다른 공통점이 있기 때문이다.

이헌국 작가와 모제스 할머니는 작품 한 점을 완성할 때마다 너무 기쁘고 행복하다고 말한다. 인지 능력이 남아 있을 때까지 글을 쓰고 싶다는 이숙자 기자 역시 자신의 일을 진심으로 아끼고 있다.

이들의 또 다른 공통점은 바로, 자신의 일을 사랑할 줄 안다는 것. 이것이 나이가 갖는 고정 관념을 초월한 사람들의 또 다른 특징이다. 물론 어떤 일이든 매 순간이 행복하고 좋기만 할 수는 없다. 하지만 자신이 세운 목표를 끝내 달성하는 사람들은 그 순간들조차 필요하다는 것을 인정한다. 장래오 선수가 세계 대회에서 우수한 성적을 낼 수 있었던 것은 눈물이 쏙 빠질 만큼 혹독한 훈련을 거쳤기 때문이다. 모제스 할머니 역시 처음 그림을 그렸을 때는 형편없는 수준이었으나 워낙 열심히 배워 빠른 속도로 그림 실력이 늘었다. 이것은 어떤 일을 해서 기쁨과 보람을 얻으려면 그에 상응하는 수고와 노력을 들여야 한다는 것을 의미한다.

대상이 무엇이든 무언가를 사랑한다는 말은 참고 견딘다는 뜻도 내포하고 있다. 원하는 성과를 냈을 때 기쁜 것은 그 과정에서 수고하고 인내했기 때문이기도 하다. 즉 어떤 일을 하기에 늦은 나이는 없다는 것을 증명한 사람들은 어려움이 있어도 그것을 감내하며 자신의 일을 사랑한 사람들이다.

CHAPTER

4

하던 일이나

잘하라고

아니,

전직으로 인생을 바꾼

사람들

경단녀,

공차를 만들다

공차코리아 김여진 전 대표

대기업을 제친 경단녀
—

일본에는 스타벅스보다 잘 나가는 버블티 브랜드가 있다. 우리나라에도 잘 알려진 공차가 그것이다. 공차 브랜드의 일본 매출은 놀랍게도 우리나라로 들어온다. 원래는 대만에서 만들어진 음료가 우리나라 기업 상품이 되어 일본 진출까지 하게 된 것인데, 믿기 어려운 그 스토리의 중심에는 공차코리아의 김여진 전 대표가 있다.

김 대표가 공차를 처음 만난 것은 결혼 후 남편을 따라 싱가 포르에 머물고 있을 때였다. 당시 경단녀(경력 단절 여성)이자 전업주부였던 김 대표는 우연히 공차 매장에 들렀다가 고급스러운 밀크티 맛에 눈이 번쩍 뜨였다고 한다. 이 브랜드를 한국에 가져가 가맹점 한 개만 운영하면 너무 좋겠다는 생각이 든 김 대표는 공차를 만든 대만 본사의 문을 두드렸다. 하지만 20대 후반 경단녀의 제안을 귀담아 들어주는 사람은 없었다. 더구나 당시 우리나라의 몇몇 대기업이 공차 브랜드를 국내에 들여오기 위해 물밑 작업을 벌이고 있는 상황이라 김 대표가 판권을 따낼 가능성은 없어 보였다.

하지만 김 대표는 싱가포르에 있는 공차 매장 40여 개를 모두 방문해 고객 반응을 파악하고 이를 바탕으로 보고서를 제출하는 진정성을 보였고, 결국 1년여 만에 한국 내 프랜차이즈 권한을 따내는 데 성공했다. 그 과정에서 강력한 조력자의 도움이 컸는데 조력자는 바로 김 대표의 남편인 마틴이었다. 31살이란 나이에 스탠다드차타드은행 한국 법인 최연소 전무를 역임할 정도로 금융계에서 손꼽히는 전문가인 마틴은 금융 시장의 생리에 대해 잘 알고 있었다. 그는 이러한 노하우를 십분 살려 아내를 적극적으로 지원했고 그의 협상력이 더해지면서 김 대표는 공차의 판권을 따낼 수 있었다.

이후 김 대표는 공차 홍대점을 1호 매장으로 한국에서 사업을 확장시켰고, 2년 만에 가맹점이 200여 개를 넘어설 정도로 대성공을 거두었다. 한국에서 가맹점 한 개만 운영하면 너무 좋겠다는 생각으로 시작한 일이 상상도 못할 만큼 커진 것이었다. 이에 부담을 느끼던 김 대표는 공차코리아를 사모펀드 운용사인 유니슨캐피털에 매각했고, 이후 유니슨캐피털이 공차의 본사인 대만 로열티 타이완을 인수하면서 공차는 우리나라 브랜드가 되었다. 공차를 한국에 들여와 가맹점 200여 개에 달하는 규모로 성장시킨 김 대표의 열정이 만들어 낸 결과였다. 이후에도 공차는 가맹점이 390여 개에 달할 정도로 승승장구했고, 한국 브랜드로서 일본에 진출해 현재까지 높은 인기를 구가하고 있다.

김 대표의 성공 스토리는 우리에게 무엇을 말해줄까? 김 대표가 거둔 성공을 두고 혹자는 남편 마틴의 비범한 경력이 없었다면 그의 도전이 현실화되기 어려웠다고 말한다. 김 대표가 평범한 주부였을지는 몰라도 남편은 평범하지 않다는 얘기다. 그래서 노력만으로 성공할 수 있다는 무책임한 조언은 지양하는 것이 옳다고 주장한다.

노력과 열정에 대한 과대 평가를 멈추고 출발점의 차이를 인정해야 한다는 지적은 가진 거라고는 '노력'밖에 없다고 느끼는 사람들에게 박탈감을 안겨줄 수 있다. 이러한 주장은 도전하려는 사람들을 무력화시킬 수 있다.

그 무력함을 극복하기 위해서는 관점을 바꿔야 한다. 즉 상대가 가진 우위를 내가 도달할 수 없는 차원에 속한 것으로 우러러보지 말고 각자가 가진 다른 배경으로 볼 필요가 있다. 김 대표가 공차의 국내 판권을 얻기 위해 대만 본사의 문을 두드렸을 때 이미 국내 굴지의 대기업과 유명 외식업체들이 공차의 판권에 눈독을 들이고 있었다. 현재 한국에 들어와 있는 쉑쉑버거를 SPC가 도입하고 파이브가이즈가 한화갤러리아를 통해 국내에 진출하는 것과 유사하다.

하지만 대만 본사는 김 대표의 손을 들어주었다. 그것은 금융 전문가인 마틴의 경력이 대기업의 인프라와 자금 동원력보다 유리해서가 절대 아니다. 오히려 대기업&마틴의 구도로만 보면 김 대표 측이 훨씬 불리했다. 그런데 공차를 만든 본사가 원한 것은 수익성 때문에 레시피를 바꾸지 않을 경영인이었고 이에 김 대표가 낙점을 받은 것이다.

결정권을 쥐고 있는 상대가 무엇을 원하느냐에 따라 출발점의 차이는 얼마든지 다르게 적용될 수 있다. 보편적으로 받아들여지는 관념을 무조건적으로 수용하는 것은 위험하다는 뜻이다. 내가 가진 조건이나 배경이 뒤처지는 것처럼 보이더라도 오히려 그것이 강점이 될 수 있다. 그런 기회를 찾아내고 발굴하는 것이 중요하며 그것은 올바른 목표 설정의 한 방법이기도 하다.

잘할 수 없는 일에 욕심 내지 않기

—

공차코리아 매각으로 약 340억 원의 투자 수익을 낸 김 대표는 싱가포르에 있는 트램펄린 실내 체육관을 국내로 들여와 사업화했고 1년 만에 총 5곳의 매장을 오픈하는 성과를 거두었다. 이후 지분 100%를 아이에스동서에 235억 원에 매각하면서 또 한 번의 성공 사례를 남겼다.

'공차' 신화에 이어 '바운스 트램폴린 파크'의 성공적 매각은 김 대표에게 두 번 연속 성공이라는 큰 성과를 가져다 주었다. 국내 경제지에서는 그녀의 성공 비결에 대한 분석 기사를 내보냈고 IB 업계 관계자는 "기업 인수합병M&A을 전문으로 하는 사모펀드PEF들도 넘보기 힘든 성과"라고 평가하기도 했다.

김 대표는 공차코리아의 경영권을 넘긴 후 육아에 전념하고자 했지만 아들과 함께 싱가포르에 거주하면서 트램펄린 시설이 갖춰진 실내 체육관을 접한 뒤 한국에 들여가면 성공하겠다는 확신이 들었다고 한다.

결국 두 번째 창업을 한 김 대표는 3년 만에 총 5개의 바운스

트램폴린 파크 매장을 오픈하는 성과를 냈고 이후 지분 100%를 매각하며 경영에서 손을 뗀다. 아들이 있는 싱가포르와 한국을 오가며 일하는 게 쉽지 않다는 것이 주된 이유였다. 그러면서 마음먹은 것을 사업화하는 감은 있어도 규모가 커진 회사를 체계적으로 운영하고 관리하는 재주는 자신에게 없다는 결론을 내렸다는 점도 덧붙였다.

김 대표의 성공 스토리를 보면 추진력과 실행력 면에서는 타의 추종을 불허하는 역량을 보여준다는 것을 알 수 있다. 어지간한 사람이면 '상식'이라는 명분으로 대기업과의 경쟁을 피하고도 남을 상황에서 결국 공차코리아의 판권을 따내는 데 성공하고 2년 만에 가맹점 200개가 넘어갈 정도로 대중의 니즈를 정확하게 파악하고 파고드는 감각도 뛰어나다.

보통 이런 경우 자신의 능력을 과신하는 함정에 빠지기 쉬운데, 김 대표는 스스로의 한계를 냉철하게 파악하고 가장 이상적인 결과가 도출되는 방향으로 마침표를 찍는다. 손안에 쥔 것을 내려놓음으로써 더 큰 것을 얻은 셈이다.

영화 〈와호장룡〉을 보면 이런 대사가 있다. "주먹을 꽉 쥐면 그 안에 아무것도 없지만, 주먹을 펴면 그 안에 모든 것이 있다." 김 대표는 손안에서 키운 사업을 꽉 쥐지 않고 내려놨고 주먹을 펴 또 다른 것을 담을 수 있게 비워놓았다. 우리는 여기서 또 하나의 성공 법칙을 발견할 수 있다. 흔히 '끈기'가 있어야 성공한다고 여기지만 끈기를 가져야 할 때와 내려놓아야 할 때를 구분하는 것이 더 중요하다. 끈기를 잘못 발휘하면 아집과 독선으로 변질될 수 있다. 내가 잘할 수 없는 일에까지 욕심을 부리지 말라는 뜻이다. 그런 면에서 김 대표의 성공 사례는 끈기보다 끊기가 중요할 때가 있다는 것을 잘 보여주는 사례이기도 하다.

낚시꾼 스윙의

창시자

골프 선수 최호성

골프 역사상 가장 말도 안 되는 스윙
—

필드에서 그는 불굴의 골퍼로 통한다. 그가 프로 골퍼가 된 과정도 남다르거니와 2004년부터 지금까지 단 한 해도 쉬지 않고 활발한 투어를 하는 것에서도 그의 의지를 엿볼 수 있다. 다른 사람들은 프로로 데뷔해 전성기를 누리는 나이에 뒤늦게 골프에 입문한 최호성 선수는 다른 사람들보다 불리한 조건을 갖고 있었다. 포항 수산고등학교 재학 시절 참치 가공 공장에 실습을 나갔다가 엄지손가락 첫마디가 절단되는 사고를 당했다. 4 등급 장애 판정을 받은 그는 졸업 후 안양 베네스트 CC에서 계약직 영업 사원으로 사회생활을 시작했다. 그러다 재미 삼아 쳐본 샷이 인생을 바꾼 계기가 되어 프로 선수치고는 비교적 늦은 나이에 골프에 입문하게 된다. 그때 그의 나이 25세였다.

"내 스윙은 100% 내가 만들었습니다."

그는 골프 역사상 가장 말도 안 되는 스윙이라는 평가를 받는 낚시꾼 스윙의 창시자이다. 주변에 물어볼 사람도 없고 무작정 연습만 하다 보니 자신한테 가장 잘 맞는 폼이 나온 게 낚시꾼 스윙이었다는 그는 골프채를 손에 쥔 지 1년 만에 세미프로가 됐다. 놀랄 정도로 빠른 성장을 이룬 최호성 선수는 1999년 가을부터 KPGA 2부 투어에서 선수로 뛰기 시작하며 직장이던 안양 CC에서 퇴사했다. 그리고 냉정한 현실과 마주했다.

그의 표현에 따르면 아무 '족보'도 없는 무명 선수에게 연습 공간은 사치였다. 어쩔 수 없이 여러 연습장을 전전하던 중 경기도 광주시에 위치한 한 골프 연습장에서 배려해 준 덕분에 샷을 갈고 닦을 수 있었다. 그 후 그는 2부 투어에서 두 차례나 우승하는 성과를 올렸다. 이때 그의 독특한 스윙 자세 또한 확립되었는데, 2004년 코리안투어에 진출했을 때도 그의 스윙은 예전과 다름이 없었다. 프로가 됐지만 따로 비용을 지불하고 스윙을 배울 형편이 안 되었다는 그는 스윙을 할 때 볼을 멀리, 원하는 지점으로 보내는 것만 생각할 뿐 다른 건 염두에 두지 않는다고 한다.

2008년 마침내 하나투어 챔피언십에서 투어 첫 승을 한 그는 2011년에는 레이크힐스 오픈에서 2승을 올리는 쾌거를 거둔다. 그리고 마흔이 되던 해 일본프로골프 투어에 도전장을 낸다. 처음에는 그의 이러한 도전을 무모하다고 보는 이들이 절대 다수였다. 하지만 최호성은 코리안투어 때보다 더 좋은 성적을 내며 제2의 전성기를 열었다. 이후 2013년 인도네시아, 2018년 카시오월드, 2019년 헤이와 PGA 챔피언십에서 3연승을 올리며 선수 생활의 정점을 찍는다. 굵직굵직한 대회들을 거치며 그의 '낚시꾼 스윙'이 SNS에서 화제가 되자 그는 미국프로골프 투어 대회에 초청 선수로 참가하는 행운도 얻게 된다.

골프에 입문한 지 25년이 지난 지금도 그는 한국과 일본을 오가며 열정적으로 대회에 참가하고 있다. 성적과 유명세, 골프 선수로서의 성취감까지 다 얻었는데도 그는 여전히 도전하고 있다. 초등학교 때부터 시작한다는 엘리트 코스를 밟지 않아도 어느 프로 못지않은 성과를 낼 수 있다는 걸 증명한 그는 여전히 왕성하게 활동하며 많은 이들의 응원과 지지를 받고 있다.

최고령 시드권자

———

골프 연습장의 초록색 그물망을 보고 닭장이라고 생각할 만큼 골프에 문외한이었던 최호성 선수가 골프에 입문하게 된 계기는 의외로 단순하다. 그저 재미 삼아 샷을 치다 제대로 맞은 공이 200m가량 날아가 떨어지는 것을 보고 짜릿한 쾌감을 느꼈다고 한다. 이후 제대로 골프를 해보고 싶은 마음에 입문하게 되었는데 사소한 경험이 계기가 되었지만 입문한 후 그는 혹독한 훈련을 거쳐 골프 선수로서 큰 성과를 거둔다. 그리고 데뷔 25년이 지난 지금도 최고령 시드권자로 필드를 누비고 있다. 2023년 시즌 한국프로골프 투어에서 유일한 50대인 최호성 선수는 아직까지 체력적으로 문제가 없다며 앞으로 자신 같은 선수가 많아졌으면 한다는 바람을 내보인다.

최고령 시드권자라는 타이틀을 얻기 전 그는 '낚시꾼 스윙'으로 미디어의 주목을 받았다. 역사상 가장 위대한 골프 선수 중한 명으로 평가받는 타이거 우즈도 최호성의 스윙을 보고 놀라운 동작이라며 호평한 바 있다. 하지만 스윙 동작이 정석적이지 않다며 혹평하는 반응도 있었다. 이에 최 선수는 어린 후배 선수들에 비해 힘과 유연성이 떨어지기 때문에 샷에 최대한 힘을 싣기 위해 개발한 자세라고 반박했다.

골프와는 전혀 상관없는 삶을 살다가 순전히 재미로 쳐본 샷이 계기가 되어 골프에 입문한 최호성 선수의 사례는 늦게 시작했다고 해서 늘 뒤처지기만 하는 것이 아니라는 것을 알려준다. 많은 사람들이 일찍부터 한 분야를 파고들어야 남들보다 빨리 자리를 잡고 더 유리하다고 생각하지만 그것은 하나는 맞고 하나는 틀린 생각이다.

일찍 시작하면 상대적으로 빨리 자리를 잡는 것은 맞지만 반드시 더 유리하지는 않다. 늦게 시작한 사람들은 자기 역량과 성향에 대해 충분히 숙고한 후 자신에게 잘 맞는 자리를 찾아간 경우가 많기 때문에 늦게 시작하는 불리함을 극복하는 속도도 빠르다. 따라서 일찍 시작한 사람들이 갖는 우위가 언제까지나 지속되는 것은 아니다.

사실 제대로 선수 한 명을 키우려면 초등학교 때부터 시작해야 된다는, 다분히 마케팅 전략과도 같은 말이 우리나라만큼 통용되는 나라도 드물다. 무언가 새로운 일을 시작한다고 하면 하던 일이나 잘하라는 핀잔이 돌아오는 경우도 부지기수다. 하지만 인생을 바꾼 사람들은 하던 일이나 잘하는 사람들이 아니라 마음이 시키는 대로 도전한 사람들이었다.

최호성 선수 역시 그렇게 인생을 바꾼 경우이다. 특히 그는 체계적으로 지도해 주는 코치도 없이 오직 독학으로 자기 길을 개척했다. 그리고 온전히 자신만의 노하우를 갖게 되었다. 그가 밝힌 대로 낚시꾼 스윙은 어리고 젊은 선수들에 비해 떨어지는 힘과 유연성을 보완하기 위해 그가 고안한 방법이다. 그런데 최호성 선수가 약점을 보완하는 방식은 다른 경우에도 적용할 수 있다.

어떤 일을 하고 있든 내가 약한 부분이 무엇인지를 알고 그것을 나만의 방법으로 해결할 줄 알면 일찍 시작했다는 우위 정도는 수월하게 넘길 수 있다. 중요한 건 문제를 해결하는 능력이지 그동안 흘러간 시간의 양이 아니기 때문이다.

무언가를 준비하고 있어야 한다는 필요성을 느끼지 못하고 있다가 발등에 불이 떨어졌다고 느껴 허둥지둥 할 일을 찾는 경우도 마찬가지다. 늦었다고 생각하는 것은 내 마음이지 절대적인 기준은 아니다. 어떤 일을 시작해야 한다, 혹은 시작하고 싶다는 마음이 든 그 순간이 그 사람에게는 가장 빠른 때이며, 중요한 건 그 이후의 시간을 얼마나 충실하고 의미 있게 보내느냐 하는 것이다.

최호성 선수의 골프 입문은 다른 사람이 보기에는 많이 늦은 시기였다. 하지만 그는 혹독한 훈련과 자기만의 노하우로 일찍 시작한 누구와 비교해도 뒤처지지 않는 성과를 냈고 가장 오랜 기간 동안 투어에 참가하고 있다. 결국 인생을 살면서 내리는 선택이 옳았는지 또는 틀렸는지는 자신이 만들어가는 것이다. 인생을 바꾸는 것은 하던 일이나 잘하라는 타인의 말이 아닌 새로운 일을 시작하고 싶은 내 마음이다.

대기업보다

창업

김&선부동산 **김학준 대표**

토투컴퍼니 **남수미 대표**

인생 1막이 2막에 미치는 영향

—

대다수 사람들의 인식과는 다르게 대기업을 다니다가 퇴직한 사람들의 노후는 그렇게 안정적이지 않다. 그러다 보니 퇴직 후 재취업 자리를 알아보거나 창업 준비를 하는 사람들이 많은데, 지금의 은퇴 세대가 거치는 과정을 20년 전에 미리 경험한 사람이 있다. 김&선부동산의 김학준 대표다.

서울대 공대 출신인 김학준 대표는 삼성중공업을 거쳐 27년간 삼성맨으로 일하다 2000년 말 삼성자동차 상무이사로 퇴직했다. 그는 퇴직 후 이전과는 전혀 연관성이 없어 보이는 새로운 직업을 선택했다. 부동산 공인중개사였다. 2003년 10월부터 입주가 시작된 강남구 도곡동 타워팰리스 1차에 부동산 중개사무소를 차린 그는 수십 명의 경쟁자를 제치고 타워팰리스 단지 상가에 '입점'했다.

당시 삼성은 고급아파트에 걸맞게 부동산 중개업소도 수준이 높아야 한다고 봤다. 그래서 외국인을 상대할 수 있어야 한다는 자격 조건을 내세웠고 수준급의 영어, 일어 실력을 갖춘 김학준 대표가 최종 선정되었다. 하지만 그가 공인중개사 일을 잘 해낼 수 있을지 주변에서는 걱정을 했다고 한다. 이에 김 대표는 부동산이야말로 무궁무진한 잠재력을 가진 분야라며 주변의 우려를 불식시킨다.

2003년 당시에도 10년 전부터 시작했어야 한다고 말한 김학준 대표는 타워팰리스 단지 내 상가에 입점할 때 자신의 성姓과 부인 이름을 따 김&선부동산이라고 간판을 걸고 공인중개사로서 인생 2막의 첫 걸음을 내딛었다. 그리고 20년이 지난 지금 김&선부동산은 여전히 타워팰리스 단지 내에서 영업을 계속하고 있다.

지금의 4050세대가 인지하는 인생 2막의 개념과 20년 전은 당연히 차이가 있다. 하지만 직장 생활을 하며 쌓은 역량이 은퇴 후의 진로에 큰 영향을 미쳤다는 점에서 김학준 대표의 사례에서 배울 수 있는 바가 적지 않다. 대기업 임원에서 공인중개사로 변신하면서 그는 영어, 일어 외에도 중국어까지 공부했고 이것은 인생 2막을 살아내기 위한 준비이기도 했다. 그리고 20년이 지난 지금 김&선부동산은 여전히 건재하다. 이것은 어떤 일을 하든 자기 계발과 발전이 수반되어야 오랫동안 지속할 수 있고, 한 번의 성공에 도취되어 안주해 버리면 지속성을 장담하기 어렵다는 것을 알려준다.

한편, 김학준 대표처럼 은퇴가 아니라 다니던 도중 퇴직을 선택해 창업을 하는 경우도 많다. 토투컴퍼니의 남수미 대표가 그런 사례다. 그녀는 15년 동안 근무하던 대기업에서 퇴사해 스타트업을 창업했고 성분과 안전성, 패키지에 많은 공을 들인 유기농 생리대 '피아'를 발매했다.

남수미 대표는 15년간 대기업 홍보팀에서 근무하다가 퇴사해 창업한 후 직장 생활이 많은 도움이 되었다고 한다. 그녀에게 15년간의 회사 생활은 창업 후 어려움에 처했을 때보다 유연하게 해결할 방법을 찾을 수 있는 여유를 주었고, 직장 생활을 하면서 만났던 좋은 사람들과의 인연도 많은 도움이 되었다고 한다.

인생 2막을 준비하고 있는 4050 예비 창업자에게 남수미 대표는 어떤 일을 하기에 늦은 나이는 없다고 생각하는 자세가 필요하다고 조언한다. 무엇이든지 빨리 시작해야 앞서 나갈 수 있다고 생각하는 세상이지만 창업은 절대 그렇지 않으며 오히려 이전에 쌓았던 노하우와 경험치를 제대로 활용한다면 더 월등한 경쟁력을 갖출 수 있다는 것이 남수미 대표의 지론이다.

그녀는 창업 전에는 사회가 정해준 사지선다 내에서만 선택하면서 객관적인 인생을 살았다고 고백한다. 하지만 내가 정말 좋아하는 게 무엇이고 어떤 일이 잘 맞는지 진지하게 고민하며 주관식 문제의 답을 쓰듯이 주체적으로 살고 싶다는 생각을 했다고 한다. 그러다가 예비 창업 패키지에 선정되어 시제품 제작, 클라우드 펀딩 준비를 하면서 결국 퇴사까지 하게 된다. 그렇다면 그녀는 지금의 생활에 만족하고 있을까? 분명한 건 직장생활을 했던 그때보다 사안을 더 큰 틀에서 바라보는 눈이 생겼고 책임감 또한 더 크게 느끼고 있다는 점이다. 또한 그녀는 어느 정도 경험치를 쌓고 창업을 한 것이 큰 도움이 되었다고 강조하고 있다.

경험과 실력이 곧 자산이다

—

김학준 대표와 남수미 대표는 오랫동안 대기업에서 조직 생활을 한 후 창업을 한 케이스다. 그들이 몸담고 있었던 대기업은 다양한 직무가 세분화, 전문화되어 있어 주어진 업무만을 반복적으로 처리하는 경향을 갖는데, 이것은 모든 결정을 스스로 하고 그에 대한 책임도 오롯이 지는 창업과는 상반되는 특성이다.

하지만 김학준 대표와 남수미 대표는 창업 후 대기업에서 일하는 동안 쌓은 역량과 인맥 등이 성과를 내는 데 도움이 되고 있다고 말한다. 이는 대기업에서 조직 생활을 하는 동안 쌓은 경험치와 새로운 일에 필요한 역량이 더해져 시너지 효과를 냈기 때문이다.

김학준 대표의 경우 삼성자동차 상무이사로 은퇴한 뒤 공인중개사로 전직을 했다. 그런데 원하는 자리에 입점을 하려면 외국인 고객을 응대할 수 있어야 한다는 조건을 충족해야 했고, 그는 영어, 일어, 중국어 등 외국어 실력 덕분에 낙점을 받는다. 언어 실력이라는 것은 하루아침에 갖출 수 있는 것이 아니기 때문에 그동안의 자기 계발이 빛을 본 셈이다.

남수미 대표 또한 15년간 대기업 홍보팀에서 일하며 다양한 경험치를 쌓았고 만약 더 어린 나이에 창업을 했다면 어려움을 이겨내지 못했을 거라고 말한 바 있다. 직장 생활을 한 덕분에 어지간한 일은 해결할 수 있는 유연함을 길렀다는 뜻이다. 한번 쌓은 경험치는 어떤 식으로든 활용되기 마련이다. 즉 경험과 실력이 곧 자산이다.

"미리 준비하지 않으면 은퇴 후에 고생한다"는 말은 직군을 막론하고 은퇴를 앞둔 사람들에게 보편적으로 해당된다. 정도의 차이는 있지만 은퇴나 퇴직을 하게 되면 대다수의 사람들이 상실감을 느낀다. 무언가 다른 일을 시작하려면 내가 어떤 사람인지를 스스로 증명해야 하는데, 이전까지는 명함에 적힌 타이틀이 그것을 대신해 주었다. 하지만 퇴직을 하게 되면 그것은 과거형이 된다. 이 시점부터 많은 사람들이 당황하는데 그러다 보니 새로운 기회를 놓치는 경우도 많다.

김학준 대표와 남수미 대표의 경우처럼 꾸준한 준비가 선행되면 그들은 매우 빠르고 안정적으로 전직에 성공한다. 김학준 대표는 수준급 실력을 자랑하는 영어, 일어 실력을 바탕으로 중국어 공부까지 하면서 외국인 고객 응대도 가능한 실력 있는 공인중개사로 변신했다. 남수미 대표 역시 예비 창업 패키지에 선정된 후 이후 프로세스를 진행하며 퇴사한 경우로 그녀는 모든 시간과 역량을 직장에만 쏟아 붓지 않았다.

직장 생활을 하다 퇴직한 사람들이 "회사 내에 있을 때 밖으로 나갔을 때를 준비하라"고 누누이 강조하는 이유가 바로 이것이다. 아무리 수십 년 동안 한 직장에 있었어도 회사와의 관계가 끊어지는 것은 단 몇 초로도 충분하다. 오랫동안 직장 생활을 하다 퇴직한 사람들이 이구동성으로 하는 말에 따르면 퇴사 후 세상과 나를 연결시켜 주는 고리들이 사라진다는 것을 체감하게 된다고 한다.

은퇴 또는 퇴직 후 새로운 일을 시작해 안정적으로 자리를 잡은 사람들은 어떤 식으로든 이러한 상실감과 불안감을 극복한 것이다. 김학준 대표나 남수미 대표처럼 미리 준비되어 있었다면 마음의 동요도 시행착오도 줄어드는 것은 당연한 일이다.

그들이 말하는 것처럼 직장 생활을 하며 쌓은 역량과 경험은 큰 자산이다. 다만 그것을 제대로 활용하려면 회사 내에 있을 때 미리 퇴직 후를 준비해야 하며 새로운 일을 시작하는 데 필요한 역량과 합쳐져야 시너지 효과가 난다. 당장 눈앞의 일에만 몰두하다 날벼락 같은 퇴사를 맞이하게 되면 그만큼 추스르고 회복하는 데 긴 시간이 걸린다는 것을 꼭 기억해야 한다.

창업의 신,
폐업의 달인

K창업연구소 강종헌 소장

창업 컨설턴트가 된 호텔 조리사

1997년 IMF 외환 위기 때부터 창업 및 사업 정리 컨설턴트로 활동해 온 사람이 있다. 호텔 조리사 출신인 그는 음식점은 물론 편의점, 제조업, 유통업, 데이터베이스, 마케팅 회사 등을 직접 운영한 경험이 있고 현재는 소상공인들의 마음을 헤아리는 데 도가 텄다는 평가를 받는다.

특히 폐업으로 어려움에 처한 소상공인 상담에 열과 성을 들이는 걸로 유명한데, '폐업'이라는 두 글자에 수반되는 고난과 역경, 시련을 누구보다도 잘 이해하고 있기 때문이다. 그래서 그는 폐업에 필연적으로 따라붙는 실패의 정서를 거둬내려고 노력하는 사람이다. 폐업도 전략이라고 역설하는 그는 사업을 정리할 때도 절차라는 것이 있다며 지금 당장 어렵다고 자포자기하듯 던지지 말라고 조언한다. 리스크를 줄이는 만큼 밝은 미래를 볼 가능성이 더 커지기 때문이다.

K창업연구소의 강종헌 소장은 창업과 폐업을 반복하며 성공과 실패를 다양하게 경험한 사람이다. 그는 초기에는 음식점을 창업해 운영하다가 권리금을 받고 사업장을 양도해 수익을 챙기는 방식을 취했다. 이후 사업을 더 확장했지만 조류독감, 광우병 등의 여파로 많은 부채를 떠안고 폐업했다. 지금 생각해도 어려운 그 시기를 지나는 동안 폐업은 성공 과정 중에 발생하는 이벤트라는 생각을 하게 되었다고 한다. 이전에는 미처 몰랐던 부분을 알게 되고 부족한 부분을 보완하는 과정을 거치게 되다 보니 폐업 역시 성공으로 가는 과정 중에 겪게 되는 이벤트라는 생각을 하게 되었다.

그는 폐업 절차를 밟고 있다면 무엇이 잘못되어 이 상황까지 오게 되었는지 다시 한번 되짚어 봐야 한다고 강조한다. 25년간 창업 컨설턴트로서 활동해 온 그는 전문성을 갖고 있는 사람들조차 버겁고 어려워하는 것이 창업이라고 결론을 내렸다. 그러므로 부족한 점을 짚고 개선하는 과정은 반드시 필요하다는 것이 그가 세운 원칙이다.

한편 재창업이 아닌 재취업을 원하는 사람도 있기 마련이다. 자영업을 하다 폐업 신고를 한 후 임금 근로자로 전직을 원하는 경우 전직 장려 수당을 신청할 수 있다. 폐업도 하나의 전략이라고 강조하는 강종헌 소장은 폐업 후 전직을 하든 재창업을 하든 리스크를 최소화해 사업을 정리해야 다음을 기약할 수 있다고 역설한다. 때문에 가능한 모든 제도와 지원을 활용해 폐업으로 인한 손실을 줄이는 것은 필수다.

폐업 후 재취업 수순을 밟는 것을 전직이라고 한다면 반대로 임금 근로자로 살아오다 창업을 하는 것 역시 전직이다. 그런데 강 소장은 자영업을 은퇴 없는 직장이라고 여긴다면 꿈에서 깨야 한다고 따끔한 조언을 아끼지 않는다. 현재 대한민국 자영업계는 생계 때문에 창업을 했다가 폐업 후 부채를 안고 재창업으로 이어지는 악순환이 반복되고 있다. 그 악순환의 고리에서 나는 예외일 거라고 생각한다면 그것은 무지한 것을 넘어 무모한 생각이다. 더구나 그것을 깨닫기까지 그리 오랜 시간이 필요한 것도 아니다.

창업의 원칙

창업-폐업-재창업이 악순환이 되는 가장 큰 이유는 폐업과 재창업으로 이어지는 과정에서 부채가 생기기 때문이다. 자본주의 사회에서 부채가 없는 것이 쉬운 일은 아니지만 과도한 부채는 성공보다 실패를 수반하는 경우가 더 많다. 그래서 강종헌 소장은 창업 아이템을 고를 때도 원칙에 입각해 선정해야 한다고 말한다.

우선 수익성이 높은 업종을 선택하는 것이 첫 번째 원칙이다. 당연한 말이지만 창업의 궁극적 목적은 이익의 극대화에 있다. 강 소장은 투자 수익률이 최소 3%는 넘어야 하며 5~8% 정도가 되면 유망 업종이라고 진단한다. 만약 3%가 넘지 않을 경우 투자금 회수 기간이 길어지므로 이때는 아이템 변경을 고려할 필요가 있다.

둘째, 자신이 선호하는 분야의 업종을 선택하는 것이다. 일시적인 유행을 타고 우후죽순으로 생기는 업종을 선택했다가는 경쟁력을 담보할 수 없다. 오랫동안 롱런할 수 있는 경쟁력은 진심을 가지고 열정적으로 파고들 때 갖출 수 있다. 더구나 진심과 열정이 없다면 어려움이 닥쳤을 때 그것을 극복하는 것은 절대 쉽지 않다. 창업은 자신의 기질과 성향을 고려하고 장점을 최대치로 발휘할 수 있는 업종을 선택하는 것이 무엇보다 중요하다. 이 조건이 갖춰져야 지속적인 동기 부여가 가능하다.

셋째, 경험치와 지식을 활용할 수 있는 아이템을 선정하는 것이다. 은퇴나 퇴직 후 창업을 하든 재취업을 하든 사회생활을 하며 터득한 노하우와 지식을 최대한 활용한다면 좋은 결과를 얻을 가능성은 높아진다. 만약 경험이나 지식이 부족하다면 독서나 강의, 컨설팅 등을 통해 만들기라도 해야 한다는 것이 강종헌 소장의 지론이다.

넷째, 성장 가능성이 있는 업종을 선택하는 것이다. 사회에는 엄연히 소비 트렌드라는 것이 존재하며 이것은 소비자들의 욕구가 만들어 낸 흐름이다. 창업은 소비자를 상대로 재화나 서비스를 제공하는 것이 본질이다. 따라서 소비자의 요구와 소비 흐름을 분석해 내는 안목이 필요하며 이를 토대로 성장 가능성이 있는 업종을 선택해야 성공 가능성을 높일 수 있다.

다섯째, 안정성이 높은 업종을 선택하는 것이다. 모든 경제 활동은 수요가 있어야 유지되는 법이며 찾는 사람이 없다면 그 아이템의 경쟁력은 하락할 수밖에 없다. 경기 흐름에 크게 영향 받지 않고 지속적으로 수요가 있는 업종은 그만큼 안정성이 높은 것이다. 또한 프랜차이즈 브랜드 등 이미 검증된 비즈니스 모델을 기반으로 운영되는 아이템을 선택하는 것도 안전성을 높이는 데 유용한 방법이다.

　마지막으로 예산 한도 내에서 업종을 선정해야 한다. 앞에서도 언급했듯이 창업-폐업-재창업으로 이어지는 구도가 악순환이 되는 이유는 과도한 부채가 발생하기 때문이다. 리스크가 큰 만큼 보상도 크다는 위험천만한 생각은 적어도 창업 아이템을 선정할 때는 하지 않는 것이 이롭다. 만에 하나 잘못되더라도 수습 가능한 범위 내에서 일을 추진하는 것은 창업 준비 단계에서 너무나도 중요한 전제 조건이며, 이 조건을 충족하지 못하고 실패한다면 그 실패의 책임은 오롯이 자기 자신에게 있다.

　강종헌 소장이 컨설턴트로서 오랫동안 경쟁력을 유지하는 비결은 현실적이면서도 성공 가능성이 높은 조언과 가이드를 제공하기 때문이다. 그는 창업과 폐업을 반복하며 대한민국에서 자영업자로 살아가는 사람들을 둘러싼 사업 환경에 대한 통찰력을 길렀고 이를 기반으로 가장 유용하고 안전성 높은 컨설팅을 제공한다. 그의 노하우는 창업과 폐업을 반복했던 자신의 경험에 뿌리를 두고 있기 때문에 새로운 일을 시작하려는 사람에게 매우 유용한 가이드를 제공할 수 있다. 그는 창업에도 원칙이 있고 폐업도 전략적으로 해야 한다는 것을 강조한다. 이전과는 다른 새로운 일을 시작하려는 사람이 이 조건을 충족시킨다면 성공 가능성은 그와 비례해 높아질 것이다.

귀농이 아니라

창농이다

농촌에서 길을 찾은 사람들

부농의 꿈

    "할 거 없으면 시골 내려가서 농사나 짓지"라는 말은 이제 옛 말이 되었다. 3차 산업 시대 이후 전자상거래를 통한 농산물 및 가공 식품 거래가 활발해지면서 농촌에는 억대 소득을 올리는 부농富農이 등장하기 시작했다. 도시에서 웬만한 직장에 다니는 사람들보다 고소득을 올리는 부자 농부가 늘어나면서 귀농을 선택하는 사람들도 점차 늘어나고 있다.

귀농의 사전적 의미는 다른 일을 하던 사람이 그 일을 그만두고 농사를 지으려고 농촌으로 돌아간다는 뜻이다. 그런데 지금 농촌에는 귀농을 넘어 각광받는 개념이 있다. 바로 창농이다.

　창농創農을 문자 그대로 풀이하면 귀농 후 창업하는 것을 뜻하지만, 현재 농촌에서 창농이 주목받는 이유는 농촌 문제 해결과 새로운 가치 창출이라는 뜻이 내재되어 있기 때문이다. 귀농의 개념이 넓게 잡아도 농촌 지역 사회에서의 안정적 정착에 한정된다면, 창농은 농촌 사회에 새로운 가치를 정립하고 농촌이 안고 있는 여러 가지 문제를 해결하기 위한 적극적 활동을 포함하고 있는 개념이다.

　농촌에서 가장 시급한 문제 중 하나가 인구 절벽 문제이다. 도시화가 빠르게 진행되면서 농촌의 인구가 대거 도시로 몰리는 현상은 어제 오늘의 일이 아니다. 아주 오랫동안 문제점으로 지목되어 왔고 이를 해결하기 위한 여러 제도적, 정책적 노력이 더해졌지만 이렇다 할 만한 성과는 아직도 요원한 상태다.

　귀농이든 창농이든 일단 사람이 있어야 어떤 일이든 도모할 수 있다. 우선은 농촌에 사람이 오게끔 유도를 해야 한다는 뜻이다. 아직까지 도시와 농촌 간 지역 발전 격차는 매우 크다. 간단하게 말해 농촌 생활은 여러모로 불편한 점이 많다는 뜻이다. 이러한 약점을 극복하고 사람들이 농촌에 오게끔 만들려면 일상의 불편함을 상쇄하는 보상이 있어야 한다. 여러 가지 보상이 있겠지만 사실 가장 강력한 것은 소득이다.

다소 식상하게 들릴 수 있지만 우리 사회에서 연봉 1억은 아직까지 일종의 지표처럼 작용하고 있다. 연수익이 1억이면 상위 5% 내에 든다는 통계 결과도 있다. 부농 역시 순수익 1억 초과를 기준으로 하고 있다. 그렇다면 농산물을 판매해 순수익 1억이 남으려면 매출은 얼마나 돼야 할까? 사실 농사에서 순수익은 품목, 경비에 따라 천차만별로 달라지기 때문에 매출과 순수익을 일괄적으로 계산하는 것은 무리다. 다만 연봉 1억이라는 기준이 있듯이 부농 역시 대략적인 연매출 기준이 있는데, 통상적으로 연매출 10억이 넘으면 부농이라고 인식한다.

미디어에 노출되는 부농들은 주로 청년층에 집중되어 있지만 은퇴 후 귀농해 예전 못지않은 소득을 올리는 사례도 있다. 하지만 창농으로 경제적 자유를 얻는 경우가 있으면 그 반대의 경우도 있기 마련이다. 하던 일을 그만두고 농촌에 내려와 농업에 뛰어든다고 누구나 부농이 된다고 장담하기는 어렵다. 하지만 농촌에서 목표를 달성한 이들은 할 수 있다는 믿음을 갖고 포기하지 않고 실행하면 반드시 성공할 수 있다고 말한다. 받아들이기에 따라서는 덕담 수준의 피상적인 말로 들릴 수도 있다. 하지만 현실이 될 가능성은 생각보다 높다. 적어도 지금은 창농이

블루오션에 해당하기 때문이다.

창농 성공 사례

—

부농 중에는 농촌에서 터를 잡고 살던 일가족이 끊임없는 기술 개발과 판로 개척으로 목표를 달성하는 사례도 있지만 외지에서 들어와 갖은 노력 끝에 창농에 성공하는 경우도 많다. 2010년대를 살펴보면 귀농 후 밭농사와 축사 운영, 양봉을 하면서 원자재를 생산하던 농가가 이후 가공 사업에 뛰어들어 인터넷 판매를 시작, 크게 소득이 증가한 사례가 있다. 이들은 홈페이지를 이용한 직거래 판매에 주력했는데 이 과정에서 고객의 신뢰를 얻는 데 성공해 고정적인 단골손님을 확보했다.

방송 출연이 계기가 되어 홈페이지에 많은 회원이 유입되기 시작해 판매량이 급격하게 상승하기도 했다. 물론 누구에게나 방송에 출연할 수 있는 기회가 주어지는 것은 아닌 만큼 방송 출연에 따른 판매량 상승을 일반적인 경우에 적용하는 것은 무리다. 하지만 방송 출연 요청이 왔다는 것은 그만큼 품질과 기술력이 뛰어났다는 것을 의미하기 때문에 본질이 어디에 있었는지를 분별하는 것이 더 중요하다.

2020년대에 들어선 이후 농촌에는 차별화된 첨단 농법이 도입되며 연소득 1억을 초과하는 농가들이 늘어나고 있는 추세이다. 이것을 가능하게 한 이유에는 행정 당국의 적극적인 지원과 개인의 부단한 노력이 추가된다.

연수익 1억 원을 초과 달성한 부농 중에는 은퇴 후 농업으로 전직한 이들도 적지 않은데, 물론 이들이 처음부터 안정적으로 수익을 낸 것은 아니다. 오히려 기대와는 반대로 귀농 후 4~5년간 수입이 없다시피 하는 경우도 있다. 이때 대다수의 사람들이 좌절하지만 자신이 부족한 점을 파악하고 이를 보완하기 위해 노력하는 사람에게는 그에 상응하는 보상이 주어진다. 특히 전직을 한 경우 이전에 사회생활을 하며 쌓은 경험치가 있어 더 유리하다.

한편 현재 연소득 1억 원을 초과하는 농가는 4년간 꾸준히 증가하는 추세를 보이고 있으며, 이것은 농촌 지역의 인구 감소와 고령화에도 불구하고 파악되는 수치이다. 그러므로 이 현상이 시사하는 바는 매우 크다. 지자체에서는 1차 산업인 농업을 2차 가공 산업 및 3차 서비스업과 융합한 형태인 6차 산업이 도입되면서 농촌을 배경으로 활성화, 규모화가 이루어져 부농층이 증가한 것으로 파악하고 있다. 이것은 자연스럽게 농촌 지역의 새로운 일자리 창출로 이어지므로 창농의 목적과도 맞는 흐름이라고 할 수 있다.

　앞으로도 창농은 유망 업종으로 분류될 가능성이 높다. 기후 변화 위기로 인해 전 세계적으로 식량 생산 능력이 아주 중요해지기 때문이다. 식량 확보에 대한 사안을 국가 안보 차원으로 끌어올려 강화시켜야 한다는 목소리도 높아지고 있다. 이러한 제반 여건 속에서 창농은 지속적인 수요가 보장되는 고소득 산업이 될 가능성이 높으며 여전히 지속적으로 농촌 인구가 감소하고 있는 만큼 역설적으로 과열된 경쟁에서 비켜난 블루오션 산업이 될 것으로 전망된다.

" 그들은 새로운 일을 겁내지 않았다 "

이직이 회사만 달라지고 직무가 같은 것이라면 전직은 회사도 달라지고 직무도 달라지는 것을 말한다. 한 취업 포털 사이트에서 직장인 934명을 대상으로 실시한 설문 조사에 따르면 응답자의 44.2%가 전직 경험이 있다고 답했으며 현재 전직을 준비하고 있다고 답한 비율은 35.7%, 전직 경험이 없다고 답한 사람은 20.1%인 것으로 나타났다.

전직을 고려하는 데는 여러 가지 이유가 있지만 앞에서 살펴본 사례를 분석해 보면 새로운 일에 대한 열정과 기대가 동기로 작용했다는 것을 알 수 있다. 안양 CC클럽 계약직 영업 사원이었던 최호성 선수는 재미 삼아 쳐본 샷이 제대로 맞아 떨어지는 것을 보고 프로 선수로서는 늦은 나이에 골프에 입문했다. 그리고 혹독한 훈련을 거쳐 일찍 시작한 누구와 비교해도 뒤지지 않는 성과를 냈다.

대기업 임원으로 은퇴해 공인중개사 일을 시작한 김학준 대표의 경우 우려를 표하는 지인들에게 부동산은 앞으로 무궁무진하게 발전할 수 있는 잠재력이 있으며 10년 전부터 시작했어야 한다며 새로운 일에 대한 열정을 드러냈다.

대기업 홍보팀에서 15년간 근무한 후 퇴사해 스타트업을 창업한 남수미 대표는 사회가 정해주는 사지선다 안에서만 선택지를 고르며 살았지만 창업 후에는 주관식 문제의 답안을 쓰듯 주체적으로 살아가는 현재의 삶에 만족감을 드러낸 바 있다.

창업과 폐업을 반복하며 자영업에 대한 생생한 노하우를 쌓은 강종헌 소장은 폐업 또한 전략이라는 점을 강조하며 실패했을 때조차도 다음을 기약하는 전략적 자세를 갖출 것을 강조했다. 이것은 미래에 대한 열정과 기대가 없으면 보일 수 없는 자세다.

인구가 줄어가고 고령화가 급격히 진행되는 가운데서도 6차 산업이 도입되며 규모화가 이루어진 농촌에서는 연수익 1억이 넘는 이른바 부농의 비율이 꾸준히 증가하고 있다. 이들 역시 다수가 모여 형성된 지표를 뚫고 성과를 내는 사람들에 속한다. 이러한 결과가 가능한 이유는 창농이 보여주는 비전과 인생 2막에 대한 기대감이 있었기 때문이다.

다른 사람들보다 돋보이는 성과를 내는 사람들은 하고 있는 일 자체에 대한 열정을 가지고 있다. 현재 우리나라에는 직종을 바꿔 이직을 하는 사람들을 위한 지원 시스템이 비교적 다양하게 갖춰져 있는데, 이러한 지원책을 이용하는 사람들은 전직을 하더라도 연관성이 높은 직종과 직무를 목표로 하는 경우가 많다. 물론 그것이 잘못되었다는 것은 아니다.

하지만 이전에 하던 일과 상당 부분 다른 일이라고 하더라도 열정을 갖고 일하는 사람들은 분명 보통 사람들과 다르다. 그들은 새로운 일을 시작하는 것을 겁내지 않으며 열정적인 자세로 할 수 있는 최선의 노력을 다한다. 그들이 대다수의 사람들이 모여 형성된 지표를 뚫고 더 큰 성과를 내는 근본적인 이유가 바로 이것이다.

앞에서 살펴본 전직으로 인생을 바꾼 사람들은 주변의 우려를 딛고 가시적인 성과를 보여준 사람들이다. 그들이 하는 일은 제각각 달랐지만 오랫동안 인내심과 끈기를 발휘하고 노력한 결과 의미 있는 성과를 도출해 냈으며 이것은 새로운 일을 겁내지 않는 열정이 있기 때문에 가능한 일이다. 특히 김학준 대표는 이전과 연관성이 없는 전혀 다른 일을 할 때도 나이는 문제가 되지 않는다는 것을 보여주었다. **이들을 통해 우리는 늦은**

나이는 없다는 것을 증명한 사람들은 새로운 일을 겁내지 않는 다는 것 또한 확인할 수 있다.

CHAPTER

5

포기하라고

아니,

한 길에 오래 서 있었던

사람들

GE는 전구 하나로 세상에 나왔다. IBM은 저울을 제조하던 조그만 회사였다. MS는 차고에서 시작된 소프트웨어 벤처 기업이었다. 애플은 납땜쟁이 워즈니악과 허당 잡스가 손잡은 2인 개발사였다. 아마존은 시애틀에 2인의 직원(집안 사람 제외)을 가진 가내 책방이었다. 소프트뱅크는 2명의 알바를 가진 PC 소프트웨어 유통점이었다. 삼성 또한 국수를 만들던 시장통의 한 상점이었다. 카카오는 매출 300만 원의 보잘것없는 작은 모바일 기업이었다. 꾸준히 길을 걷다 보면 어딘가에 도착하기도 한다.

대기업 창업주가 된

동네 한량

삼성그룹 이병철 회장

동네 한량이 대기업 창업주가 되다

이병철은 오늘날 삼성이라는 대기업을 일궈낸 창업주로 명성이 높다. 하지만 그의 젊은 시절은 한량이라고 불러도 무방할 정도로 나태했다. 천석꾼 집안에서 태어나 유복한 유년기를 보낸 이병철은 일본 유학 시절 부친이 송금하는 돈을 받으며 생활했고 직장을 구할 생각도 전혀 하지 않았다. 심지어 귀국 후에는 친구들과 도박에 빠지면서 세월을 무의미하게 흘려보내기도 했다.

하지만 26세가 되던 해 이렇게 살아서는 안 되겠다는 생각에 마음을 다잡는다. 이후 부친이 지원해 준 토지를 기반으로 정미소 사업을 시작하고 운수업에도 진출한다. 이어 부동산업에도 진출했으나 일본의 전시 체제 전환으로 대출이 막히며 사업은 급격히 쇠락한다.

절치부심하던 이병철은 1938년 대구 서문시장에서 조홍제, 허정구와 함께 삼성상회를 설립한다. 곡물 제분업과 제면업 사업을 크게 일으켜 비로소 사업가로서 자리를 잡은 그는 건어물, 과일 등을 취급하는 유통 무역에도 진출해 사업 규모를 더욱 크게 키운다. 이 무렵 조선양조도 인수했는데, 이 양조장은 훗날 삼성물산을 세우는 데 종잣돈 역할을 한다.

광복 후 6·25전쟁이 발발하고 구사일생으로 가족과 함께 서울을 탈출한 이병철은 1951년 대구 과수원과 조선양조장, 삼성상회에서 나온 돈으로 삼성물산을 설립한다. 이때 6·25전쟁이 길어지며 전국 어디에서나 흔하게 구할 수 있는 고철을 수집, 엄청난 사업 수완을 발휘한다. 수집한 고철을 쇠붙이가 부족한 일본에 팔고 그렇게 벌어들인 달러로 중국산 설탕과 비료를 수입한 것이다. 이 시기 이병철은 6개월 만에 10억 원이 넘는 어마어마한 이익을 남기며 1년 뒤에는 60억 원이라는 재산을 축적,

한량이던 시절과 비교하면 환골탈태한 모습을 보여준다. 고철로 재미를 본 이병철은 휴전 협정 후 전국에 널려 있던 구리 탄피들을 모아다가 재수출하면서 오늘날 삼성 그룹의 기초를 닦을 수 있는 토대를 마련한다.

1953년 6·25전쟁이 마무리되던 해 이병철은 삼성물산에서 거둬들인 수익으로 제일제당과 제일모직을 설립한다. 제일제당은 이때만 해도 귀한 대접을 받았던 설탕 값을 낮추는 데 크게 기여했다. 또한 제일모직을 중심으로 양복 사업을 벌이는데, 초창기에는 외국 수입 제품의 영향으로 고전을 면치 못했다. 하지만 이후 정부가 외국산 모직물 수입을 금지하면서 국내 시장에서 성장할 수 있는 계기를 맞이한다.

그렇게 사업을 확장하던 이병철은 1968년 전자 산업에 진출하겠다는 포부를 밝힌다. 당시엔 이미 금성사(현 LG그룹)가 전자업계에서 자리를 잡은 상황이었고 정치권에서도 삼성의 전자 산업 진출을 반대했다. 하지만 이병철은 굴하지 않고 사업 허가를 받기 위해 박정희 대통령과 담판을 짓는다. 결국 허락을 받은 이병철은 전자 산업 진출에 성공한다.

이병철이 그린 미래

—

현재 삼성전자는 대한민국 최대 기업이지만 전신인 삼성전자공업 초창기 때는 먼저 업계에 진출한 LG에 밀릴 수밖에 없었다. 하지만 이병철은 전자 산업에 대한 투자를 아끼지 않았다. 예를 들면 1970년대 수원에 공장을 지을 당시 측근들의 반대에도 불구하고 43만 평 규모를 고집한 사례를 들 수 있다. 이때 이병철은 언젠가는 일본을 이겨 봐야 할 거 아니냐며 일본보다(40만 평) 더 큰 부지의 공장을 짓겠다는 계획을 철회하지 않는다.

1980년대 일본이 미국 내 반도체 산업을 잠식해 들어가고 세계 초강대국인 미국이 대응하지 못하는 것을 보며 이병철은 삼성도 미래 산업을 육성해야 한다는 생각을 하게 된다. 그 직후 반도체 사업을 추진하는데, 오늘날 삼성전자의 위상을 만들기까지는 당연히 쉽지 않은 과정이었다.

미국 마이크론 테크놀로지로부터 기술 이전을 약속받았지만 그들의 태도는 매우 적대적이었고, 일본 역시 반도체 기업들이 덤핑 공세에 나서며 삼성은 막대한 적자를 감당해야 했다. 이에 주변의 극심한 반대에 부딪혔지만 이병철은 신기술 개발에 박차를 가하며 밀어붙였고, 결국 미국과 일본을 제치는 데 성공한다.

이병철의 혜안은 늦은 나이는 없다는 것을 증명한 사람들의 특성과도 부합한다. 이병철 역시 안 된다는 주변의 조언을 따르지 않았고, 새로운 일에 도전하는 것을 겁내지 않았다. 결과만 놓고 보면 이병철의 선택은 옳았다. 하지만 미래가 어떻게 될지 모르는 상태에서 그런 결정을 하는 것은 어려운 일이다.

게다가 주변 사람들의 말을 듣지 않고 겁 없이 밀어 붙인다고 모든 일의 결과가 좋은 것은 아니다. 삼성전자 같은 결과가 나오기 위해서는 현상을 보고 앞으로의 흐름을 읽어내는 통찰력이 필요하다. 이병철은 그것을 갖추고 있었기 때문에 "내 눈에는 돈이 보인다"며 반도체 산업 육성을 포기하지 않은 것이다. 그 결과 삼성은 기술력에서 선두 주자인 미국, 일본을 제칠 수 있었고, 다음 대를 이은 이건희 체제에서 반도체 매출 세계 1위라는 성과를 달성할 수 있었다.

삼성은 메모리반도체 분야의 정상을 지키면서 시스템반도체의 경쟁력을 끌어올려야 하는 과제를 안고 있다. 언론에서는 삼성이 이병철 창업 회장 때의 초심을 되찾아야 한다고 조언하고 있다. 여기서 초심이란 '안주하지 말라'는 이병철 회장의 고언이다. 현재 삼성이 메모리반도체 매출 정상 자리를 지키고 있기 때문에 점유율을 더 늘릴 생각을 하지 않을 수도 있음을 경계하는 조언이다.

제1차 산업혁명 이후 오늘날 5차까지 이어진 흐름을 보면 특정 분야가 영구적으로 영향력을 유지한 경우는 없다. 반도체 역시 마찬가지일 것이다. 지금까지 메모리반도체가 주도권을 가졌으나 그 영향력은 언제고 옮겨갈 수 있다. 그런 때를 대비해 삼성은 플랜 B를 세우고 미리 준비해야 한다. 아마도 두 번째 플랜은 비메모리, 즉 시스템반도체 사업의 확장이 될 것이다.

삼성전자를 둘러싼 시장 환경의 흐름은 개인의 삶과 무관해 보일 수 있다. 하지만 꼭 그런 것은 아니다. 이름만 대도 누구나 알 법한 대기업에 다니다 은퇴한 후 연금 보릿고개를 넘기 위해 일용직을 전전하는 사람도 있다. 그런 경우 그 사람은 높은 연봉을 받으며 직장에 다닐 때는 현상에 안주했을 것이다. 하지만 생각지도 못한 사이 발등에 불이 떨어지고 그 불똥을 끄느라 발을 동동 굴렸을 확률이 높다.

자본주의 사회에서는 기업과 개인을 둘러싼 경제 환경은 서로 유기적으로 연결되어 있다. 그렇기 때문에 현재 삼성전자에게 주어진 숙제는 인생 2막을 준비해야 하는 예비 은퇴자에게도 시사하는 바가 크다.

제조업의 전설이 된

보따리 장사꾼

LG그룹 구인회 회장

41세에 제조업에 뛰어들다

LG그룹의 창업주인 구인회는 조상 대대로 문과에 급제했던 집안에서 태어나 유교적 가풍의 영향을 많이 받으며 자랐다. 조선시대 사대부는 장사를 양반보다 신분이 낮은 이들이나 하는 거라고 생각했기 때문에 구한말에 태어난 구인회가 사업을 하기까지는 많은 어려움이 있었다. 참고로 이 유교적인 가풍은 현재까지 이어지고 있는데, 구인회의 손자 구본무는 대를 이어 경영을 맡을 아들이 없어 조카인 구광모를 양자로 입적한 상태다.

어렵게 할아버지의 허락을 받아낸 구인회가 꾸린 첫 사업은 동생 구철회와 함께 차린 구인회상점이라는 포목상이었다. 1941년에 구인상회로 이름을 변경했는데, 현재 진주시 대안동 중앙시장 인근 옛 구인회포목상점 터에 가면 이를 알리는 안내판이 설치되어 있다.

포목상을 차린 지 10년 만에 운수업을 시작한 구인회는 이후 무역업에도 뛰어든다. 1945년 당시 미군정청에서 1호로 허가받은 조선흥업사가 바로 구인회가 설립한 무역회사다. 이때 동생인 구정회가 화장품 판매업을 제의해 이를 받아들였는데, 그 전까지만 해도 단순 대리 판매업에 지나지 않았다. 하지만 화장품 생산업까지 진출해 최초로 만든 제품이 속칭 '동동구리무'로 잘 알려진 럭키 크림로션이다.

이후 화장품 판매업은 칫솔, 빗 등 일상 용품을 생산하는 사업으로도 확장된다. 화장품 케이스를 만들면서 플라스틱을 다루는 기술력을 조금만 더 높이면 다른 제품들도 만들 수 있다는 것을 깨달았기 때문이다. 그렇게 본격적으로 제조업에 뛰어들면서 구인회는 락희화학공업사를 설립한다. 이때가 그의 나이 41세였다.

이 회사가 만든 빗은 그야말로 열광적인 반응을 보이며 팔려

나갔다. 치약 역시 출시되자마자 시장을 잠식하고 있던 미국제 콜게이트 치약을 단숨에 따돌리고 선두 주자에 올랐다. 이렇게 포목상에서 화장품, 치약, 빗 등 일상 용품을 생산하면서 사업을 확장한 구인회는 전자 산업에도 관심을 보인다. 럭키 치약을 출시하면서 미국제 치약의 시장 점유율을 단숨에 빼앗아 왔듯이 당시 수요가 늘어가고 있던 라디오를 국내에서 생산하면 또 한번 돌풍을 일으킬 수 있다고 보았기 때문이다. 이후 1959년 한국 최초의 전자 회사인 금성사가 설립되었으며, 그해에 국산 부품이 60% 들어간 라디오 1호 제품이 출시된다.

1960년대에는 국내 최초의 합성 세제인 하이타이를 출시해 세탁기와 함께 새로운 의류 관리 문화를 선도했고, 이어서 주방용 액체 세제와 샴푸를 생산하면서 오늘날 일상생활에 빈번하게 쓰이는 용품들을 대거 출시했다. 말하자면 지금의 생활 문화는 구인회가 1950~60년대에 걸쳐 출시한 1호 제품에 영향을 받은 바가 큰 셈이다.

구인회는 평소 남이 하지 않는 것부터 하라는 경영 철학을 강조했는데, 그가 개발해 출시한 냉장고, 세탁기, 에어컨 등 주요 가전 제품은 오늘날 LG그룹의 위상을 만드는 데 기여한 1등 공신이다. 또한 현재도 그룹 전체 매출과 영업 이익에서 가장 많은 지분을 차지하고 있다.

남들이 하지 않은 것부터 하라

—

사실 구인회가 야심차게 출시한 1호 라디오는 처음에는 소비자의 외면을 받았다. 이것은 LG전자의 전신인 금성사의 존립조차 불투명하게 만들었지만, 얼마 지나지 않아 생각지도 못한 방식으로 일이 풀리기 시작한다. 5·16 군사 쿠테타로 집권한 박정희 정부가 밀수품 단속을 강화하고 수입품 배격 사업을 전국에 알리기 위해 '농촌 라디오 보내기 운동'을 추진한 것이다. 이에 주문이 쏟아지면서 창고에 쌓여 있던 1호 라디오 재고가 모두 소진되었다. 당시 국내에서 라디오를 생산하는 기업은 금성이 유일했기에 라디오 보급이 늘어날수록 금성사의 매출은 급상승했고, 1960년대 들어서는 동남아, 중남미 국가에도 수출하는 등 판로를 다변화하는 데 성공한다.

1호 라디오를 기점으로 금성사는 국내 최초로 12인치 선풍기, 자동 전화기, 19인치 흑백 TV, 룸 에어컨, 세탁기, 카세트 녹음기 등을 내놓으며 가전 제품 시장을 석권한다. 이어 전자식 VCR, 컬러 비디오카메라를 최초로 출시한 금성사는 1990년 냉장고 누적 생산량 1,000만 대를 돌파하며 삼성전자, 미국의 월풀과 1위를 다투는 글로벌 톱3 가전 업체로 성장한다. 이 성장세는 2000년대에도 이어져 2005년 휘센 에어컨이 5년 연속 세계 판매 1위를 달성했으며, 2010년에는 국내 최초로 3D TV를 해외에 수출하기에 이른다.

현재 LG는 필수 가전이 된 세탁기에 이어 의류 건조기, 의류 관리기 스타일러를 내놓아 호평받고 있으며, 식물 생활 가전 틔운, 신발 관리 솔루션 슈케어를 선보이며 남들이 하지 않는 것을 하라는 구인회의 경영 철학을 이어가고 있다.

다른 사람들이 하지 않는 분야를 선점하며 오늘날 LG그룹의 토대를 닦은 구인회는 당장은 손해를 보는 듯해도 일희일비하지 않고 꿋꿋이 초심을 유지한 것으로 유명하다. 1호 라디오가 소비자의 선택을 받지 못하고 재고로 쌓여 있을 때도 구인회는 고생하지 않고 보물이 얻어지겠냐며 전자 산업에 대한 비전을 포기하지 않았다. 구인회 역시 여타의 대기업 창업자와 마찬가지로 안 된다는 주변의 조언을 따르지 않은 것이다.

현재에 안주하지 않고 도전을 멈추지 않은 것 역시 마찬가지다. LG전자는 전신인 금성사 때부터 '품질 경영'의 기치를 내걸었고, 더 좋은 품질의 제품을 생산하기 위한 연구 개발을 게을리하지 않았다. 그 결과 1등 브랜드라는 자부심을 가지게 되었는데, 이것은 '순간의 선택이 10년을 좌우한다'는 광고 슬로건에도 잘 나타나 있다. 결국 기술력의 차이가 경쟁의 결과를 판가름 짓고 나아가 회사의 존폐 여부까지 결정짓는다는 것을 꿰뚫

어본 것이다.

구인회는 연구 개발, 개척 정신, 인화人和(존경과 사랑, 포용과 신뢰, 일체감과 화합 정신)단결을 내세우며 오늘날 'LG 정신'의 토대를 닦았다. 실제로 LG가 걸어온 길을 보면 창업주가 강조한 연구 개발, 개척 정신을 그대로 유지, 계승해 왔다는 것을 알 수 있다. 구인회 창업주 시절, 국민 생활에 없어서는 안 되는 제품을 개발하며 성장 동력으로 삼았던 LG는 오늘날 다른 사람이 시도하지 않은 분야로 사업 기반을 넓히며 현대인들의 일상생활의 질을 높이고 있다. 초대 회장 시절부터 여러 건의 국내 최초 개발에 성공한 LG그룹의 미래가 여전히 기대되는 이유가 이것이다.

기업인이 된

선비 지식인

효성그룹 **조홍제** 회장

조홍제의 성공 법칙

—

1948년 삼성의 창업주인 이병철이 삼성무역공사를 설립할 때 공동으로 자금을 출자한 사람이 있었다. 그가 바로 효성그룹의 초대 회장 조홍제이다. 조홍제 역시 이병철처럼 천석꾼 집안에서 태어났으며, 일본에서 유학한 후 돌아와 사업가가 되었다.

그가 최초로 벌인 사업은 정미업이었으며, 해방 후인 1946년 8월에는 철 가공 사업에 진출한다. 조홍제는 이 시기부터 이병철과 자주 교류하게 되는데, 이후 두 사람의 관계는 더욱 발전하여 1948년 11월 공동으로 자본을 출자해 삼성무역공사를 설립한다. 이때 조홍제는 부사장직을 맡았다.

1962년 삼성그룹에서 독립할 때까지 조홍제는 제일제당 사장직을 역임했으며, 독립 후에는 효성물산주식회사를 세우고 제분업에 뛰어든다. 1962년 9월, 조선제분을 인수한 조홍제는 마침 정부가 분식 장려 운동을 벌이면서 제분업계에 성공적으로 안착한다.

제분업 사업에 진출한 뒤 조홍제는 한국타이어제조주식회사 경영에도 참여한다. 사실 이 회사는 부채가 누적되면서 한일은행의 관리에 들어간 상태였다. 이에 회사 실무진들은 당연히 '인수 불가'라는 결론을 내렸지만 조홍제의 생각은 달랐다. 1960년대 초반이던 당시에는 자동차의 수요가 턱없이 적을 수밖에 없었지만 10년 정도 후에는 국민들의 전반적인 생활 수준이 상승할 거라고 봤다. 6·25전쟁 직후 극빈했던 생활 수준이 10년 정도 지나자 조금씩 나아지고 있었기 때문이다. 결국 조홍제는 한국타이어제조주식회사의 경영에 참여하기로 결정한다.

1964년 파키스탄, 싱가포르 등에 조금씩이나마 수출을 하게 되면서 한국타이어가 급박한 위기를 넘길 수 있었던 것은 무역 경험이 풍부한 조홍제의 선견지명 덕분이었다. 조홍제는 수출량을 늘리기 위해서는 품질을 개선해야 한다는 소신에 따라 품질 향상을 위한 노력을 아끼지 않았고 그 결과 상공 당국으로부터 KS 표시 허가를 받는 데 성공한다.

그렇게 준비를 차근차근 해 온 덕분에 1960년대 중반에는 국내 자동차 산업이 성장하고 타이어 수요도 늘어나면서 예정된 시기보다 3년이나 앞서 회사의 모든 부채를 상환하기에 이른다. 이때가 1967년이었는데 5년 뒤인 1972년 박정희 정부가 전국에 고속도로를 놓으면서 자동차 수요도 급증하기 시작한다.

조홍제가 예측했던 대로 10년 뒤 전반적인 생활 수준이 상승하면서 자동차 수요가 늘어났고, 이 시기 조홍제는 한국타이어를 완전히 궤도 위에 올려놓는다. 모두가 재기 불능이라며 인수는 불가하다고 외쳤지만 그 조언을 따르지 않은 조홍제가 옳았던 것이다. 그가 정확하게 판단할 수 있었던 것은 지난 10년과 그로 인해 변화된 현재가 미래의 가능성을 알려주고 있었기 때문이다.

조홍제는 회고록에 이런 말을 남겼다.

"사업을 해 나가다가 장애라는 높은 성벽에 부딪히게 되면 더 나아갈 수가 없다고 단념하기가 쉬운 법이다. 이럴 때 단념하기에 앞서 그 성벽이 어디쯤에서 끝나는지, 또 타고 넘어갈 수가 있는지, 경우에 따라서는 그것을 허물어 통로를 내어도 되는 것인지 알아보아야 한다."

포기하거나 단념하기에 앞서 먼저 여러 경우의 수를 고려해 회생 가능성을 파악해야 한다는 의미다. 이 조언은 과거와 현재가 어떻게 달라졌는지를 보고 미래로 이어지는 흐름을 파악하라는 뜻으로, 이것이 조홍제가 성공할 수 있었던 비결이다.

포기하지 않고 준비한 이유

조홍제가 정상화한 기업은 한국타이어 외에도 대전피혁이 있다. 대전피혁은 본래 일제강점기 시절 일본군의 군화를 만들기 위해 세워진 기업이었는데, 해방 후 국가에 귀속되었고 이를 국방부가 맡아 운영하고 있었다. 하지만 자금과 설비, 인력 부족으로 대전피혁 역시 은행의 관리를 받게 되었고 이를 조홍제의 동생 조성제가 인수해 운영하기에 이른다.

처음 조성제는 형인 조홍제에게 자문을 구하는 방식으로 경영했으나, 경험이 적어 힘에 부쳤는지 이내 조홍제에게 경영에 참여해 줄 것을 제안한다. 이때도 한국 타이어와 마찬가지로 실무진의 현황 파악 및 분석이 들어갔는데, 이전과 마찬가지로 실무진은 인수 불가라고 판단한다. 이에 조홍제는 피혁 산업과 관련해 국내는 물론 해외 시장까지 모든 현황을 파악하도록 지시한다. 그 결과 긍정적으로 볼 만한 부분이 없지는 않았으나 문제는 다년간 적자를 감수해야 한다는 것으로 조사되었다.

이 경우 웬만한 기업인이라면 인수 및 경영 참여를 고사하지만 조홍제는 다시 한번 기업인이라는 사명 의식을 가지고 도전하기로 결정한다. 우선 미국으로부터 야구 장갑 주문을 받아 제품 개발의 변화를 시도하는 한편 이탈리아, 독일, 미국, 일본 등 피혁 공업 선진국에 직원 연수를 보낸다. 그렇게 공을 들인 덕분에 기술 수준도 향상되고 수출량도 늘어나면서 대전피혁 역시 정상화에 성공한다. 수년간의 적자를 감수하면서도 준비하고 노력한 성과가 결실을 맺은 것이다.

조홍제가 삼성에서 독립해 독자적으로 사업을 시작할 당시 나이는 56세였다. 1960년대 평균 수명이 54세에 불과한 것을 감안하면 늦은 나이에 새로운 시작에 도전했다고 봐도 전혀 무리가 아니다. 그렇다면 1960년대보다 30~40살 이상 기대수명이 늘어난 현재 조홍제의 도전은 어떤 의미를 가질까? 우선 늦은 나이는 정말로 없다. 1960년대의 50대와 지금의 50대는 남아 있는 시간부터가 다르다. 60년 전의 50대가 도전해서 해냈다면 지금의 50대가 나이 때문에 못 할 이유는 없다.

조홍제는 가까운 사람들이 안 된다고 할 때 다른 창업주와 마찬가지로 주변의 조언을 따르지 않았고, 여러 변수를 고려해 정상화될 수 있는 가능성을 파악했다. 결국 그의 판단이 옳았던 이유는 당장 눈앞의 현재만 본 것이 아니라 과거부터 현재의 변화 그리고 미래 전망치까지 함께 고려했기 때문이다. 물론 그 방식이 현재에도 통한다는 보증은 없다고 반론을 제기할 수는 있다. 지금은 너무나 많은 변수가 존재하고 변화의 속도 역시 이전과 비교도 할 수 없을 만큼 빠르기 때문이다.

하지만 방법이 있는데도 결실을 맺기까지 어렵고 험난한 과정을 거쳐야 한다는 이유로 포기해 버리는 경우도 많다. 그런 경우는 어쩔 수 없는 불가항력적인 포기가 아니라 좀 더 편하고 쉽게 원하는 것을 얻고 싶다는 욕심이 채워지지 않아서 내려놓는 포기이다. 그런 포기에는 간절함이 없다. 간절함이 없는 욕심이 결실을 맺기는 어려운 법이다.

조홍제는 회복 가능성이 있다면 포기하지 않고 미리 준비하며 때를 기다리는 정공법을 택했고 그 결과 효성그룹을 재계 5위까지 올려놓는 데 성공한다. 아무리 어렵더라도 자신만의 기준과 원칙을 가지고 때를 기다리며 준비해 온 조홍제에게 마땅히 주어져야 하는 보상이었다.

광장시장의

영원한 신화

패션그룹 형지 최병오 회장

전 재산 털어먹고 41세에 다시 시작하다

—

패션그룹 형지의 창업주인 최병오 회장의 사업 이력은 꽤 다양하다. 고등학교를 졸업하자마자 외삼촌이 운영하는 페인트 가게에서 사회생활을 시작한 최병오는 외삼촌이 세상을 떠나자 가게를 물려받는다. 그 뒤 반드시 성공하겠다는 열정과 넘치는 의욕으로 거침없이 사업을 확장시켰다. 하지만 어떤 일이든 의욕만 앞세우는 것은 위험한 일. 결국 7년 만에 폐업 절차를 밟게 된다.

한 번의 실패가 있었긴 하지만 여전히 젊고 혈기 왕성했던 최병오는 오락실 사업과 제과점 사업으로 빚을 모두 청산하고, 1982년 서울 광장시장에서 의류 사업에 뛰어든다. 이때부터 패션에 대한 열정을 품게 된 최병오는 사람들이 브랜드 제품을 선호한다는 것을 파악하고 상표권 등록을 하는데 이때 만든 상표가 크라운이다. 왕관 모양의 마크를 부착하고 순면 재질이라는 것을 강조한 제품을 시장에 내놓자 그가 만든 제품은 날개 돋힌 듯 팔려나간다. 그렇게 목표 달성에 성공하는가 싶었지만 뜻밖의 복병을 만난다. 거래처 어음 관리를 소홀히 하는 바람에 부도가 난 것이다. 결국 전 재산을 날리고 마는데, 그때 그의 나이 40세였다.

와신상담하던 최병오는 1년 뒤 남평화시장에 작은 가게를 얻어 '형지물산'이라고 쓰인 간판을 단다. 전 재산을 털어먹고 원점으로 돌아간 것이다. 하지만 좌절하지 않고 이전의 실수를 되풀이하지 않으리라 다짐한 그는 아무도 시작하지 않은 분야를 공략할 생각을 한다. 그것이 오늘날 패션그룹 형지를 있게 한 여성복 브랜드 크로커다일레이디의 시작이다.

최병오가 크로커다일레이디를 론칭한 당시는 1990년대 중반으로 그 시기 캐주얼은 20대 여성을 대상으로 한 제품이 대부분이었다. 30대만 넘어가도 나이 들어 보이는 티가 역력한 제품만 가득 찬 시장에 최병오는 3050을 위한 새로운 스타일의 여성복을 선보인다. 화사한 색상과 감각적인 디자인을 갖추면서도 군살을 감출 수 있는 넉넉한 사이즈를 구비하는 전략을 썼는데 이것이 맞아 떨어진다. 또한 백화점에 입점하는 고급화 전략보다 지방 변두리 지역, 아파트 상가, 재래 시장 인근 등 B급 상권에 대리점을 차려 운영하는 방식을 선택한 것도 탁월했다.

크로커다일레이디가 입소문을 타고 한창 주가를 올리던 당시는 IMF 외환 위기가 터진 지 얼마 안 된 시점이었다. 그래서 고가보다는 원가를 최대한 낮춰 중저가 브랜드로 승부를 보는 것이 훨씬 유리했다.

크로커다일레이디의 성공으로 최병오는 재창업 9년 만에 단일 브랜드로서는 최초로 매출 3,000억 원을 돌파하는 성과를 낸다. 자신감이 붙은 그는 샤트렌, 올리비아하슬러, 라젤로 등을 추가로 론칭하며 사업을 확장시켰고, 2008년 12월에는 전 브랜드 매출 5,000억이 넘는 기록을 세운다. 이후 패션그룹 형지(주)로 사명을 변경한 최병오는 남성복 시장에도 진출해 예작, 본 등의 브랜드로 유명한 우성 I&C를 인수, 패션 유통 그룹으로서의 면모를 갖춰나간다.

이후 최병오는 학생복, 골프웨어 브랜드까지 론칭하며 대기업 못지않은 중견 기업으로 성장시킨다. 패션그룹 형지의 외연 확장은 여기서 멈추지 않고 2015년 제화 브랜드 에스콰이아를 인수하는 데 이른다. 2015년 기준 55년간 명맥을 유지해 온 에스콰이아를 인수함으로써 패션그룹 형지는 종합 패션 유통 기업으로 도약하는 데 성공한다.

땅에 떨어진 불꽃

—

패션그룹 형지의 전신인 형지물산은 크라운사로 승승장구하던 최병오 회장이 전 재산을 잃은 뒤 와신상담 끝에 얻은 새 가게에 붙인 이름이다. 다시 한번 불같이 일어나겠다는 뜻을 담아 불 '화火' 자가 겹쳐 있는 '형熒' 자를 써서 지은 이름 그대로 최 회장은 불꽃같이 일어나 재기했다. 1982년 동대문 바닥에서 의류 사업을 시작해 오늘날 패션그룹 형지를 만들기까지 최 회장이 손에 쥐고 있었던 것은 열정 하나뿐이었다.

페인트 가게, 오락실, 제과 사업, 의류 도매점 등 다양한 사업 경험을 가진 최 회장은 거듭된 실패에도 좌절하지 않고 다른 사람들이 하지 않는 것을 찾아 도전하는 과감함을 보였다. 이러한 기질은 최 회장뿐만 아니라 다른 성공 사례의 주인공들에게서도 찾아볼 수 있다.

LG의 창업주인 구인회 회장 역시 남들이 하지 않는 것부터 개발할 것을 강조했고 최병오 회장 또한 남들이 하지 않은 것을 공략해 재기에 성공했다. 오늘날 패션그룹 형지를 있게 한 크로커다일레이디 신화는 30대 이상 여성들의 니즈와 경제적 여건을 충분히 고려해 선보인 브랜드다. 크로커다일레이디가 성공할 수 있었던 것은 이전까지는 아무도 시도하지 않았던 콘셉트가 소비자의 욕구와 맞아 떨어졌기 때문이다.

이전에는 30세만 되도 캐주얼이 어울리지 않는다는 고정 관념 때문에 정형화된 여성복이 주류였으나, 크로커다일레이디는 30대 이상 역시 캐주얼이 어울릴 수 있다는 것을 증명했다. 여기에 더해 대다수의 여성들이 30대가 넘으면 출산과 육아로 군살이 붙는다는 점을 고려, 넉넉한 사이즈의 제품을 구비한 것도 신의 한 수였다. 특히 여러 가지 여건으로 과다한 지출을 꺼려한다는 걸 십분 감안해 원가를 최대한 낮춰 중저가 브랜드로 선보인 것은 최병오 회장이 얼마나 철저하게 준비했는지 짐작하게 해 주는 대목이다.

페인트 가게부터 크라운사까지 최 회장은 형지물산을 열기전까지 성공과 실패를 오갔지만 그 시기를 그냥 흘려보내지 않았다. 그는 포기하지 않고 끝까지 노력했으며 무엇보다 실패를 실패로 남겨두지 않았다. 이것이 그가 전 재산을 잃고도 다시 일어설 수 있었던 이유이다. 그는 실패를 통해 부족한 점과 보완해야 할 점을 파악했고 잠재 고객층이 필요로 하는 니즈를 미리 생각하고 충족시켜 소비자들의 선택을 받는 데 성공했다.

최 회장의 사례는 20~30대보다 40대 이후의 창업이 성공 가능성이 더 높다는 것을 증명해 주기에도 용이하다. 고등학교 졸업 후 처음으로 도전했던 페인트 사업은 7년 만에 폐업 절차를 밟았고, 크라운 상표와 순면 재질로 날개 돋친 듯 팔려나가던 크라운사의 제품은 거래처의 어음 부도로 쓰디쓴 실패의 기억으로 남고 말았다. 하지만 그 과정에서 겪은 시행착오는 최 회장을 더 단단하고 치밀하게 만들었다. 그는 다시 한번 맨땅을 딛고 일어나 이름 그대로 불같이 타올랐다. 아무것도 없는 땅에 떨어진 불꽃이 활활 타오른 것이다.

현재 최 회장은 한국섬유산업연합회 회장으로 선임되어 '패션 보국'이라는 비전을 제시하고 있다. 1980년대 패션이 사양 산업이라는 잘못된 인식이 퍼지며 성장할 수 있는 기회를 계속 놓쳤지만, 섬유 패션 사업은 첨단 산업이자 미래 산업이라고 강조한다. 또한 최 회장은 섬유 패션 사업이 국가 경쟁력까지도 좌우한다고 보고 있다. 정보 통신 기술의 발달로 세계는 점차 빠르게 가까워지고 있고 패션은 그 나라의 문화적 역량이 어느 정도 수준인지를 가장 선명하게 보여주기 때문이다.

세월이 흐르다 보면 산업에 대한 사람들의 인식도 자연스럽게 변화한다. 그것은 나이도 마찬가지다. 최 회장이 전 재산을 잃고 처음부터 다시 시작한 때는 1990년대 중반. 당시 최 회장은 나이 40세를 막 넘기고 있었다. 여기서 중요한 건 28년 전의 40대가 해냈다면 지금의 40대도 충분히 가능하다는 것이다. 더구나 최 회장의 경우처럼 20~30대의 성공보다 40대 이후의 성공이 생명력이 더 긴 경우가 많다. 대중의 욕구와 필요를 파악하고 그것을 지속가능한 성장의 동력으로 삼는 능력은 40대 이후에 발현될 가능성이 훨씬 더 높다. 그러므로 최 회장의 경우처럼 포기하지 않고 실패에서 배우며 준비하고 기다리면 불씨는 타오를 수밖에 없다. 심지어 전 재산을 날렸을지라도 말이다.

전인미답의

선구자

셀트리온 서정진 회장

아무도 가보지 않은 길

서정진 회장이 넥솔(셀트리온의 전신)을 창업할 당시 바이오 산업은 국내에 알려진 것이 거의 없었다. 서 회장도 마찬가지여서 바이오 산업에 대해 아는 바가 전무했다. 삼성전기에서 처음 사회생활을 시작한 그는 한국생산성본부로 이직해 대우자동차를 컨설팅하는 업무를 맡았다. 그러던 중 스카웃 제의를 받고 대우자동차에 입사했는데, IMF 외환 위기 때 대우그룹이 해체

되면서 하루아침에 실업자 신세가 된다.

당시 실직한 후배들과 함께 사업을 구상하던 서 회장은 앞으로 바이오 산업이 유망할 거라고 판단, 덜컥 바이오업체를 설립한다. 하지만 서 회장을 비롯해 창립 멤버 중에 생물학 전공자조차 없는 실정이었다.

그럼에도 구할 수 있는 모든 자료를 구해 바이오 산업에 대해 파악한 서 회장은 그 뒤 1년여간 약 40개국을 돌며 수많은 전문가들을 만난다. 자수성가한 대다수의 CEO들이 그렇듯 서 회장 역시 무작정 찾아가 만나줄 때까지 기다렸다고 한다. 처음에는 대부분의 전문가들에게 퇴짜를 맞았지만 악착같이 매달린 끝에 미국 벡스젠사와 제휴를 맺는 데 성공한다. 이후 벡스젠과의 제휴는 셀트리온의 사업을 궤도에 올려놓는 데 주효하게 작용한다.

오늘날 서정진 회장은 전인미답의 길을 걸어간 기업인으로 평가된다. 다른 기업과는 다르게 생산 설비부터 갖추고 의약품을 개발했기 때문이다. 보통은 의약품 판매 허가부터 받은 후 생산 설비를 확충하지만 셀트리온은 정반대의 길을 걸었다.

사업 초기 그는 계약을 맺은 회사의 제품을 생산해 줌으로써 기술과 노하우를 축적했고 충분히 기반을 다진 후 의약품 개발에 몰두했다. 하지만 그 과정을 거치는 동안 겪어야 했던 시련은 상상을 초월하는 수준이었다. 끊임없이 들어가는 연구 개발비를 충당하고자 사채까지 끌어다 쓴 서 회장은 자금난으로 인한 압박 외에도 극악한 수준의 공매도 세력 때문에 온갖 악성 루머에 시달려야 했다. 결국 기자 회견까지 하며 작전 세력과의 전쟁을 선포했는데, 그 지난한 싸움은 셀트리온의 첫 번째 제품 램시마가 유럽 판매 허가 승인을 받으며 일단락되었다.

오랜 수고 끝에 출시된 램시마는 유럽에서 판매되기 시작한 지 9개월 만에 시장 점유율 30%를 돌파했고, 이를 기반으로 서 회장은 가장 큰 시장인 미국 시장의 문턱을 넘는 데도 성공한다. 이후 셀트리온의 2호 제품인 트룩시마까지 유럽 의약품청의 승인을 받는다.

그는 자신이 흙수저 출신이며 대우그룹이 해체되고 별안간 실직자가 되는 바람에 어쩔 수 없이 창업했다고 스스럼없이 털어놓는다. 선택의 여지가 없어 내몰리듯 창업했지만 그는 창업 20년 만에 셀트리온을 재계 순위 40위권에 올려놓았다. 물론 그 과정은 당연히 쉽지 않았다. 하지만 지금도 그는 과거의 성공에 안주하지 않고 끊임없이 도전하며 기업가 정신을 보여주고 있다.

신체 포기 각서의 역설

    서정진 회장이 부도를 막기 위해 신체 포기 각서까지 쓰고 사채 시장에서 돈을 빌린 일화는 유명하다. 현재는 탄탄하게 기반을 다졌지만 사업이 안정되기까지 서 회장의 인생은 부침이 많았다.

    어린 시절 아버지가 직장을 그만두고 서울 기자촌으로 올라와 쌀과 연탄 가게를 했을 정도로 서 회장은 가난한 유년 시절을 보냈다. 대학 졸업 후 삼성전기와 한국생산성본부를 거쳐 대우그룹에 입사했을 때 그의 나이는 34세였다. 젊은 나이에 대기업의 임원이 되었으니 아마도 미래에 대한 걱정은 할 필요가 없었을 것이다.

    하지만 IMF 외환 위기가 닥치고 대우그룹은 해체 수순을 밟았다. 발밑의 땅을 잃어버린 것 같은 상황이었지만 그는 대우차에서 함께 일했던 후배 5명과 의기 투합해 창업에 도전한다. 이후 3년간 서 회장 앞에 놓인 것은 그야말로 고난의 가시밭길이었다.

    가난한 어린 시절을 지나 젊은 나이에 대기업 임원까지 오른 서 회장은 극단적인 선택까지 생각할 정도로 굴곡이 심한 삶을 살았다. 마치 롤러코스터를 타는 것처럼 까마득하게 높은 곳과

밑바닥을 오가며 부침을 거듭하는 동안 서 회장은 명동 사채 시장에서 신체 포기 각서까지 썼다. 회사를 포기하지 않기 위해 역설적으로 신체 포기 각서를 쓴 셈이다.

그럼에도 모든 걸 내려놓아야겠다는 생각을 할 만큼 코너에 몰렸던 서 회장은 실제로 자살을 결심한 적도 있다. 하지만 미수에 그쳤고 죽기 전 그동안 못 만났던 사람들이나 만나자는 생각에 사람들을 만나러 다녔다. 그런데 그 사이 거짓말처럼 문제가 해결되었다. 그때 서 회장이 한 일이라곤 사람들에게 미안하다 그리고 고맙다고 말한 것뿐이었다.

이후 마음을 다잡고 생산 능력을 고도화한 셀트리온은 창업한 지 10년 만에 자가 면역 질환 항체 치료제 램시마를 개발하는 데 성공, 전 세계를 통틀어 바이오시밀러 1호라는 타이틀을 얻는다. 이 소식이 전 세계에 알려지자 싱가포르의 국부펀드인 테마섹홀딩스를 시작으로 JP모건의 사모펀드인 원에쿼티파트너스 등이 셀트리온에 투자하기 시작한다. 처음 5,000억을 투자한 테마섹은 10여 년이 지난 현재 투자금의 10배인 5조 원어치의 셀트리온 주식을 보유하고 있다.

서 회장은 이러한 성과가 가능했던 이유를 진심과 열정이 있었기 때문이라고 말한다. 테마섹이 셀트리온에 투자하기 전 우리가 왜 투자해야 하는지를 물었을 때 서 회장은 10년째 신고 있던 낡은 구두를 보여주었다고 한다. 그러면서 나를 위해 일하지 않고 회사를 위해 일한다고 답했는데 이 말을 들은 테마섹은 셀트리온에 투자하기로 결정한다. 덕분에 셀트리온은 국제적인 경쟁력까지 갖추게 되었다.

일명 '셀트리온 신화'라고 불리는 이 엄청난 성공 스토리는 여타의 대기업과 비슷한 면모를 보인다. 우선 셀트리온은 우리나라는 물론 전 세계 최초로 '항체 바이오시밀러'라는 신산업을 개척했으며, 통상적으로 제약 회사가 밟는 루트를 따르지 않고 정반대의 수순을 밟았다. 이것은 남들이 하지 않는 영역을 개척해 미리 선점하며 규모를 키운 기존의 대기업의 성장 방식과 유사하다.

IMF 외환 위기로 대우그룹이 해체되고 실직자가 된 서 회장이 창업을 했을 때 그의 나이는 45세였다. 단돈 5,000만 원으로 맨땅에서 다시 시작한 서 회장은 이후 셀트리온을 바이오시밀러 분야의 대기업으로 만든다. 신체 포기 각서를 쓸지언정 마지막까지 회사를 포기하지 않았던 서 회장의 간절함이 통한 결과였다. 그리고 65세가 되던 해 회장직을 사임하고 셀트리온을 퇴사한다. 65세에 은퇴하겠다는 공약을 지키기 위해서였다.

그로부터 3년 7개월 후 셀트리온의 정기 주주 총회에서 서 회장의 복귀를 의결해 사내이사 겸 이사회 공동 의장으로 복귀한다. 셀트리온 경영진이 서 회장의 한시적 복귀를 강력하게 원했기 때문이다. 경영진 역시 세계 경제의 불확실성이 가중되는 이때 셀트리온을 성공적으로 이끌었던 강력한 리더십이 절대적으로 필요하다고 판단했다.

서 회장의 리더십은 위기 상황에서 빛을 발하는 해결사적인 성격을 가진다는 평가가 많다. 즉 셀트리온 이사회가 서 회장의 경영 재참여를 원한 것은 창업주라는 상징적인 의미 때문이 아니다. 불확실성 속에서 당면한 문제 해결을 위해서는 오랜 연륜과 노하우가 필요하다고 판단했기 때문이며, 서 회장의 복귀는 풍부한 경험과 식견이 절실히 필요할 때가 있다는 것을 알려준다.

" 그들은
미리 준비하고 있었다
"

　많은 사람들이 알고 있듯 우리나라는 단기간 내 비약적인 경제 성장을 이루었다. 이번 챕터의 주인공들은 그 과정 중에 큰 성취를 이룬 창업주들과 불확실성이 만연한 사업 환경 속에서도 귀감이 될 만한 성과를 낸 기업인들이다. 지금의 관점에서 그들이 성공할 수 있었던 요인들을 살펴보면 몇 가지 공통점이 발견된다. 우선 다른 사람들이 하지 않은 사업을 발굴했다는 점과 시장에서 수요가 생길 때까지 준비하며 기다렸다는 점을 들 수 있다.

　삼성 이병철 회장은 주변의 반대가 극심해도 반도체 신기술 개발에 투자하며 미래를 준비했다. LG 창업주 구인회 역시 꾸준한 연구 개발로 오늘날 현대인들이 필수품으로 사용하고 있는

다수의 가전 제품을 최초로 출시했다. 효성그룹의 조홍제 회장은 자동차 산업이 발달할 것을 예측, 한국타이어를 인수했다.

패션그룹 형지를 설립한 최병오 회장은 크로커다일레이디 론칭을 준비하면서 주 고객층의 니즈와 라이프스타일을 고려해 색상, 디자인, 상권 등을 철저히 준비했다. 그 결과 회사 이름에 담은 염원대로 불같이 재기할 수 있었다. 셀트리온의 창업주인 서정진 회장은 통상적인 절차를 뒤집고 생산 설비부터 갖추기 시작, 생산 능력을 고도화시킨 다음 셀트리온 1호 제품인 램시마를 출시했다. 그는 다른 사람들이 가보지 않은 길을 개척한 전인미답의 선구자로 평가되고 있다. **이들은 모두 주변 사람들이 아무리 반대해도 다른 사람들이 하지 않는 일을 철저하게 준비해 실행한다면 성공할 수 있다는 것을 보여주었다.**

어떤 분야의 일을 하든 준비성은 성공의 기본 조건이다. **누구에게나 시간은 공평하게 주어지지만 미래는 준비하는 자에게 더 호의적인 법이다.** 그런데 일부 사람들은 대기업 창업주들이 무엇을 해도 잘될 수밖에 없는 시대를 살았기 때문에 큰 성과를 낼 수 있었다고 보기도 한다. 그런 견해에도 일리가 없는 것은 아니다.

다만 동시대를 살았던 이들 모두가 그들과 같은 성과를 낸 것은 아니며, 특히 최병오, 서정진 회장의 경우 이병철, 구인회, 조홍제보다 한참 세월이 지난 후인 IMF 외환 위기 이후 출현한 세대이다. 게다가 이들은 전 재산을 털어먹고 다시 시작하거나 바이오 산업의 불모지에서 단돈 5,000만 원을 가지고 창업에 도전, 이전 세대의 창업주들과 견주어도 뒤처지지 않는 성과를 냈다. 즉 시대 배경이 모든 결과를 결정하는 것은 아니다.

이들이 이뤄낸 성취에서 배울 수 있는 것은 성공 그 자체보다 이들 역시 미래에 대한 불확실성 속에서도 분별력을 발휘해 미래에 대한 준비를 했다는 점이다. 그것이 현실과 맞물려 유효하게 작용했기 때문에 그들은 지표를 뚫는 성과를 낼 수 있었다. 즉 얼마나 정확하게 현실을 파악하고 성실하게 자신에게 주어진 시간을 썼느냐에 따라 결괏값은 달라진다는 것을 보여준 것이다. 이것이 인생 2막을 준비하는 사람들에게 그들이 전할 수 있는 메시지이다.

지금 대한민국을 살아가고 있는 사람들은 평생 자본주의의 영향을 받을 수밖에 없다. 자본주의 사회에서 미래는 준비하는 자의 것이며 성공은 실천하는 자의 것이다. 이것을 충분히 이해하고 준비한다면 미래는 분명 우호적일 것이다.

2년 동안 퇴직자 40명 만나고 깨우친 인생 교훈

이범용
유튜브 채널 〈현명한 은퇴자들〉 운영자, 현 S사 재직 중
https://www.youtube.com/@wise_retiree

영어 격언 중에 "Have a second string to your bow"라는 말이 있다. 해석하면 "활의 두 번째 줄을 미리 준비하라"라는 뜻이다. 첫 번째 줄이 끊어질 것을 대비해서 미리 두 번째 줄을 준비하라는 의미인데, 우리가 흔히 말하는 유비무환과도 비슷하다.

나는 50대 초반의 직장인이다. 어느덧 직장 생활을 20년 넘게 했으니 언제 퇴직하더라도 이상하지 않은 나이가 되어버렸다. 나와 같은 직장인들에게는 첫 번째 줄이 월급이다. 직장인이라면 예외 없이 누구나 월급이 끊기는 날을 맞이해야 한다. 그래서 월급이 끊기기 전에 두 번째 줄을 미리 만들어야 한다.

내게는 직장인으로서 특이한 점이 두 가지 있다. 하나는, 직장 경력 20년 중 14번이나 퇴사하고 현재 15번째 회사에 다니고 있다는 사실이다. 하루 만에 때려친 회사도 있고, 일주일 만에 그만둔 회사, 한 달 만에 그만둔 회사도 있었다. 그만큼 잘하는 것도 없었고 하고 싶은 것도 없었다. 무엇보다 더 안타까운 것은 열정은 전무하고, 내성적인 유리 멘탈 소유자다 보니 업무가 꼬이기 시작하면 그 고통을 피해 도망치듯 회사를 옮겨 다녔다.

두 번째는, 이렇게 열정이 하나도 없던 내가 8년 전부터 한 권의 책을 읽고 글을 쓰기 시작하면서 인생이 조금씩 변하기 시작했다는 것이다. 그리고 현재는 월급 이외에도 수입 파이프라인을 네 개나 가지고 있는 활기찬 N잡러가 되었다.

1. 직장 다니며 3권의 책을 출간한 후 인세 수입
2. 강의
3. 유튜브 채널 운영
4. 배당주 투자

이외에도 프랜차이즈 창업을 두 번이나 시도했다가 두 번 모두 폐업도 해 보았다. 해외 구매 대행도 약 3년 동안 해 보면서 퇴직 이후 나의 적성에 맞는 일을 찾으려고 했다. 습관 프로그램을 운영하면서 1,500명과 함께 습관을 실천하고 컨설팅을 해 주기도 했다.

이렇게 직장 다니면서 월급 이외 다양한 수입 파이프라인을 만들기 위해 노력한 결과 월 100만 원 벌 때도 있었고, 운이 좋으면 월 700만 원까지도 벌어 보았다. 하지만 8년 동안 노력했음에도 불구하고 매달 꾸준히 월급만큼 수입을 만들어 내지 못하고 있다. 좋아하는 일로 고정적인 수입을 창출하는 것이 얼마나 어려운 일인지 뼈저리게 느끼게 된 시간이었다.

그러면서 시나브로 이런 의문이 들기 시작했다. 다른 사람들은 어떻게 퇴직 이후의 삶을 준비하고 있을까? 나만 일이 안 풀리는 걸까? 이미 퇴직한 인생 선배들은 퇴직 전에 어떤 준비를 해서 현재 어떤 삶을 살고 있을까? 그래서 책도 읽어 보고 인터넷 검색도 해 보았지만 나의 갈증을 해소할 만큼 충분한 자료가 있지는 않았다. 그래서 내가 직접 다른 사람들을 찾아가서 생생한 목소리를 들어 보자는 결론에 도달했다.

이런 계기로 나는 '현명한 은퇴자들'이란 유튜브 채널을 2년 전부터 운영해 오고 있다. 이 채널을 운영하면서 운 좋게도 현명하게 인생 2막을 준비하는 인생 선후배를 40명이나 인터뷰할 수 있었다. 그리고 그들에겐 3가지 공통점이 있다는 것을 알게 되었다.

1. 퇴직 이후 삶을 미리 준비하지 못하고 퇴직을 했다.

물론 많은 직장인들이 급작스럽게 퇴직 통보를 받는 경우가 많아서 미리 준비하지 못한 경우도 있지만 근본적으로 '노후 준비는 퇴직 이후 해도 늦지 않다'라거나 '퇴직은 남의 이야기다, 아직 먼 미래의 이야기다'라는 퇴직자들의 흔한 착각이 일조를 했다. 착각은 게으름을 잉태한다. 그러다 보니 차일피일 미루다가 퇴직 이후 삶을 준비하지 못한 경우가 의외로 많았다.

실제로 인터뷰할 때 꼭 포함하는 질문 중 하나가 "퇴직하기 1년 전으로 돌아간다면 무엇을 준비하고 싶으신가요?"라는 것이다. 대부분 이 질문에 '미리 자격증을 취득할 것이다' '미리 이것저것 돈 버는 일들을 시도해 볼 것이다' '퇴직자를 위한 생애 설계 프로그램을 들을 것이다' '5개년 계획을 세워 볼 것이다', '인맥을 잘 관리할 것이다' 등 미리 은퇴 준비를 구체적으로 세우지 못한 것을 많이 후회하고 있었다.

2. 재취업은 정말 쉽지 않다. 그런데 더 비참한 현실은 어렵게 재취업에 성공해도 1년 안에 대부분 그만둔다는 것이다.

수십 년 동안 직장에서 했던 일로 퇴직 이후에도 재취업이 잘될 것이라고 생각하지만, 현실은 그렇지 않았다. 재취업 현실을 옷에 비유하곤 한다. 직장 다닐 때 내 몸이 L 크기 옷만 입을 수 있을 정도로 커졌는데, 퇴직 후 재취업 시장에서 허락된 일들은 M이나 S 크기 옷밖에 없다는 것이다. 그래서 내 몸을 M이나 S로 줄여야 하는데 '내려 놓기'가 그리 쉽지 않다. 한두 해 동안 내려놓기를 하고 어렵게 재취업에 성공하더라도 대부분 1년 안에 그만둔다.

미래에셋 조사 보고서에 따르면 재취업 후 5060 평균 재직 기간은 고작 1년 6개월이라고 한다. 실제로 인터뷰한 대기업 부장 출신도 퇴직 후 1년 뒤 어렵게 재취업에 성공했지만 2주 만에 퇴사했고, 대기업 해외 법인장 출신도 재취업 1년 만에 퇴사를 했다. 금융권에서 명예 퇴직한 이도 재취업 9개월 만에 퇴직을 했다. 아무래도 중년의 나이에 허락된 직업의 질이 낮고 급여도 낮기 때문에 오래 버티는 것이 한계가 있었다.

3. 평생 현역으로 살아야 한다고 생각하면서 계속 일을 하고 있다.

노후 3대 불안은 '돈, 건강, 외로움'이라고 한다. 이 노후 3대 불안을 한 번에 제거할 수 있는 것이 바로 일을 하는 것이라고 믿고 있었다.

특히 나중에 자녀에게 짐이 되지 않기 위해서 본인 노후는 스스로 돌볼 줄 알아야 한다고 생각하기 때문에 평생 현역으로 일을 할 계획을 가지고 있었다.

그래서 어떤 퇴직자는 물류 센터에서 택배 분리 작업을 하고 있고, 어떤 분은 해외 구매 대행을 하고, 어떤 분은 귀촌해서 특수 작물을 재배하기도 하고, 어떤 분은 자격증을 취득한 후 재취업해서 일을 하고 있었다.

자, 그렇다면 인생 선배들이 공통적으로 강조하는 것을 거울삼아 현명하게 은퇴를 준비하기 위해서는 무엇을 해야 할까? 맞다. 퇴직 전에 미리미리 퇴직 이후의 삶을 준비해야 한다.

귀에 못이 박힐 만큼 많이 들어본 잔소리다. 문제는 어떻게 준비해야 할지 막막해서 시도조차 하지 못하는 경우가 많다는 사실이다. 나는 지난 8년 동안 노후 준비랍시고 헛발질을 여러 차례 경험했다. 지금부터 소개할 나의 실패가 그 막막함을 걷어내는 데 도움이 되었으면 좋겠다.

앞에서도 언급했지만 나는 14번이나 회사를 옮겼다. 그런데 지금 다니고 있는 15번째 회사는 9년째 잘 다니고 있다. 직장 경력 중 가장 오래 다니고 있는 회사다. 하루는 곰곰이 생각해 보았다. '아니 이 회사는 왜 이렇게 오래 다니고 있는 걸까?' 딱 하나 내가 바꾼 것이 있었다.

시계를 잠깐 7년 전으로 돌려 보겠다. 7년 전 어느 날 일요일 아침이었다. 전날 술을 너무 많이 마셔서 침대에 뻗어 자고 있었는데 갑자기 아내가 내 옆으로 오더니 내 이름으로 자기 계발 모임에 신청했으니 다음 주 토요일부터 나가라는 것이었다. 화를 버럭 냈다. '아니, 회사 업무 때문에 평일 내내 스트레스 받았으니까 주말이라도 좀 나뒹굴며 스트레스를 풀어야 하는데 나가서 공부를 하라니, 이게 뭔 소리야?' 하고 따졌다. 하지만 결국 아내 말을 거역했다간 가정의 평화가 깨지니 울며 겨자 먹기로 다니기로 했다.

그 모임은 매주 선정 도서를 읽고 토론하는 모임이었는데, 4주 차 선정 도서가 바로 〈습관의 재발견〉이었다. 이 책의 저자는 미국 사람인데 팔굽혀 펴기 한 번으로 인생이 바뀌었다는 것이다. 아무리 게으른 나도 이 정도는 할 수 있겠다 싶어서 작은 습관을 시작하게 되었다. 그 당시 책을 거의 읽지 않아서 책을 읽어야겠다 생각하고 '책 두 페이지 읽기'라는 작은 습관을 실천하게 되었다. 맞다. 두 권이 아니고 겨우 두 페이지 읽기다. 그런데 야근도 많고 회식도 자주 하다 보니 저녁 시간에 꾸준히 책을 읽는 것이 힘들었다. 그래서 새벽에 일어나기로 결심했다. 아무도 나의 시간을 침범할 수 없는 새벽에 책을 읽기 위해 매일 새벽 3시 30분에 기상하는 습관이 만들어졌다.

책을 읽다 보니 나를 위로하는 글도 만나고 때로는 정신을 차리는 차가운 얼음물 같은 글도 만나고 온몸에 전율을 일으키는 글도 만나는 행운을 얻는 날이 늘어났다. 책에 밑줄을 긋고 내 생각을 책 귀퉁이에 적어 나가기 시작했다. 그런데 책을 덮고 나면 다시 책을 꺼내서 읽지 않는다는 사실을 깨닫고 블로그에 글을 써서 올리기 시작했다. 그렇게 블로그에 차곡차곡 쌓인 글들을 모아 출판사 100곳에 투고를 했고, 운 좋게도 10군데의 출판사에서 연락이 왔다.

이런 과정을 거쳐 나의 첫 책 〈습관 홈트〉가 2017년에 출간되었고 두 번째 책 〈우리 아이 작은 습관〉, 세 번째 책 〈습관의 완성〉도 출간할 수 있게 되었다.

혹시 '핵심 습관'이란 말을 들어본 적 있는가? 예를 들면, 많은 사람들이 건강한 삶을 유지하기 위해서 아침 조깅이란 운동을 선택하는데, 아침에 조깅을 하기 위해서는 일찍 기상하는 습관을 만들어야 하고, 아침에 일찍 기상하기 위해서는 저녁에 일찍 잠자리에 들어야 하는 습관을 만들어야 한다. 저녁에 일찍 잠자리에 들어서 숙면을 취하려면 취침 전 늦은 저녁 시간에 야식을 먹지 않는 습관, 그리고 과음하지 않는 습관도 자연스럽게 만들어지게 된다.

이렇게 아침 조깅이란 운동을 핵심 습관으로 만들면 새벽 기상 습관, 일찍 자는 습관, 저녁 늦게 야식 먹지 않는 습관, 과음하지 않는 습관을 만들도록 연쇄 반응을 일으키게 된다.

나는 '책 두 페이지 읽기'라는 아주 작고 사소한 핵심 습관 덕분에 인생의 방향이 바뀌기 시작했던 것이다. 이 핵심 습관은 새벽 기상 습관, 메모 습관, 블로그 글쓰기 습관으로 연쇄 반응을 일으켜 주었다. 달리 말해, 핵심 습관 하나를 바꾸면 그밖의 모든 것을 바꾸는 것은 시간 문제일 뿐이다.

유명한 블로거인 리오 바바우타Leo Babauta는 17년간 취재 기자와 소설가로 활동해 오다 현재는 방문자 200만 명에 달하는 블로그 젠 해비츠ZEN HABITS.NET를 운영하고 있다. 하지만 불과 10년 전만 해도 그는 큰돈을 빚지고 과체중에 정크 푸드 중독이 심한 상태였다.

그런데 그를 다시 일으켜 세운 것이 무엇인지 아는가?

'One change at a time'

일단 무조건 한 가지만 바꿔보자.

그리고 그는 다음과 같이 힘주어 말했다.

"완전히 바꾸고 싶다면 하나만 바꿔라. 나처럼 금연부터 시작해도 좋다. 나는 담배를 끊는 데 성공했고, 금연에 따른 스트레스를 극복하기 위해 달리기를 시작했다. 달리기로 얻은 몸매를 유지하기 위해 채식주의자가 되었고, 푸른 채소 덕분에 몸과 마음이 맑아지면서 200만 명의 구독자를 가진 명상가가 되었다."

어떤가? 이 말을 듣고 난 전율을 느꼈었다.

정리하면, 앞에서 내가 인터뷰한 은퇴한 인생 선배들이 강조한 것처럼 직장 다니면서 퇴직 이후 삶을 미리 준비하지 않으면 비참한 노후를 맞이하게 된다.

그래서 비참한 노후를 맞이하지 않기 위해서는 미리 활의 두 번째 줄을 준비할 필요가 있다고 생각한다. 그 시작은 간단하다.

One change at a time

리오 바바우타처럼 금연부터 시작해도 좋고, 나처럼 책 두 페이지를 읽는 것부터 시작해도 좋다. 한꺼번에 너무 많은 욕심으로 시작도 못 하는 것보다 작게 한 가지라도 꾸준히 지속한다면 그 핵심 습관이 당신의 삶 속에 소용돌이를 만들어 변화의 연쇄 반응을 일으켜 줄 것이다.

PART

3

아무것도
하지 않으면
아무 일도
일어나지 않는다

자기 계발서를 읽기에

늦은 나이는 없다

사말오초, 허송세월을 보내면 안 되는 나이다. 스트레스 푼다는 핑계로 쇼츠나 릴스만 주구장창 보고 있으면 안 된다. '사말오초'라고 불리는 이 시기는 인생의 커다란 전환점을 맞이하는 때다. 마치 대학을 졸업하고 처음으로 직업을 선택하며 직장에 들어갔던 시기처럼 새로운 도전을 요구한다. 경력이 쌓이고 책임이 늘어나며, 삶의 방향성을 다시 정비해야 하는 순간이 찾아온다. 이 시기를 제대로 준비하려면 단순히 하루하루를 살아가는 데 그치지 않고, 더 면밀하게 목표를 세우고, 전략을 짜고, 계획을 수립해야 한다. 이를 위해 자기 계발서가 강력한 도구가 될 수 있다.

여기 몇 권의 책을 소개한다. 이 책 이외에도 좋은 책들이 많이 있다. 마구잡이로 읽을 것을 권한다.

〈피터 드러커 자기경영노트〉
50세 이후에도 빛나는 성취
—

누구나 반드시 한 번은 읽어야 할 경제·경영서라는 찬사를 받는 이 책은 24개국 이상의 나라에 번역, 소개되었고 회사의 임원부터 신입 사원에 이르기까지 모든 직장인의 필독서가 되었다. 경제학 석학 피터 드러커는 20년간에 걸친 다양한 컨설팅 경험과 조직, 일, 경영에 대한 합리적이고 예리한 통찰을 이 책에 담아냈다.

오늘날 인공 지능이 대부분의 노동을 수행한다 해도 인간의 창의성과 정신노동을 완벽히 대체할 수 없으며, 관리 감독과 합리적인 조율이 더더욱 중요한 시대가 되었다. 일 잘하는 사람들, 즉 성과를 내는 지식 작업자들은 그 능력을 타고나는 것이 아니다. 그렇다면 그들의 효율성과 성취감을 끌어내는 비밀은 무엇일까? 경영과 조직, 자기 관리에 대해 고민하는 모든 근로자를 위한 실무 지침서인 〈피터 드러커 자기경영노트〉는 지금

시대에도 유효한, 목표 달성에 대한 간결한 청사진을 제시한다.

드러커는 이 책을 50세가 넘어서야 집필했다. 그는 이 책에서 개인이 스스로를 어떻게 관리하고 이끌어야 하는지에 대한 통찰을 담아냈다. 드러커는 자신을 '성과를 창출하는 존재'로 이해하고, 개인적 목표를 체계적으로 관리해야 한다고 주장했다. 이는 단순히 조직의 리더에게만 해당되는 이야기가 아니다. 자신을 관리하고 새로운 목표를 설정하며, 그 목표를 달성하기 위한 계획을 수립하는 일은 누구에게나 중요하다.

특히 드러커의 사례는 사말오초에 진입한 사람들이 자신을 다시 돌아보고 새롭게 도약할 수 있다는 희망을 보여준다. 그는 나이가 들수록 성장과 발전의 가능성이 줄어드는 것이 아니라, 오히려 더 깊이 있는 성찰과 지혜로 큰 성과를 만들어 낼 수 있음을 증명했다.

김지훈의 〈라이프 딜링〉
세계 금융 시장을 움직이는 거인들의 6가지 목표 달성 법칙
—

옥스퍼드대학을 졸업하고 프랑스계 투자 은행인 BNP 파리바, 모건스탠리에서 애널리스트로, 현재는 500조 원 이상의 싱가포르 국부를 운용하는 GIC에서 투자 운용력으로 일하는 김지훈 작가가 인생의 딜deal에서 승률을 높이는 규칙들을 소개한다.

주식 투자, 비트코인, 부동산 투자 등의 광풍에서 수익을 올린 이들을 보면서, '나만 빼고' 다 잘사는 것처럼 느끼는가? 이 가운데서도 가장 많은 수익을 올린 기관 투자자들을 보면서 '도대체 어떻게' 그런 어마어마한 수익을 지속적으로 내고 있는지 궁금했던 적이 있는가?

〈라이프 딜링〉에는 세계 금융 시장을 움직이는 이들의 목적 달성 법칙을 우리의 인생에 적용할 수 있는 방법이 수록되어 있다. 지금까지 총 85조 원이 넘는 규모의 딜에 직접 참여한 저자가 사모펀드의 8단계 투자 사이클을 인생에 적용할 수 있는 6가지 법칙으로 녹여냈다. 인생의 승률을 높이면, 여러분이 간절히 원하는 돈과 시간, 자유는 자연스레 따라올 것이다.

무섭게 목표를 달성하는 이들의 비밀이 알고 싶다면, 성공하는 인생을 설계하는 규칙이 궁금하다면, 막연한 위로보다는 현실적인 조언이 필요하다면, 매 순간 선택지에서 승률을 높이고 싶다면, 〈라이프 딜링〉에서 인생의 지름길을 발견할 수 있을 것이다.

인간 관계, 다시 생각하다

—

인간 관계는 인생 후반전에서 더욱 중요한 요소로 자리 잡는다. 데일 카네기의 〈인간 관계론〉은 인간 관계의 본질과 이를 개선하는 방법에 대해 실질적인 지침을 제공한다. 그는 '비판하지 말고, 비난하지 말고, 불평하지 말라'는 기본 원칙을 통해 상대방과의 신뢰를 쌓고 협력적인 관계를 구축하는 법을 알려준다. 사말오초에는 이런 원칙이 더욱 중요하다. 이 시기에는 인간 관계를 단순히 유지하는 데 그치지 않고, 새로운 관계를 통해 더 나은 삶의 기회를 만들어 내야 한다.

또한 샘 혼의 〈적을 만들지 않는 대화법〉은 갈등을 예방하고, 소통을 통해 긍정적인 결과를 얻는 방법을 제시한다. 그는 '공감과 이해'를 중심으로 한 대화법을 강조하며, 이를 통해 상호 간의 긴장을 줄이고 생산적인 대화를 끌어낼 수 있다고 말한다. 이 책은 특히 사말오초 세대가 직장이나 가족 내에서 조화로운 관계를 유지하는 데 큰 도움이 된다.

사말오초, 읽고 생각하고 행동하라

—

사말오초는 신체적·정신적으로 변화를 느끼는 시기다. 특히 눈이 침침해지고 체력이 떨어지면서 책 읽기가 어려워질 수 있다. 그러나 이런 이유 때문에 책 읽기를 포기해서는 안 된다. 오히려 지금이야말로 에너지를 쏟아야 할 때다. 읽고, 생각하고, 행동하는 습관은 이 시기에 더욱 중요한 가치를 지닌다.

자기 계발서는 단순히 정보를 전달하는 책이 아니다. 그것은 인생의 나침반이며, 우리가 어디로 가야 할지를 알려주는 지도다. 이는 중고등학생이나 대학생 같은 젊은 세대뿐만 아니라, 사말오초 세대에게도 필수적이다. 특히 이 시기의 자기 계발은 인생 후반부의 성공과 행복을 결정짓는 열쇠가 될 것이다.

지금 바로 자기 계발서를 한 권 선택해 읽어보라. 그 책이 당신의 인생을 변화시키는 첫걸음이 될 것이다. 더불어 영상이 좋은 분들에게 유튜브 〈현명한 은퇴자들〉을 강력하게 추천한다. 가십이 아닌 진짜 인생 공부에 빠진 삶이 되길 간절히 응원한다.

시간이 흐른다고

미래가 되지 않는다

이 글의 내용은 김지훈 작가의 〈라이프딜링〉에서 영감을 얻어 구성하였다.
김지훈 작가와 출판사(플랜비디자인)의 동의로 구성되었음을 밝힌다.

누구에게나 시간은 똑같이 주어진다

베이비붐 1세대에게 인생 2막은 크게 와 닿는 개념은 아니었
다. 평균 수명이 꾸준히 늘어나긴 했지만 그들이 40대 중반이었
을 때만 하더라도 한 회사에 들어가면 그곳이 평생직장이었다.
경제 고도 성장기였기 때문에 일자리에서 수혜를 받은 세대이

기도 했다.

그러나 1997년 IMF 외환 위기와 2008년 글로벌 금융 위기를 경험하면서 실직과 권고 사직이라는 아픔을 겪어야 했다. 평생 직장이 사라지고 법정 정년보다 은퇴 시기가 앞당겨지는 변수를 겪어내는 동안 십수 년이 흘렀다. 그리고 고령층 대열에 합류한 지금은 부족한 노후 대책으로 인한 불안감을 억누르고 있다. 마지막 보루인 국가마저 이들의 노후를 책임질 수 있는 시스템을 갖추지 못했다.

사실 인생 2막을 준비해야 한다는 경각심이 있었다면 지금보다는 상황이 나았을 것이다. 뼈아픈 말이지만 이것은 시간이 흐른다고 기대가 현실이 되는 것이 아니라는 것을 말해준다. 그때쯤이 되면 이 정도는 갖춰져 있겠지, 하는 막연한 바람은 어떤 것도 보장해 주지 않는다. 예비 은퇴자로 분류되는 지금의 4050 세대가 인생 2막을 준비해야 하는 이유가 여기에 있다.

은퇴 후에도 20~30년은 더 이어질 노후 생활을 감당하기 위해 지금의 베이비붐 1세대는 다양한 방법을 모색하고 있다. 그런 면에서 앞에서 살펴본 스토리의 주인공들은 아주 좋은 예를 보여준다.

하지만 이들이 이뤄낸 성취가 결코 쉽게 얻어진 것은 아니다. 특히 늦은 나이에 무언가를 시작하는 사람에게는 더 다양한 방식으로 그 힘듦이 배가될 수 있다. 그럼에도 그들이 보여준 성과가 가능했던 이유는 힘든 순간조차도 사랑하는 법을 알고 있기 때문이다.

늦은 나이에 시도하는 사람들은 "나는 왜 이렇게 힘들지?"라는 질문을 상대적으로 덜 하는 편이다. 힘든 순간과 힘들지 않은 순간이 함께 존재하는 것이 삶이라는 것을 알고 있기 때문이다. 오히려 그들은 힘든 순간을 버티는 방법과 버텨야 하는 이유에 대해서 잘 알고 있다. 이 나이에 그런 걸 왜 해? 혹은 이제 와서 그걸 어떻게 해, 가 아니라 원하는 성과를 얻으려면 어떤 조건을 충족해야 하고 당장 무엇을 해야 하는지, 그것이 나에게 어떤 보상을 줄 것인지 그 의미와 가치를 아주 잘 이해하고 있다. 그렇기 때문에 나이와 상관없이 도전하는 것이다.

물론 머리로 알고 이해하고 있다고 하더라도 힘든 순간을 받아들이고 극복하는 것은 당연히 쉽지 않다. 하지만 그들은 그 상황을 극복해야 하는 이유와 필요성에 대해서도 잘 알고 있다. 그래서 힘듦을 탓하는 것이 아니라 자신이 해야 하는 일에 집중하는 것이다.

그렇다고 그들이 날 때부터 탁월한 자질을 타고나서 다른 이들보다 뛰어난 성과를 내는 것이 아니다. 오히려 그들은 원하는 것을 얻기 위한 여정에서 더 많이 실패하고 더 큰 부담을 감당하기도 한다. 그럼에도 불구하고 이들이 결국 성공하는 이유는 꿈을 이룰 수 있는 방법을 제대로 알고 올바른 틀 안에서 끈기와 인내심을 발휘하기 때문이다.

또한 그들은 실패를 실패로 남겨두지 않는다. 실패한 경험에서 배우는 것이 없으면 그 결괏값은 계속 그 사람을 따라다닌다. 같은 실수를 반복하게 된다는 뜻이다. 제자리를 맴돌기만 하는 사람에게 다가오는 눈먼 기회는 없다. 그들은 실패할 때마다 끈기와 인내심을 발휘해 지표를 뚫고 올라갈 수 있는 동력으로 삼는다. 그들은 어떤 시련이나 방해도 자신의 의지보다 우위에 두지 않는다. 이것이 늦은 나이에 성공한 사람들이 보이는 특징이다.

인생 2막을 준비하는 이유를 살펴보면 아주 다양한 이유들이 나올 수 있다. 노년에도 나 스스로를 책임지기 위해서, 목표를 달성하고 원하는 성과를 얻기 위해서, 이제라도 내가 하고 싶었던 일을 해 보고 싶어서 등등. 사실 정답이 있는 질문이 아니기 때문에 어떤 답도 상관은 없다. 하지만 살다 보면 어떻게든 되겠지 하는 안이한 생각만은 금물이다. 목표치를 어디에 두든 50대 중후반에 은퇴를 한 후 그동안의 수고만으로는 앞으로의 삶이 절대 보장되지 않는다. 지금은 60세만 돼도 장수했다며 환갑잔치를 벌이는 시대가 아니다. 60세 전후로 은퇴를 한 뒤 사망

할 때까지 일상생활을 영위할 수 있는 충분한 연금이 나오는 경우는 아주 극소수다. 심지어 그 극소수에 해당하는 사람들도 은퇴 후 시간을 채워갈 뿐인 의미 없는 일상을 견디는 것을 무척 어려워한다. 돈과 건강만 있으면 노년이 행복할 거라 생각하는 사람들도 막상 닥치면 그것이 전부가 아니라는 것을 느낀다.

인생을 살면서 세상이 불공평하다고 느끼는 순간은 많다. 그래도 절대적으로 공평한 것이 있다면 그것은 시간이다. 시간은 누구에게나 똑같이 주어진다. 그 시간을 어떻게 쓰느냐에 따라 결과가 달라지는 것이다. 이렇게 시간만 보내다가는 내가 원하는 바와 정반대의 상황에 놓일 것 같은 불안감 때문이든, 남은 인생은 나를 위해 살고 싶다는 바람이 동기가 되든 현재 대한민국을 살고 있는 4050이라면 인생 2막은 반드시 준비해야 한다.

이 책에 담겨 있는 다양한 성공 스토리의 주인공들이 우리에게 알려주는 것은 지금이 준비해야 할 때라는 것이다. 그들이 건네는 말을 듣든 혹은 듣지 않든 그 결과에 대한 책임은 오롯이 우리 자신에게 있다.

목표와 돈, 인생 2막의 상관관계

—

자본주의 사회에서 살아가면서 부富에 전혀 관심이 없는 사람이 있을까? 아마 절대 다수의 사람들이 그런 사람은 없을 거라고 확신할 것이다. 인생 2막을 준비하면서 금전적인 보상이 따르지 않는 꿈을 꾸는 것은 사실 어불성설이다. 물론 돈이 모든 판단의 기준이 되어야 하는 것은 아니다. 다만 꿈, 목표, 비전 등 사람을 설레게 하는 말의 이면에는 부귀해지고 싶다는 마음도 어느 정도 함께 공존하기 마련이다. 그 마음이 지나치게 과하면 탐욕이 되지만 목표를 설정하고 계획을 수립, 실행할 때 물질적 환경에 대한 세밀한 그림은 목표 달성에 강력한 동기를 부여한다. 그래서 10년, 20년 후 어떤 환경에서 살겠다는 목표를 세우는 것은 인생 2막을 준비하는 데도 큰 도움이 된다.

다만 현재의 내 상황과 여건에 맞춰 현실성 있는 계획을 세우는 것이 중요하다. 성공하고 싶다면 끈기와 인내는 필수적으로 갖춰야 하지만 허황된 목표에 쏟아붓는 끈기는 삶을 피폐하게 만들 수 있다. 반대로 현실성 있게 제대로 세운 목표가 있다면 당장은 계획대로 되는 일이 없어도 인내심을 갖고 밀어붙여야 한다. 이때 중요한 것은 실패로부터 배우는 것이 있어야 한다는 것이다. 흔히 실패는 성공의 어머니라고 하지만 여기에는 중요한 조건이 붙는다. 실패의 원인을 정확하게 파악한 뒤 단점은 고치고 부족한 점을 보완하는 실행력이 담보되어야 한다. 문제의 원인을 제대로 파악하지도 못하거나 무엇이 문제인지 알고는 있지만 그것을 고치려는 의지가 없다면 아무리 대단한 목표를 세운다고 해도 그 사람이 경험하는 것은 반복되는 실패뿐이다.

허황되지 않으면서도 현실성 있게 목표를 세우려면 파악해야 할 것들이 있다. 이것은 어떤 정보나 지식이 아니라 내가 그리는 나의 미래 모습이다. 여기서 특히 고려해야 할 것은 가족이다. 부모, 형제, 배우자, 자녀는 한평생에 걸쳐 나와 밀접한 관계를 맺는 사람들인 만큼 미래에 대한 계획을 세울 때 이들 또한 고려해야 한다. 좀 더 구체적으로 말하면 부모에 대한 지원, 결혼 유무, 자녀 계획 등이 여기에 포함된다. 인생 2막을 준비하는데 꼭 가족 관계를 중요하게 고려해야 하냐고 묻는다면 그런 의문을 갖는 사람은 아직 인생 2막에 대해 정확하게 이해하지 못한 것이다.

예외도 있지만 현재 예비 은퇴자로 분류되는 4050 대다수에게 인생 2막을 준비하라는 것은 모든 것이 잘 갖춰진 상태에서 내가 하고 싶었던 일에 도전하라는 여유 있는 권면이 아니다. 기대수명은 늘어난 반면 은퇴 시점은 더 빨라졌기 때문에 스스로를 책임지고 주변을 챙길 준비를 해야 한다는 매우 긴급하고 중요한 경고에 가깝다. 내가 준비되지 않은 상태에서 자녀가 있다면 어떤 형태로든 자녀에게 부담이 갈 수밖에 없다. 부모 또한 마찬가지다. 노후 대비가 충분하지 못한 상태에서 내가 부모를 지원할 준비가 되어 있지 않은 상태를 상상해 보길 바란다. 장담하건대 그런 미래를 꿈꾸는 사람은 세상에 존재하지 않을 것이다.

때문에 현실적인 문제들을 고려해 내가 원하는 물질적 환경을 구축하기 위한 계획을 세밀하게 세우는 것은 꼭 필요하다. 이것이 바로 꿈을 이루기 위한 제대로 된 준비이다. 그저 막연하고 피상적인 관념 속에서만 내가 원하는 미래의 모습을 그린다면 그것은 머릿속 공상에만 머물 뿐 현실이 되는 것은 불가능에 가깝다.

따라서 지금 나의 현재 상태를 충분히 고려해 목표를 세우기 위한 구체적인 질문들을 해보기 바란다. 부모의 노후 준비 현황에 대해 얼마나 파악하고 있는지, 기혼자라면 자녀 교육과 결혼 자금에 대한 지원은 어느 정도 선까지 생각하고 있는지, 미혼자라면 결혼을 할 의사가 있는지 등등. 질문은 세밀하고 구체적일수록 좋으며 여기에는 당연히 의식주와 관련된 사안도 포함된다. 하다못해 어떤 브랜드의 옷을 선호하고 어떤 가격대의 식당을 주로 이용할 것인지에 대한 질문도 좋다. 질문이 구체적일수록 자세한 목표치를 잡기에도 좋다.

앞에서 언급한 질문들을 던지고 그에 대한 답을 얻었다면 이후에 할 일은 그렇게 살기 위해 어느 정도의 월수입이 필요하고, 그 돈을 벌기 위해 지금부터 어떤 일을 해야 하는지 파악하는 일이다. 어떤 목표, 어떤 비전이든 꿈을 이루려면 그에 따른 필요 자금이 반드시 있다. 이것이 자본주의 사회의 속성이다. 본질을 고려하지 않고 주변부에 불과한 것에만 눈을 돌려서 이룰 수 있는 목표가 얼마나 될까? 더구나 계획을 수립하려면 정확한 목표가 있어야 한다. 목표가 무엇이든 달성하려면 결국 돈이 필요하기 마련이다. 이것이 목표 달성의 필요 조건이며, 이 부분이 충족될 때 그에 따른 결과로 원하는 것을 얻을 수 있다.

꿈을 이룬 사람치고 경제적으로 궁핍한 경우는 없다는 것을 상기하면 목표 달성과 돈 그리고 인생 2막의 상관 관계에 대해 잘 이해할 수 있을 것이다. 앞에서도 말했지만 지금 우리가 인생 2막을 준비해야 한다고 말하는 이유는 은퇴 이후의 삶을 대비하기 위해서다. 돈을 최우선순위에 두라고까지 할 수는 없지만 지금까지 그랬듯 경제력은 인생의 아주 중요한 부분이다. 인생 2막에서는 특히 더 그럴 것이라는 것을 반드시 기억하고 이 부분을 더 신경 써서 준비해야 한다.

근거 있게 도전하라

—

"도전은 하지만 섣부른 모험은 하지 않는다."

기업의 CEO들이 하는 말이다. 그들은 기업을 경영하며 수없이 많은 의사 결정을 한다. 그렇게 내려진 판단들은 아주 큰 영향력을 미치기 때문에 선택에는 항상 고도의 신중함이 요구된다. 그런 자리에 있는 사람들이 의사 결정을 할 때 기준으로 삼는 말이다.

기업에게 도전은 명확한 목표를 갖고 그것을 달성하기 위해 노력하는 것이다. 또한 모험은 위험을 무릅쓰고 어떤 일을 한다는 뜻이다. 즉 도전은 하지만 섣부른 모험은 하지 않는다는 것은 목표를 이루기 위해 노력은 하지만 섣부르게 위험을 감수하지는 않는다는 뜻이다. 이것은 확신 없이 일을 벌이지 않는다는 의미로 해석할 수 있다. 그리고 여기서 확신은 성공할 수 있는 근거가 있느냐 없느냐에 따라 갈린다. 즉 도전을 할 때는 근거를 갖고 해야 한다는 말이다.

이 말은 기업뿐만이 아니라 사람에게도 적용할 수 있다. 성공하기 위해서는 인내심을 갖고 포기하지 않아야 한다는 건 어린 시절부터 반복해 온 과정이다. 문제가 풀기 어렵다고 포기해 버리면 당연히 좋은 성적을 받을 수 없다. 하지만 어려워도 인내심을 갖고 포기하지 않으면 그만큼 좋은 성과를 낼 수 있다. 누구나 다 알고 있는 것인데 그것을 실천하기가 쉽지 않을 뿐이다. 그런데 애초에 문제가 틀렸다면 아무리 끈기 있게 풀려고 해도 안 풀리는 게 정상이다. 성인이 되어 목표를 세우고 계획을 수립할 때도 마찬가지다. 애초에 목표가 잘못됐다면 아무리 노력을 쏟아붓는다고 한들 원하는 성과를 낼 수는 없다.

때문에 어떤 일에 도전할 때는 근거 있는 목표를 설정해야 한다. 충분히 실현 가능성 있는 목표를 정하고 원하는 결과를 얻기 위해 인내심을 갖고 포기하지 않는 것이 꿈을 이루는 데 필요한 올바른 자세이다. 그렇다면 '근거 있는 목표'란 무엇일까? 우선 몇 가지 조건을 충족해야 한다.

첫 번째는 관련성이다. 어떤 목표를 세우든 한 번에 이룰 수 있는 것은 없다. 대부분 단계별 목표가 있고 순서가 있다. 이때 각각의 목표들은 서로 관련성이 있어야 한다. 아무 연관 없는 경험들을 쌓아둔다고 그것들이 효력을 발휘하는 것이 아니다.

두 번째는 충분한 정보 확보가 가능해야 한다. 다른 사람들이 한 적 없는 완전히 새로운 일을 목표로 삼는 경우는 흔치 않다. 사실 그런 목표를 갖는다는 것 자체가 도전이라기보다는 모험에 더 가깝다. 대부분의 경우 이미 그 목표를 이루고 성공한 사람들이 있다. 그리고 많은 사람들의 그들의 조언에 귀를 기울인다. 현장에서의 경험이 밑바탕에 깔린 생생한 조언은 훌륭한 정보가 된다. 그 목표를 달성했을 때 얻게 될 긍정적인 효과를 분석한 내용 역시 빠질 수 없는 중요 자원이다. 다만 여기에는 주의해야 할 약점이 있다. 이 정보와 자료를 맹신해서는 안 된다는 것이다. 모든 사람들은 각자가 처한 상황, 여건, 위치가 다르다. 동일한 목표를 갖고 있다고 해도 개개인이 처한 현재 상태까지 같을 수는 없다. 그것이 어떻게 변수가 되어 작용할지는 아무도 예측할 수 없기 때문에 다른 사람의 경험이 기반이 된 정보를 절대적으로 완전한 것으로 보아서는 안 되는 것이다. 그 사람과는 다른 나의 상황이 변수가 되어 오히려 그 정보가 불확실성을 가중시킬 수도 있다. 따라서 여러 가지 경우의 수를 감안해 정보를 수집하고 분석해야 하며 다른 사람이 지나왔던 과정이 내 경우에 적용될 때 어떤 전개가 펼쳐질지를 고려해 예측 가능성을 높일 수 있어야 한다.

세 번째는 우선순위를 결정할 수 있어야 한다. 어떤 일을 하든 필요한 '절대 시간'이라는 것이 있다. 개인 역량에 따라 시간을 보다 효율적으로 쓰는 것은 가능하지만 절대적으로 꼭 필요한 시간을 조절하는 것은 쉬운 일이 아니다. 무리를 해서라도 어떻게든 하면 가능할 것처럼 보이더라도 여러 가지 일을 동시 다발로 진행하면 집중력은 분산될 수밖에 없다. 그럴 경우 성과의 질은 떨어지고 그것은 최종 목표 달성에 절대 이롭지 않다. 그러므로 각 단계별로 시급성을 따져 우선순위를 결정할 수 있어야 한다. 이 조건이 충족되면 이른바 번아웃을 방지할 수 있으며 시간을 보다 효율적으로 분배할 수 있다.

네 번째는 주기적으로 진행 상황을 모니터링할 수 있어야 한다. 최종 목표를 달성하려면 단계별 목표부터 완료해야 한다. 즉 각각의 단계를 마무리하는 것이 지연될수록 최종 목표 달성은 미뤄질 수밖에 없다. 따라서 현재 몇 퍼센트까지 진행이 되었는지를 수치화해 체크하는 과정이 필요하다. 이때 관찰에서만 그치는 것이 아니라 추가로 필요한 지원이 무엇인지 파악하고 공급해 줄 수 있어야 한다. 이러한 지원 시스템을 갖추고 있어야 목표 달성이라는 고지에 한 발 더 다가갈 수 있다.

다섯 번째는 유연성이 있어야 한다. 근거 있는 목표를 설정하기 위한 조건에서 유연성이 언급되는 것은 자칫 목표 설정에 오류가 있었던 것으로 인식될 수도 있다. 하지만 여기서 말하는 유연성이란 예상치 못한 돌발 상황이 발생했을 때 적절한 조정이 가능해야 한다는 뜻이다. 40대 이후는 내가 계획한 대로 일이 진행되는 경우보다 그렇지 않은 경우가 더 많다는 것 정도는 알 만한 나이다. 따라서 필요에 따라 일의 진행 속도, 순서 등을 조정할 수 있는 여지를 확보하는 것이 좋으며, 이때 네 번째 조

건에서 다뤘던 지원 시스템이 원활하게 가동되게 하는 것도 중
요하다.

앞에서 살펴본 다섯 가지 조건은 목표 설정을 할 때 근거가
있는지 없는지를 가늠해볼 수 있는 기준으로 활용할 수 있다.
근거 있는 목표를 세우는 것이 중요한 이유는 실현 가능성이 떨
어지는 목표에 시간과 노력을 쏟아붓는 것만큼 인생 2막을 피폐
하게 만드는 것도 드물기 때문이다.

파트 2에서 다뤘던 수많은 성공 스토리가 증명해 주듯 어떤 일
을 하기에 늦은 나이는 없다. 하지만 근거 없는 목표를 세우고 헛
된 수고를 들이는 시간이 길면 길어질수록 우리가 원하는 이상
적인 인생 2막의 모습과는 멀어질 수밖에 없다. 따라서 목표를
세우고 부단히 노력하고 준비하되 명확한 근거를 가진 목표에
도전하는 것은 우리 자신은 물론 주변을 위해서도 중요하다.

꿈을 이룬 사람에게 주어지는 보상

—

수없이 많은 이들이 언급하듯 성공의 기준은 사람마다 다르
다. 앞에서 살펴본 성공 스토리의 주인공들도 몇 가지 공통점을
보이는 사례들은 있지만 구체적인 목표와 성공의 기준은 저마

다 달랐다. 그 차이는 내가 가치를 두는 곳이 어디냐에 따라 달라진다. 막대한 재력을 보유하는 것을 성공이라고 생각하는 사람에게는 삼성 이병철 회장, LG 구인회 회장 등 대기업 창업주들이 꿈을 이룬 사람처럼 보일 것이다. 돈보다는 예술가로서 명성을 원하는 사람이라면 이영희 디자이너, 배우 모건 프리먼, 작가 알렉스 헤일리 등이 롤모델일 것이다.

앞에서 살펴본 성공 스토리의 주인공들이 이뤄낸 성취의 형태는 다양하다. 잘나가는 직장을 그만두고 뛰쳐나와 창업을 한 사람도 있고, 주변 사람들이 만류하는 일을 끝까지 밀어붙여 결국 자신이 옳았다는 것을 증명한 사람도 있다. 훨씬 어린 나이부터 시작해 엘리트 코스를 밟고 있는 사람들을 제치고 그들보다 더 뛰어난 성과를 낸 사람도 있다. 대다수의 사람들은 은퇴를 하고도 한참은 지난 나이에 여전히 현직에서 활동하며 지금도 무언가를 이룰 수 있는 나이라는 걸 보여준 사람들도 있다.

그들의 스토리를 통해 우리가 보일 수 있는 가장 긍정적인 반응은 '지금도 얼마든지 시작할 수 있다'이다. 아마 성공 스토리의 주인공들 역시 자신들을 보며 많은 사람들이 끈기와 인내를 가지고 도전하길 원할 것이다. 물론 그들처럼 이름이 세상에 알려지고 개인의 성취가 국가의 품격을 올리고 막대한 재력을 보유하는 것만이 가치 있는 것이 아니다. 개개인이 나이에 대한 편견을 깨고 시도하고 도전하며 만족감을 느낄 수 있다면 그것은 누구의 성취와도 비교될 필요가 없다. 원하는 바를 이뤄낸 당사자에게는 그 자체로 너무나 귀한 경험이기 때문이다.

불특정 다수의 사람들에게 받는 인정과 찬사도 값지고 의미 있다. 하지만 지표를 형성하는 평범한 사람들이 스스로의 능력과 경험치를 믿고 원하는 바를 얻기 위해 도전할 때 개개인의 인생 2막은 국가가 책임지는 것보다 훨씬 더 윤택해질 수 있다.

지금의 4050세대는 이전 세대가 40~50대였을 때보다 체력, 지능, 적응력 등에서 월등한 잠재력을 보여주고 있다. 그것은 40대 이후에도 충분히 도전할 수 있고 성과를 낼 수 있다는 것을 뜻한다. 우리가 이 책에서 확인한 성공 스토리의 주인공들이 바로 그 부분을 증명해 주고 있다.

50대 중후반에 은퇴한 후 나를 둘러싼 환경, 나의 모습을 그려봤을 때 여전히 충분한 자질과 역량을 활용해 일하며 그를 통해 일상생활에 필요한 충분한 수입을 거둬들이는 것을 마다할 사람은 없다. 건강과 인간 관계, 주거, 휴식, 여행, 문화, 패션 등 50대 이후에는 이전보다 챙겨야 할 것도 많고 누리고 싶은 삶의 질도 높아진다. 사실 이것은 아주 자연스러운 현상이다. 어떤 결괏값을 가지고 있든 그때까지 인생을 살아오면서 누구나 나름의 노력과 나름의 최선을 다했다. 그렇기 때문에 그에 따른 보상을 바라는 심리는 전혀 잘못된 것이 아니다.

하지만 안타깝게도 지금의 대한민국 은퇴 세대는 늘어난 기대수명에 비해 노후를 스스로 책임질 수 있는 대비가 덜 되어 있다. 그래서 이전 세대는 겪지 않았던 과도기를 힘겹게 넘기고 있다. 베이비붐 1세대라 불리는 지금의 은퇴 세대의 자식 세대인 4050은 인생의 절반도 채 살지 않았는데 예비 은퇴자로 분류되어 빠르면 10년 뒤의 미래를 우려하고 있다. 분명 긍정적인 상황은 아니지만 그래도 해결할 방법이 없는 것은 아니다.

성공 스토리의 주인공들이 제시해 주는 대로 목표를 세우고 한 계단씩 성취하고 이뤄나가다 보면 분명 그들처럼 꿈꿔왔던 일상을 보내고 있을 것이다. 그리고 이것이 바로 꿈을 이룬 사람에게 주어지는 보상이다.

자신이 가진 자질과 역량을 총동원해 목표한 바를 이루는 것을 다른 말로 자아 실현이라고 한다. 교육학의 관점에서 보면 인간이 가장 큰 만족감을 느낄 때가 자아 실현을 이루었을 때라고 한다. 즉 스스로에 대한 만족감, 성취감, 행복감이 꿈을 이룬 사람에게 주어지는 보상이라는 의미다. 이것은 사회에도 긍정적인 영향을 미친다. 자기 자신에 대한 믿음을 갖고 자긍심을 느끼며 사는 사람들이 많아질수록 그 사회는 성장하고 발전할 것이기 때문이다.

100세 시대는 이미 왔다

이제 130세 시대를 준비할 때

100세 시대는 이미 지났다. 그걸 가장 먼저 알 수 있는 것은 보험 상품이다. 100세 만기 보험 상품은 2010년대 중반부터 본격적으로 등장하기 시작했다. 2017년 AIA생명이 '100세 시대 알짜 건강 보험'을 출시한 것을 시작으로, 2019년에는 삼성화재가 '유병 장수 100세 플러스'를 선보였으며, 2020년에는 한화생명이 '간편 가입 100세 건강 보험'을 출시했다. 이 시기를 기점으로 다양한 100세 만기 보험 상품들이 시장에 등장하며, 장수 리스크에 대비하는 새로운 금융 상품으로 자리 잡기 시작했다. 100세 보험은 사말오초를 위한 것이 아니라 사말오초의 부모 세대를 위한 것이다.

과거에 비해 인간의 수명은 비약적으로 늘어났다. 통계청 자료에 따르면 2023년 기준 우리나라 여성의 기대수명은 90세에 달하며, 매년 약 0.5세씩 증가하는 추세다. 이런 속도라면 미래 세대의 기대수명은 130세에 이를 가능성이 크다. 오래 사는 것은 축복일 수 있지만 준비되지 않은 장수는 오히려 재앙이 된다. 특히 은퇴 후 소득이 감소하거나 사라지는 시점에서 장기적인 자산 관리 없이 '오래 사는 삶'을 맞이하면 경제적 고통이 불가피하다. 인생을 멀리 보고 계획을 세우는 것이 필수적이다.

현금 흐름과 자산 관리의 중요성

대부분의 가정은 월소득과 지출의 균형을 맞추며 살아간다. 그러나 은퇴를 맞이하면 그 균형은 깨진다. 예를 들어 부부 월소득이 1,000만 원이고, 자녀 2명이 각각 고등학생과 중학생이며, 양가 부모가 70대 중반이라고 가정해 보자. 여기에 만 60세에 정년 퇴직하거나 임금 피크제로 소득이 줄어든다면 이후부터는 순자산이 감소할 가능성이 높다. 설령 90세까지 꾸준한 수입이 있다고 해도, 수명이 120세나 130세까지 이어진다면 인생 후반부에는 경제적 마이너스에 직면하게 된다. 이러한 상황을 피하려면 유동 자산과 부동 자산을 체계적으로 관리해야 한다.

유동 자산은 단기간에 현금화가 가능한 자산으로, 현금, 예금, 상장 주식, 단기 금융 상품 등이 포함된다. 반면, 부동 자산은 현금화에 시간이 걸리는 장기 보유 자산으로, 부동산, 연금저축, 장기 채권, 귀금속과 같은 실물 자산 등이 대표적이다. 두 자산의 균형을 맞추면서 인생 후반부에도 유동성을 유지하는 것이 중요하다.

인생 계획표 작성: 1단계는 기록, 2단계는 전략

—

먼저, 인생 계획표를 작성하는 것이 필요하다. 가급적 큰 전지나 엑셀을 활용해 다음과 같은 항목을 기록해 보자.

① **나이와 시기**: 현재부터 예측 가능한 수명까지 각 해의 나이와 중요한 시기를 기입한다.

② **수입과 지출**: 월 또는 연간 단위로 예상되는 소득과 지출을 나열한다. 이때 정기적인 수입뿐만 아니라 특별한 지출(자녀 결혼, 부모 간병비 등)도 포함해야 한다.

③ **유동자산과 부동자산**: 현재 보유 중인 자산을 각각 분류하고 예상 증가 또는 감소 폭을 고려한다.

이후에는 다음과 같은 계획을 수립해야 한다.

1. 전략적 자산 관리가 필요하다

자산 관리의 핵심은 유동성 확보와 가치 보존이다. 장기 부동산 투자나 연금 저축도 중요하지만, 언제든 현금화할 수 있는 유동 자산을 일정 비율 유지해야 한다. 특히 긴급 상황이나 은퇴 후 생활비를 위해 3~5년치 생활비는 유동 자산으로 준비하는 것이 좋다.

2. 나이를 중심으로 계획을 세워라

인생의 각 단계에 맞는 계획을 세우는 것이 필요하다.

① **30대~40대**: 자산 형성기. 안정적인 소득 기반을 마련하고, 투자와 저축을 통해 자산을 늘린다.(안타깝게 사말오초는 이 시기는 이미 지났다. 이제는 50대, 60대를 위한 준비를 철저하게 해야 한다.)
② **50대~60대**: 자산 증식과 구조화의 시기. 부동산, 연금 등 부동자산의 비중을 늘리고, 유동 자산도 함께 관리한다.

③ **70대 이후**: 자산 소모와 유지의 시기. 불필요한 자산은 정리하고, 유동성을 확보해 생활비를 안정적으로 충당해야 한다.

3. 유동자산의 유지와 증가를 신경 써야 한다

유동자산이 부족하면 갑작스러운 경제적 위기에 대응할 수 없다. 따라서 단기 금융 상품(예금, MMF, CMA)과 현금성 투자(상장 주식, ETF)를 통해 유동성을 확보해야 한다. 또한, 유동 자산의 일부를 안정적인 배당주나 단기 채권에 투자해 소득을 창출하는 것도 좋은 방법이다.

4. 나이가 들어도 소득 파이프라인을 확보하라

오래 사는 시대에 중요한 것은 소득이 끊이지 않는 구조를 만드는 것이다. 특히 불로 소득보다는 지속적인 근로 소득을 확보하는 것이 경제적 안정감과 정신적 만족감을 함께 가져다 준다. 은퇴 이후에도 자신의 경험과 지식을 활용해 장사, 사업, 컨설팅, 강의, 프리랜서 활동 등을 통해 일정 소득을 창출할 수 있는 준비를 해야 한다.

사말오초, 마지막으로 계획할 수 있는 나이다.
긴 삶을 계획할 수 있는 마지막 나이

—

인생 130세 시대를 맞이한 지금, 준비 없는 장수는 재앙이 될 수 있지만 철저한 계획과 준비가 있다면 축복이 된다. 자산을 현명하게 관리하고, 소득을 유지하며, 유동성과 안정성을 동시에 고려해야 한다. 오늘이라도 가계부를 꺼내고 인생 계획표를 작성해 보자. 나이, 수입, 지출, 자산을 체계적으로 기록하고, 지속 가능한 소득 파이프라인을 구축한다면 당신의 인생 후반전은 경제적 자유와 함께 더욱 풍요로워질 것이다.

인생 계획표(샘플)

연도	본인	배우자	자녀1	자녀2	부	모	배우자 부	배우자 모	수입 (월)
2025	50	46	18	14	75	74	73	72	1,000
2030	55	51	23	19	80	79	78	77	1,000
2035	60	56	28	24	85	84	83	82	500
2040	65	61	33	29	90	89	88	87	200
2045	70	66	38	34	95	94	93	92	200
2050	75	71	43	39	100	99	98	97	200
2055	80	76	48	44					200
2060	85	81	53	49					200
2065	90	86	58	54					0
2070	95	91	63	59					0
2075	100	96	68	64					0
2080	105	101	73	69					0
2085	110	106	78	74					0
2090	115	111	83	79					0
2095	120	116	88	84					0

연금 (월)	지출 (월)	연 수지	특별한 사항	특별 지출	병원비 (연)	유동자산	부동자산	자산 합계
	700	3,600				10,000	100,000	110,000
	700	3,600				28,000	100,000	128,000
	500	0				28,000	100,000	128,000
80	300	-240	자녀1 결혼	30,000		26,800	70,000	96,800
80	300	-240	양가부모 병원/사망 등			25,600	70,000	95,600
80	300	-240	자녀2 결혼	30,000	500	23,900	40,000	63,900
80	300	-240			500	22,200	40,000	62,200
80	300	-240			500	20,500	40,000	60,500
80	300	-2,640	요양시설		500	6,800	40,000	46,800
80	300	-2,640			500	-6,900	40,000	33,100
80	300	-2,640			500	-20,600	40,000	19,400
80	300	-2,640			500	-34,300	40,000	5,700
80	300	-2,640			500	-48,000	40,000	-8,000
80	300	-2,640			500	-61,700	40,000	-21,700
80	300	-2,640			500	-75,400	40,000	-35,400

사말오초,
건강한 고령화의 출발점

경영학(인사조직) 박사이자 조직개발 전문가로서 컨설턴트의 관점에서 기술함

최익성
플랜비디자인 대표

사말오초는 인생의 하프타임이자 새로운 출발점이다. 이 시기에는 경험과 지혜를 바탕으로 조직의 중심에 서는 사람이 있다. 반면 점차 소외되며 자신감을 잃어가는 사람도 있다. 그러나 이 시기를 어떻게 준비하느냐에 따라 사말오초는 도약의 시기로 변할 수 있다. 기업과 개인이 함께 노력한다면, 사말오초는 나이를 먹는 시간이 아니라 삶과 일의 새로운 의미를 찾아가

는 여정이 될 것이다.

기업은 사말오초 구성원들에게 새로운 역할과 기회를 제공해야 한다. 이들은 오랜 경험과 지혜를 조직에 기여할 수 있는 소중한 자산이다. 그러나 단순히 업무를 이어가게 하는 것만으로는 충분하지 않다. 그들의 경험이 조직의 미래를 설계하는 데 중요한 기여를 할 수 있도록 해야 한다. 이를 위해 명확한 역할과 책임을 부여하는 것이 필요하다. 임금피크제와 같은 제도적 접근도 중요하다. 그러나 더욱 중요한 것은 이들이 여전히 조직의 중심에서 의미 있는 일을 하고 있다는 확신을 가질 수 있도록 돕는 것이다.

특히, 사말오초 구성원들이 소외감을 느끼지 않도록 세심하게 배려해야 한다. 젊은 세대가 조직의 중심이 되는 과정에서 시니어 구성원들이 느끼는 소외감은 쉽게 간과된다. 그러나 이러한 소외감은 구성원의 동기를 약화시키고, 조직 전체의 분위기에도 부정적인 영향을 미친다. 사말오초 구성원들은 대부분 조직에 대한 애정이 높다. 이들은 자신의 경험을 바탕으로 조직에 더 기여하고 싶은 욕구를 지니고 있다. 또한, 후배들과 좋은 관계를 유지하며 회사 생활을 마무리하고 싶어 한다. 이러한 심리를 이해하고 존중하며, 그들의 가치를 조직 내에서 발휘할 수 있는 환경을 만들어야 한다.

의미 있는 프로젝트에 이들을 적극적으로 참여시키는 것도 방법이다. 중요한 프로젝트에 투입되었을 때, 이들은 자신이 조직에서 여전히 중요한 존재임을 실감한다. 이를 위해 이들을 이해하고 지원할 수 있는 리더를 배치하는 것이 필요하다. 세대 간 경험과 에너지가 어우러질 때 조직은 더욱 강해진다. 이러한 과정에서 구성원은 성취감을 얻고, 조직은 중요한 역량을 지속적으로 활용할 수 있다.

시니어 인력을 포함한 조직은 젊은 세대만을 중심으로 운영되는 조직보다 지속 가능한 경영과 꾸준한 성과를 창출할 가능성이 높다. 시니어 구성원들이 가진 풍부한 경험은 위기 상황에서 안정적인 판단과 실행을 가능하게 한다. 이들은 조직의 역사와 문화를 이해하며, 젊은 세대가 놓치기 쉬운 장기적 관점을 제시할 수 있다. 반면 젊은 세대는 기술적 감각과 빠른 실행력을 통해 혁신적인 변화를 끌어낸다. 이 두 세대가 조화를 이루며 협력할 때, 조직은 강력한 경쟁력을 갖출 수 있다.

기업은 교육과 지원을 통해 시니어 구성원들이 지속적으로 성장할 수 있도록 도와야 한다. 플레이어십, 셀프 리더십, 비전 설정 등 다양한 역량을 개발할 수 있는 프로그램을 제공해야 한다. 이는 단순히 업무 능력을 강화하는 차원을 넘어선다. 시니어 구성원들이 좋은 선배이자 존경받는 어른으로 자리 잡을 수 있도록 돕는 것이다. 교육은 지식 전달의 장을 넘어, 개인이 자신의 새로운 가능성을 발견하고 미래를 준비하는 기회가 되어야 한다.

기업의 노력은 건강한 고령화를 위한 기반을 다진다. 그러나 기업의 지원만으로는 충분하지 않다. 개인 스스로도 자신의 미래를 위해 적극적으로 준비하고 노력해야 한다. 사말오초의 개인이 가장 먼저 해야 할 일은 현재 맡고 있는 일을 잘 수행하는 것이다. 나이가 들수록 조직은 더 큰 성과를 기대한다. 축적된 경험이 의심받지 않으려면 현재의 성과로 이를 입증해야 한다. '과거의 내가 아니라 현재의 나'를 증명해야 한다.

또한, 경험에만 머무르지 말고 미래를 준비해야 한다. 경험은 소중한 자산이다. 그러나 과거에 갇히는 순간 그 자산은 오히려 족쇄가 될 수 있다. 변화하는 시대와 시장의 흐름을 읽고, 새로운 기술과 트렌드를 배우는 노력이 필요하다. 자신의 경험을 미래 지향적으로 재해석하는 태도가 요구된다.

외적인 이미지 관리도 중요하다. 단정하고 세련된 복장으로 자신감을 표현해야 한다. 허리를 곧게 펴는 자세와 건강한 생활 습관도 반드시 필요하다. 작은 노력들이 모여 개인의 가치와 가능성을 높이는 중요한 요소가 된다.

무엇보다 자신의 미래를 구체적으로 설계하고 시간을 투자해야 한다. "10년 후 나는 어디에 있을 것인가?"라는 질문을 계속 던져야 한다. 오늘의 선택과 노력이 더 나은 미래를 만든다는 확신을 가져야 한다. 자신을 성장시킬 수 있는 활동과 관계에 집중해야 한다. 시간을 효율적으로 관리하며 구체적인 목표를 설정하고 실천하는 태도가 필요하다.

사말오초는 개인과 기업 모두에게 도전과 기회의 시기이다. 기업은 구성원들이 소외감을 느끼지 않도록 지원해야 한다. 개인은 자신의 역량을 갈고닦으며 미래를 준비해야 한다. 이 두 가지가 조화를 이룰 때 건강한 고령화와 지속 가능한 조직 문화가 실현될 수 있다.

사말오초는 단순히 나이를 먹는 시간이 아니다. 삶과 일의 새로운 의미를 찾아가는 여정이다. 이 시기를 어떻게 준비하고 보내느냐에 따라 10년 후의 모습은 달라진다. 지금의 선택과 노력이 자신과 조직을 더 나은 방향으로 이끌 것이다. "지금의 내가 10년 후의 나에게 부끄럽지 않도록" 오늘도 변화와 도전에 대한 의지를 다져야 한다. 이는 모든 이들의 성장과 조직의 번영을 위한 공동의 약속이 되어야 한다.

기업의 시니어 인력 활용 사례

기업들이 50대와 60대 시니어 인력을 적극적으로 활용하는 사례는 국내외에서 다양하게 나타나는데, 이는 시니어 인력의 경험과 전문성을 바탕으로 조직의 경쟁력을 강화하고 세대 간 협업을 촉진하기 위한 노력으로 볼 수 있다.

국내에서는 크라운제과가 정년을 62세로 연장하고, 정년 이후에도 직원의 50%를 재고용하는 정책을 통해 지방 근무와 생산직에서 발생하는 인력난을 해결하고 있다. 현대엘리베이터는 정년 후에도 최대 3년간 촉탁직으로 재고용하며, 재고용된 시니어 중 일부는 사내 기술교육원의 교수로 임용되어 후배들에게 숙련 기술을 전수하고 있다. 한국정보기술단은 정년을 폐지하고, 시니어가 월 10일 근무나 시차 출퇴근 같은 유연한 근무 형태로 일할 수 있도록 지원하며, 현재 근로자의 74%가 50세 이상을 차지한다. KT는 전직지원센터를 통해 정년퇴직자의 재취업과 자격 취득을 지원하고 있으며, GS리테일은 보건복지부와 협력하여 '우리동네 딜리버리' 프로그램을 운영하며 시니어를 위한 사회적 일자리를 창출하고 있다. 에버영코리아는 정년이 없는 환경을 제공하며, 하루 4~5시간씩 유연하게 근무할 수 있는 노인 맞춤형 운영 방식을 도입해 IT 분야에서 시니어들이 일할 수 있는 기회를 제공하고 있다. (주)에어맨은 2000년 11월에 설립된 항공 서비스 전문 기업으로, 인천국제공항을 중심으로 다양한 항공 관련 업무를 수행하고 있다. 설립 초기에는 미국 아틀라스항공사의 총판대리점으로 시작하였으며, 현재는 공항 서비스, 지상 조업 서비스, 외국인 환자 유치(의료 관광), 여행업 등 폭넓은 서비스를 제공하고 있다. 김평수 대표는 에어맨의 직원 구성에 대해 "20, 30대와 60대가 주류를 차지하고 있으며, 이 두 세대가 어우러져 함께 일하고 있다"고 밝혔다. 연결고리 역할을 하는 40~50대 직원이 많지 않음에도 불구하고, 부모와 자녀 세대가 함께 성과를 내며 조화를 이루고 있다. 에어맨은 2025년 1월부터 정년 제도를 폐지했다.

해외 사례로는 일본의 고우레이샤가 60세 이상 고령층 인력을 기업에 파견하며, 취업자의 평균 연령이 70.9세에 달한다. 이 회사는 1,000명 이상의 고령 근로자를 다양한 기업에 배치하며, 시니어의 경험과 능력을 활용한다. (주)긴자세컨드라이프는 50세 이상 시니어의 창업을 지원하며, 창업 관련 세미나와 기업 간 교류회를 통해 다양한 창업 서비스를 제공하고 있다. 독일에서는 'Perspektive 50plus' 프로그램을 통해 50세 이상 장기 실업자들에게 임금 보조금과 트레이닝 비용을 지원하며, 시니어 인력의 재취업을 적극적으로 돕고 있다. 독일의 지멘스는 '컴퍼스 프로세스Compass Process'라는 프로그램을 운영하며, 고령 인력의 지속적인 학습과 경력 개발을 지원해 고령화 시대에 적합한 조직 문화를 조성하고 있다. 네덜란드에서는 'HOVO' 프로그램을 통해 50세 이상 중장년층에게 대학 수준의 교육을 제공하며, 이를 통해 학습과 역량 강화를 통해 노동 시장 참여를 유도하고 있다.

미국에서는 만성적인 구인난 속에서 50대 중반 이상의 시니어 인력을 적극적으로 채용하는 기업들이 증가하고 있다. 이는 시니어들의 안정적인 근태와 풍부한 경험을 높이 평가하는 기업들이 시니어 채용을 확대하는 주요 이유로 작용하고 있다.

이러한 사례들은 시니어 인력이 기업 내에서 중요한 자원으로 인식되고 있으며, 그들의 풍부한 경험과 전문성을 활용해 조직의 성과를 높이고, 세대 간 지식과 기술의 전수를 통해 지속 가능한 조직 문화를 만드는 데 기여하고 있음을 보여준다.

참고 문헌

"중장년층 재고용 정책 사례", 〈한국경제〉, 2023.

    https://www.hankyung.com/article/202311291625i

"현대엘리베이터, 시니어 재고용 정책", 〈서울경제〉, 2023.

    https://www.sedaily.com/NewsView/2D5CEM3D4O

"KT, 정년퇴직자 지원 정책 운영", 〈연합뉴스〉, 2023.

    https://www.yna.co.kr/view/AKR20231129054800530

"에버영코리아의 노인 맞춤형 운영", 〈조선비즈〉, 2017.

    https://biz.chosun.com/site/data/html_dir/2017/07/10/2017071002391.html

"일본의 시니어 인력 활용 사례", 〈이코노미조선〉, 2021.

    https://economychosun.com

"독일 지멘스의 고령화 대응 정책", LG경영연구원, 2023.

    https://www.lgbr.co.kr/report/view.do?idx=18418

"독일의 Perspektive 50plus 프로그램", 〈인천시니어〉, 2023.

    https://incheon-senior.com/social-participation/6954/

"네덜란드 HOVO 프로그램 사례", 〈아시아경제〉, 2023.

    https://www.asiae.co.kr

"미국 시니어 채용 확대 사례", 〈조선일보〉, 2023.

    https://www.chosun.com/international/us/2023/04/08/32FWMKUIUVDKTK4
CMVYY55N5DE/

에필로그
두려움은 반응이고 용기는 결정이다

"늦은 나이는 없다"는 말은 사실 나 자신에게 용기를 주기 위해 한 말이다. 이 책은 동시대를 살아가는 친구들을 위한 것이라 했지만, 사실은 나를 위한 책이다. 나이듦을 기꺼이 받아들이고 싶은 나를 위해, 똑똑함을 잃고 싶지 않은 나를 위해, 무섭게 치고 올라오는 다음 세대와 더 가깝게 지내고 싶은 나를 위해 썼다.

기대와 다르게 내일에 대한 불안과 두려움 속에서 용기를 내야 했기에 썼다. 용기의 반대말은 겁이다. 사실 나도 두렵고 겁이 난다. 이 책이 잘 안 되면 어쩌지, 뭔가 새로운 것을 하겠다 호언했는데 실패하면 어쩌지, 이제 체력도 지력도 예전 같지 않은데 사람들이 나를 찾지 않으면 어쩌지 하는 두려움 속에서 방황하고 있다. 그래서 더욱 마음을 다잡기 위해 썼다.

사람들은 어제 하지 않은 일을 후회하고 내일 할 일을 걱정하며 오늘 아무것도 하지 않는 경향이 있다. 내일을 바꾸고 싶다면 오늘 실천할 수 있는 일을 찾아 실행해야 한다. "저 사람들은 대단하니까"라고 치부하지 말고, 그들의 결과가 아닌 과정을 보면 치열함과 두려움이 보일 것이다. 그럼에도 불구하고 전진하는 모습이 보인다. 맞다. 두려움은 반응이고 용기는 결정이다. 그러나 여기서 멈추지 말아야 한다. 결정은 결정일 뿐이다. 행동만이 그 결정을 옳았다고 증명한다. 그러니 지금 책을 덮고 움직이자.

인생은 마라톤이다. 반은 진실이고, 반은 거짓이다. 마라톤이 되기 위해서는 시작점과 끝점이 필요하다. 끝점을 모른 채 달리는 것은 그저 달리기일 뿐이다. 어디쯤 와 있는지, 얼마나 남았는지, 그리고 어떤 페이스를 유지해야 할지 알려면 끝점이 명확히 있어야 한다.

삶의 끝점, 즉 죽음을 정할 수는 없다. 그러나 일의 끝점, 관계의 끝점, 돈의 끝점은 충분히 설정할 수 있다. 아무도 자신이 어디까지 갈 수 있을지 모른다. 그래서 계획이 필요하다. 계획은 뜻대로 이루어지지 않을 때도 있지만, 그렇기 때문에 더더욱 필요하다. 어디를 향하는지 모르는 배는 순풍도 도움이 되지 않는다. 다만 어디를 향할지 모른다면 그건 결정할 수 있는 시간이 있다는 뜻이다.

다음 세 가지 질문이 그 결정을 도울 것이다.

1. 5년 후, 10년 후, 20년 후 나는 어디에서 무엇을 하고 있어야 행복할까? 아니면 적어도 불행하지 않을까?

2. 그곳에 도달하기 위해 지금 나는 무엇을 해야 할까?
3. 목표를 이루기 위해 지금 내가 집중해야 하는 것은 무엇인가?
   (현재 맡은 일을 잘하는 것을 제외하고)

여기에 한 가지 질문을 더해 보자. 이는 우리가 관계를 돌아보게 하는 질문이다. 인생의 후반기를 살아가며 늘 가슴속에 품어야 할 질문이기도 하다.

"나는 함께하고 싶은 사람인가?"

그리고 이 질문을 다시 한번 숙고해 보자.

"정말로, 나는 함께하고 싶은 사람인가? 진심으로?"

결국 우리의 삶에서 가장 중요한 질문은 이것이다.

우리는 함께 살아가는 존재다. 삶의 마지막에 가장 힘든 세 가지는 돈, 건강, 그리고 외로움이다. 나이가 들수록 관계를 소중히 다루고, 사람들을 잃지 않으며, 그들에게 조금 더 관대해져야 한다. 관계는 우리의 마지막까지 함께할 소중한 자산이다.

나는 2026년 12월 31일 플랜비디자인을 떠날 계획이다. 그리고 2027년 1월 1일부터는 플랜씨디자인을 가동할 예정이다. 그곳으로 가는 길목에 이 책, 〈늦은 나이는 없다〉가 놓여 있다.

이 책이 당신에게 위로와 희망, 그리고 작은 용기를 주길 바란다. 그리고 당신이 당신 자신에게 필요한 질문들을 던지고, 그 답을 찾아 나가길 진심으로 기원한다.

목표는 행동이 아니다

전략은 행동이 아니다

계획은 행동이 아니다

결국 생각은 행동이 아니다

[부록] **인생계획표**

연도	본인	배우자	자녀1	자녀2	부	모	배우자 부	배우자 모	수입 (월)
2025									
2030									
2035									
2040									
2045									
2050									
2055									
2060									
2065									
2070									
2075									
2080									
2085									
2090									
2095									

연금 (월)	지출 (월)	연 수지	특별한 사항	특별 지출	병원비 (연)	유동자산	부동자산	자산 합계

늦은 나이는 없다
사말오초, 바람이 불어도 가야 한다

초판 1쇄 발행 2025년 2월 27일

지은이 최익성

편집 새섬 윤소연
마케팅 임동건 **마케팅지원** 신현아 **경영지원** 이지원
출판총괄 송준기 **펴낸곳** 파지트 **펴낸이** 최익성

출판등록 제2021-000049호
주소 경기도 화성시 동탄원천로 354-28 **전화** 070-7672-1001
이메일 pazit.book@gmail.com **인스타** @pazit.book

ISBN 979-11-7152-077-0 (03320)

- 이 책 내용의 일부 또는 전부를 재사용하려면
  반드시 저작권자와 파지트 양측의 동의를 받아야 합니다.
- 책값은 뒤표지에 있습니다.

THE STORY FILLS YOU
책으로 펴내고 싶은 이야기가 있다면, 원고를 메일로 보내주세요.
파지트는 당신의 이야기를 기다리고 있습니다.